ENSAYO

Rafael Tovar y de Teresa (1954-2016) fue abogado, historiador y miembro del Servicio Exterior Mexicano, director General del Instituto Nacional de Bellas Artes y Presidente del Consejo Nacional para la Cultura y las Artes en tres ocasiones. Su amplia trayectoria en el sector cultural se complementó con su labor diplomática, al frente de la Embajada de México en Italia y su colaboración en la Coordinación de los festejos del Bicentenario de la Independencia y Centenario de la Revolución Mexicana. Es autor del libro *Modernización y política cultural* (1994) y coautor de la obra colectiva en dos volúmenes *El patrimonio cultural de México* (1997). En 2009 publicó la novela titulada *Paraíso es tu memoria* (Alfaguara) y en 2010, el ensayo histórico *El último brindis de Don Porfirio* (Taurus). Recibió reconocimientos y condecoraciones otorgadas por los gobiernos de Alemania Argentina, Bolivia, Brasil, Colombia, Ecuador, España, Francia, Guatemala, Italia, Polonia, Suecia, Ucrania, Venezuela y Reino Unido.

Rafael Tovar y de Teresa

De la paz al olvido

Porfirio Díaz y el final de un mundo

DEBOLS!LLO

De la paz al olvido

Porfirio Díaz y el final de un mundo

Primera edición en Debolsillo: junio de 2018

D. R. © 2015, Rafael Tovar y de Teresa

D. R. © 2018, de la presente edición en castellano para todo el mundo:
Penguin Random House Grupo Editorial, S. A. de C. V.
Blvd. Miguel de Cervantes Saavedra núm. 301,1er piso,
colonia Granada, delegación Miguel Hidalgo, C. P.11520,
Ciudad de México

www.megustaleer.mx

D. R. © de las fotografías de interiores: CONACULTA.INAH.SINAFO.FN.MÉXICO.
Reproducción autorizada por el INAH; excepto fotografía núm. 42, "Tumba de Porfirio Díaz en París, 2015":
D. R. © Rafael Tovar y de Teresa
D. R. © fotografía de cubierta: CONACULTA.INAH.SINAFO.FN.MÉXICO
D. R. © Daniel Bolívar, por el diseño de cubierta

ISBN: 978-607-316-586-0

Impreso en México – *Printed in Mexico*

Penguin
Random House
Grupo Editorial

Nuevamente a mi familia:

Mariana, compañera de vida;

Leonora, solidaria como nunca;

María, que ya se apasiona con sus frescos doce años por estos temas;

*Natalia, quien desde la fantasía de sus nueve años
ha contribuido con propuestas de títulos;*

*Rafael, a quien con un enorme gusto veo que toma la estafeta
y profundiza en el interés por lo nuestro;*

*Siempre presente en mi vida y en mi pensamiento,
Guillermo, testigo y compañero desde que abrimos los ojos
hasta que ambos los cerremos;*

y a Fernando, por su inquebrantable presencia.

Índice

II. La celebración del progreso
y los primeros brotes de revuelta

III. Los impulsos revolucionarios
y los estertores del porfirismo

IV. La vida de Porfirio Díaz en el Viejo Mundo

V. El fin de una vida como colofón de una era

AGRADECIMIENTOS

Escribo unas cuantas líneas con un profundo agradecimiento a Jaime Vázquez —amigo de muchos años— y a Paola Velasco, de cuyos momentos libres he abusado para leer el manuscrito y de quienes he recibido sus siempre inteligentes observaciones. Les he correspondido mínimamente con el contagio de una creciente pasión por este complejo momento de nuestra historia, sobre el que hemos sostenido enriquecedoras charlas e intercambiado puntos de vista. Nuevamente a Karla Herrera Buhler por su apoyo, comentarios en la investigación, lectura y relectura de las diferentes versiones.

Las fuentes que he citado no sólo se han concentrado en los referentes canónicos, sino que he buscado otras que me ayuden a entender la figura de Porfirio Díaz en su vida personal, militar, sus alianzas, filias y fobias, en el infinito claroscuro de las relaciones humanas. Un repositorio de gran riqueza ha sido el archivo histórico de la Secretaría de la Defensa Nacional. Agradezco calurosamente a su titular, el General de División Salvador Cienfuegos, y al personal del archivo, el apoyo para ahondar en los tesoros documentales que ejemplarmente custodian. Otro acervo importantísimo para esta investigación fue el archivo histórico diplomático de la Secretaría de Relaciones Exteriores; agradezco al titular de entonces José Antonio Meade y al personal bajo cuyo cargo se encuentran los documentos.

La Fototeca Nacional me ha provisto de materiales extraordinarios que están a disposición del público en general, y hago un reconocimiento especial al compromiso y dedicación del director del Sistema Nacional de Fototecas Juan Carlos Valdez Marín, de la subdirectora de la Fototeca Mayra Mendoza y de todos quienes trabajan en ella. A Luis Arturo Salmerón por su asesoría iconográfica y muy especialmente a Alejandro Rosas y a Sandra Molina, amigos siempre, por sus observaciones en la lectura del texto. Manuel Guerra de Luna, gracias por prestarme materiales y compartir tus teorías sobre la familia Madero. Rodrigo Fernández Chedraui, Enrique Fernández Castelló, y amigos que prefieren no ser nombrados, mi eterna gratitud hacia ustedes por compartir las cartas, documentos y fotografías que conservan como herencia del pasado.

Enlisto a continuación las instituciones y otras personas que hicieron posible la investigación gracias a la consulta de libros y documentos, y con todos ellos mantengo un profundo y sincero agradecimiento:

- Biblioteca México.
- Archivo Histórico de la SEDENA. En especial al General de Brigada Diplomado del Estado Mayor Luis Fernando Orozco, al Teniente Coronel Archivista Jesús Arturo Medina Cerna, al Capitán 1° Historiador Antonio Campuzano y al personal del archivo; fueron muy amables y serviciales.
- Hemeroteca Nacional y Fondo Reservado de la Biblioteca Nacional.
- Biblioteca Francisco Xavier Clavigero y Archivo Porfirio Díaz de la Universidad Iberoamericana, tanto a su amable personal como a la directora Teresa Matabuena.
- Archivo Histórico Diplomático de la SRE, al personal, a Jorge Fuentes y al maestro Francisco de Paula Castro, encargado de la Dirección General del acervo.
- Archivo General de la Nación, a Mercedes de Vega y al dedicado personal que labora en tan importante repositorio.
- Centro de Estudios de Historia de México CARSO. Las cartas del subsecretario de Hacienda Roberto Núñez son una maravilla.
- Centro de Investigaciones sobre la Universidad, en la Universidad Nacional Autónoma de México.

Introducción

El propósito de mi libro anterior, *El último brindis de don Porfirio* (2010), fue el de abordar la Celebración del Centenario de la Independencia en 1910. Fue una mirada a cien años de aquellos festejos que conmemoraron otro centenario más, el de la Patria, y que tuvieron en el centro a Porfirio Díaz, figura que marcó de muchas maneras el siglo XIX.

En este nuevo libro, *De la paz al olvido. Porfirio Díaz y el final de un mundo*, recorro otros años más para resolver una deuda personal que adquirí al publicar el título anterior: estudiar lo que ocurrió al término de las fiestas nacionales, nada menos que el derrumbe del régimen de Porfirio Díaz. Es una búsqueda por explicar por qué las fiestas del Centenario fueron un triunfo internacional y nacional, pues con ellas se terminó de pulir el renombre de México como país en vías de convertirse en un potencia mundial; se cimentó una buena parte de la identidad nacional en el imaginario colectivo; se construyó una gran cantidad de edificios y obras de carácter social —que no se habían podido ofrecer a lo largo del siglo XIX— en beneficio de un número muy significativo de comunidades.

Obras públicas que quedaron, además, como herencia aún en pie en nuestros días, como emblemas de nuestro país, y que siguen prestando sus servicios para el bienestar de pueblos y municipios. Este gesto triunfal de un hombre que aspiró a que se juzgara su valor de acuerdo con el grado de paz y prosperidad que había logrado en un país despedazado hasta antes de su gobierno, se propuso incluir en las celebraciones y los resultados a todos los sectores sociales e ideológicos; con hábil táctica política y social, buscó reconocer a los héroes muertos y reivindicar a muchos de los que fueron sus enemigos y que protagonizaron episodios en la comunión de ideas o en la separación política. Pero, habremos de reconocer, fue principalmente una celebración personal ideada y concentrada en la figura de Díaz.

En *De la paz al olvido*, abordo de manera muy breve las fiestas del Centenario, ese festivo telón de fondo que sirvió de antesala de la revuelta. Sólo cuando es necesario, incluyo nuevas investigaciones y documentación con el propósito de vislumbrar mejor cómo ocurrieron y cuáles fueron los acontecimientos que se acumularon desde que inició esa triunfal celebración hasta que, en menos de un año, se presenta la renuncia presidencial. Durante los festejos del Centenario el gobierno porfirista se planteó, como un objetivo central, proyectar su exitoso modelo de modernización económica que, sin embargo, estaba hueco en sus contenidos políticos. La personalísima forma de gobernar de Díaz, el ejercicio del poder en una estructura política piramidal estática, no daba cabida a la nueva realidad del país en su conjunto y, sobre todo, a una incipiente clase media que buscaba espacio en una sociedad hierática y estratificada.

Así, en los capítulos I y II de esta obra presento las fiestas del Centenario, sus significados y reverberaciones, para dar el mayor contexto posible a lo que vendrá después, a aquello que parecía imposible: que Porfirio Díaz, quien había ocupado la presidencia de manera consecutiva desde 1884, abandonara el cargo.

El capítulo III revisa el itinerario de la renuncia y las consecuencias de un movimiento que buscaba, en un primer momento, la democracia. El modo en que va acelerándose el derrumbe del gobierno de Porfirio Díaz, hasta la presentación de la carta de renuncia ante el Congreso y su salida de México en el vapor *Ypiranga*.

A lo largo del libro, me ocupo someramente del contexto general que determinaba las costumbres, la moda, el arte, y que hasta la fecha se le ha denominado como "afrancesamiento", sin reconocer que era una moda internacional que alcanzaba a todo rincón del planeta.

En el siguiente capítulo trato la llegada de Porfirio Díaz a Europa, a un mundo que ha empezado a declinar, a pesar de haber vivido uno de los mejores momentos de la historia por su crecimiento económico y social, por su expansión comercial y por su efervescencia cultural. Aquella Europa que se empeñó en sacrificar la paz para dar lugar a la guerra, la Gran Guerra. En este apartado me enfoco en la vida de Díaz en el Viejo Continente, en sus viajes, su quehacer cotidiano y el trato que le dieron los gobiernos de los países que visitó, y los representantes del gobierno mexicano que lo recibieron y con los que convivió.

En ese momento, mientras Díaz observaba cómo los europeos se iban convenciendo, cada vez con mayor determinación, de que la guerra era el único camino para demostrar la superioridad de las naciones, en México se reacomodaban las fuerzas políticas, aturdidas hasta entonces por el cambio de régimen, hasta culminar ese reajuste con el golpe de la Ciudadela, la caída del gobierno de Francisco I. Madero y el apoyo norteamericano para que Victoriano Huerta se hiciera del poder para luego, paradójicamente y una vez lograda la traición, abandonarlo a su suerte. Durante un año y medio, el general convertido en presidente busca por todos los medios el reconocimiento oficial del vecino del norte, quien no sólo se lo niega, sino que apoya a Venustiano Carranza, su opositor más obstinado.

En el capítulo V se destaca la lucha entre facciones revolucionarias, el surgimiento de la Convención y la lucha en la que finalmente triunfa el bando federalista. En medio de dos guerras, una en México con los revolucionarios enfrascados en batallas fratricidas y otra en los frentes europeos donde se combate con el mayor ahínco, y de manera significativa en los territorios de sus imperios, con lo cual la guerra alcanza el carácter de conflicto mundial, Porfirio Díaz muere en París la tarde del 2 de julio de 1915.

La parte final del libro, que he elaborado a manera de epílogo, está dedicada a un capítulo poco conocido y que gracias a un espléndida investigación de Mario Ramírez Rancaño hoy podemos conocer con detalle y profundizar en su análisis: el éxodo de miles de mexicanos que salieron de su patria tras el derrumbe del gobierno huertista. Un nutrido grupo de exiliados —formado por destacadas figuras de los más diversos campos del pensamiento y de la creación artística, de la milicia y del clero, por hacendados y ciudadanos de varias clases que buscan no convertirse en carne de cañón de los grupos triunfantes— se establecieron en Europa, Estados Unidos y países latinoamericanos como Guatemala, El Salvador y Cuba. Su regreso a un México que encontraron muy distinto del que habían dejado, tuvo lugar hasta el final de la década.

En este vasto cuadro que forma *De la paz al olvido*, he querido mirar lo mismo al México nuevamente convulso del que sale Díaz, que a la Europa de los grandes imperios derrumbada a la que llega. Aun cuando se intercala su presencia en todo momento y es la figura central del libro, no he pretendido hacer una biografía de Díaz en sentido lineal y menos aún una valoración total de sus años en el poder. La intención de esta obra es hacer el recuento de una vida que transcurrió en el México del siglo XIX con sus convulsiones, invasiones, luchas y contradicciones, mismas que impidieron, hasta la presidencia de Díaz, la llegada de la estabilidad que el país requería tras la Intervención Francesa, y el análisis de ese México en el también decimonónico contexto internacional.

Si bien la independencia de México tiene como fecha referencial 1810, éste fue sólo el inicio de un largo proceso que duró once años. La consumación de la independencia llegó hasta 1821 y, ni siquiera entonces la Corona española aceptó que su colonia más preciada fuera un país separado de su seno. Tal reconocimiento llegó hasta 1836.

Pero la independencia real la logró Benito Juárez en dos momentos cruciales: con la separación de la Iglesia y el Estado y con el fusilamiento de Maximiliano de Habsburgo. Es en ese momento, con su destacada participación en estas dos luchas, que Porfirio Díaz inicia el proceso que lo mantendrá durante

30 años en el poder. Tiempo durante el cual el país, por primera ocasión en su historia, conocerá un proyecto de modernización y de sintonización con el mundo.

Una de las tesis centrales que sostengo es que, atendiendo a este escenario, no podemos analizar ni aproximarnos a la vida de Porfirio Díaz a partir de los valores y aspiraciones del siglo xx, sino que debemos acotarla a los que fue: una vida que transcurrió en el siglo xix.

Igualmente, me ha interesado señalar que muchos antecedentes de políticas del xx nacen entonces. Más tarde se retomarían, como lo hizo Huerta, más que por propia inspiración por inicitiva de su primer gabinete, para dar renovado impulso a las políticas educativa, cultural, de salud pública, o al surgimiento de la Secretaría de Agricultura.

Especial interés he tenido en hablar del mundo que recibe a Díaz, es decir, la Europa de 1911 a 1914, la de la *belle époque*, un periodo que más que iniciar una guerra terminó con la paz y, junto con ella, con un sistema de creencias y de valores que implican también el fin de un siglo para dar pie a otros nuevos, en los que los grandes personajes del xix ya no tienen cabida. En un afán por mostrar las relaciones de los acontecimientos y que nuestra historia nacional no sucede aislada del resto de las acciones del mundo, he puesto énfasis en señalar no sólo el impacto que ese movimiento armado tuvo en Europa, sino cómo afectó la vida de Porfirio Díaz —cuya muerte ocurrió en la capital de una de las potencias en lucha y en el marco de una de las más duras batallas de 1915— y de miles de mexicanos exiliados.

Es por ello que me interesó tocar también, aunque fuera tangencialmente, las vidas de los protagonistas y de seres anónimos que se vieron afectados por el derrumbe de los regímenes porfirista, maderista y huertista (y por la escición con los convencionistas), quienes, sin importar a qué bando habían pertenecido, se confundieron en un solo exilio. La razón es que en nuestro imaginario colectivo, cuando se habla del exilio de la llamada reacción mexicana, se circunscribe a identificarlo exclusivamente con los poquísimos acompañantes del exiliado Porfirio Díaz en el *Ypiranga*, y con los igualmente escasos desterrados que lo esperan en París, su destino final. Lo que he querido mostrar al abordar el exilio de Díaz es que México vivió un éxodo mucho más profundo, mucho más numeroso, y que comprendió prácticamente a todos los sectores de la sociedad. Muchas vidas cambiaron, muchas se perdieron y otras muy pocas —despojadas, al final, de todo signo de colaboracionismo con los regímenes caídos y debido al reconocimiento de su valor personal— regresaron al país. En fin, *De la paz al olvido* es producto de reflexiones muy personales que, aun atendiendo a las investigaciones más recientes, siguen la huella de uno de los hombres más identificados, para bien y para mal, con el poder. Las inumerables páginas que se han escrito en torno a Porfirio Díaz no le hacen perder el calificativo de Héroe de la paz y de Dictador, dos caras de un personaje de claroscuros al que debemos mirar en el amplio horizonte de lo que significaron los convulsos años de su vida y la de México.

PREFACIO

El Cementerio de Montparnasse cubre una superficie de
18.72 hectáreas. Tiene plantados 1244 árboles de 40
diferentes especies (soforas, arces y tilos). Es un espacio
verde importante de la capital, rico en obras de arte,
antiguas y modernas. Entre las 38,000 sepulturas figuran
las de ilustres difuntos del mundo de las artes
y de las letras.

PLACA A LA ENTRADA DEL CEMENTERIO DE MONTPARNASSE

Unos metros adelante de la entrada principal del Cementerio
de Montparnasse aparece un letrero que indica el descanso
eterno de grandes figuras que murieron entre el siglo XIX y
nuestros días. El cementerio nace en 1824 y se llamaba, en su
origen, Cementerio del Sur. Hoy, entre los cincuenta principales nombres que se enlistan a la entrada, está un solo latinoamericano: Porfirio Díaz. Sólo dos políticos más aparecen
enlistados: Paul Deschanel —político y escritor muerto un año
después de que se enterró el cuerpo de Díaz—, quien renunció
a la presidencia de la República Francesa luego de ser elegido
debido a sus problemas de salud mental, evidenciados el día
que se arrojó del Expreso de Oriente, afortunadamente en marcha lenta, lo que impidió su muerte en el acto. Deschanel viajaba en los vagones que el zar Nicolás II había mandado construir
y unir al tren especialmente para su viaje a Constantinopla, y
que, terminado su viaje, donó a la empresa francesa Compagnie
Internationale des Wagons-Lits. La compañía los usó desde entonces para los viajes presidenciales y de estos vagones fue que
Deschanel saltó, alrededor de las 23:15 cuando el convoy presidencial viajaba a través de la campiña francesa. Nadie se dio

cuenta de que el presidente faltaba hasta las siete de la mañana siguiente. Después de la caída apareció en pijama en una casa cercana pidiendo auxilio, ya que nadie de su comitiva se había percatado del percance.

El otro político que figura en la lista de Montparnasse es Paul Reynaud, primer ministro de Francia cuando la caída de París en manos nazis y a quien sucedió el héroe de la Gran Guerra, Philippe Pétain, que en el año de la muerte de Díaz condujo gloriosamente al II Ejército Francés en la Primera Guerra Mundial. Pétain, el vencedor de Verdún, se convertiría tiempo después en primer ministro y un año después en jefe del Estado de Vichy, para ser finalmente un militar caído en desgracia por su colaboracionismo con los alemanes. De Paul Reynaud me es imposible dejar de recordar su lugar de nacimiento: Barcelonette, un pequeño pueblo situado en la Alta Provenza, caracterizado por su clima frío y las difíciles condiciones de su campo. De ahí salieron, rumbo a México, tres hermanos de apellido Arnaud, criadores de ovejas y productores de lana, que cruzaron el atlántico, expulsados de su tierra natal por el frío y la pobreza. En México abrieron *Las Siete Puertas*, una tienda de telas cuyo éxito creciente los hizo traer a otros miembros de su familia, iniciando con ello una de las primeras migraciones francesas en torno al comercio. En Barcelonette, las noticias de la buena fortuna de los Arnaud en el floreciente México de Porfirio Díaz desencadenaron un movimiento migratorio hacia México que se extenderá por un siglo y al que debemos la creación de importantes empresas francesas en tiempos de don Porfirio.

Los más cercanos a la tumba de Díaz son el pintor ruso-francés Soutine, muerto en 1943 de una úlcera por la angustia de ser delatado por su condición judía, y Marie Dorval, actriz francesa muerta en 1849, de quien se rumoraba era amante de George Sand y que vivió grandes triunfos en el teatro Odeon, escenario al que don Porfirio asistió varias veces en sus años parisinos.

El único otro militar enterrado en ese mismo panteón, pero muerto veinte años después de Díaz, es Alfred Dreyfus, famoso por la intriga de espionaje en que se le culpó de entregar documentos militares a los alemanes y quien, por su condición de judío, despertó el antisemitismo en Francia, al punto de que el más importante escritor francés de esos años, Émile Zola, lo defendió en su célebre carta abierta titulada "Yo acuso". Años antes, Zola había criticado en *La Tribune* la prohibición de exponer la dramática imagen del fusilamiento de Maximiliano para no recordar a los franceses su participación en esa guerra imperial. El texto de Zola impactó a la opinión pública tanto como cuando, años antes, su gran predecesor, Victor Hugo, dirigió una carta a Benito Juárez diciendo: "Hoy pido a México la vida de Maximiliano. ¿La obtendré? Sí. Y tal vez en estos momentos ya ha sido cumplida mi petición por la que Maximiliano le deberá la vida a Juárez. ¿Y el castigo?, preguntarán. El castigo, helo aquí, Maximiliano vivirá por la gracia de la República".

El *affaire* Dreyfus —ocurrido en la década de 1890— puso a la cúpula del ejército (considerado un bastión de posturas clericales y reaccionarias enemigas de la Tercera República), bajo la sombra de la sospecha pública. Pero esto ocasionó un cambio mayor. Si en el momento del caso Dreyfus el término intelectual era un adjetivo que se utilizó para calificar de forma peyorativa al grupo de hombres de arte, ciencia y cultura que, encabezados por Zola, defendían a Alfred Dreyfus, a partir de entonces se convirtió en un sustantivo para definir a un actor de la vida pública, un pensador con peso político y autoridad moral que se perfiló como referente y guía imprescindible. Un personaje que ejerce, sin sujeción alguna, la opinión y el pensamiento propios.

No lejos está la tumba del compositor Emmanuel Chabrier, autor de la muy famosa *Gwendoline* y de la alegre obra orquestal *España*, que escuchó Díaz en su estreno en México en el Teatro Arbeu, durante las fiestas del Centenario. Las óperas de Chabrier fueron representadas frecuentemente durante la misma estancia de Díaz en París, en el Teatro de la Ópera, construido por Charles Garnier en la Ciudad Luz. La Ópera de París se inaugura en 1875, el mismo año en el que nace Julián Carrillo en San Luis Potosí. Este músico recibió, en 1904, de manos de Porfirio Díaz, un violín Amati como regalo por su triunfo en el Concurso Internacional de Violín celebrado en Bélgica. Chabrier y Garnier están sepultados también en Montparnasse.

Ernest Flammarion, fundador de la prestigiada editorial que publicó a Mauppasant y a los mencionados Zola y Victor Hugo, y cuyas obras —entre decenas de otras de las letras francesas— eran las lecturas más populares durante el Porfiriato, está sepultado también a pocos metros de la tumba del general Díaz.

Los rumanos Tzara, Brancussi, Ionesco y Cioran —nacidos todavía bajo el gobierno de una monarquía importada como la mexicana contra la que luchó Díaz durante la ocupación francesa— fueron a morir en Francia y a terminar en ese cementerio, unidos sólo por su nacionalidad porque sus tumbas están bastante alejadas unas de otras.

Juntos y casi a la salida, cubiertos por una plancha de mármol plena de huellas de besos de carnosos labios rojos, están Jean-Paul Sartre y Simone de Beauvoir.

A lo lejos se encuentra el sepulcro de Jean Seberg, la actriz norteamericana muerta en 1979, inspiración de Carlos Fuentes en los años de publicación de *La muerte de Artemio Cruz,* y personaje de su novela *Diana o la cazadora solitaria;* a la que también fue esposa de Romain Gary la recordamos como la Patricia de *Sin aliento,* como la Doncella de Orleans, Juana de Arco, o por su desenfada actuación como Cecile *en Bonjour tristesse.* Palabras que probablemente repetirá a todos sus compañeros de soledad y eternidad cada mañana: buenos días, tristeza. Carlos Fuentes reposa desde 2012 en Montparnasse.

Lo que la vida no une la muerte lo puede hacer. Todos estos nombres, hombres y mujeres, hijos de su siglo, son una gota de agua del agitado mar de la historia. Recordamos su nombres y los encadenamos en eslabones que recuerdan y que van desde el teatro del absurdo representado por Eugène Ionesco, al dadaísmo —la oposición al concepto de razón instaurado por el positivismo, credo del México porfirista— o al existencialismo de Sartre, un mundo donde la existencia antecede a la esencia, y que se sitúa en los años entre las grandes guerras de Europa. Tiempos ajenos a Díaz, lejanos al amanecer del siglo XX y más todavía a la noche del XIX.

Los otros pobladores de ese mundo silencioso de tumbas y de árboles tal vez nunca se cruzaron en vida; o pudo haber sido que sus existencias transcurrieran muy de cerca sin jamás saberlo. Si la vida es una diversidad de caminos, la muerte es el destino común, que en sus diferencias une. Algunos pudieron participar en la intervención francesa, y fueron entonces combatidos con firmeza por Díaz; otros muchos habrán formado parte de la Comuna de París, uno de los mayores acontecimientos revolucionarios de la historia originado durante la Guerra Franco-Prusiana, entre 1870 y 1871 —después de la invasión a México—, que enfrentó a las fuerzas de Napoleón III contra los prusianos de Otto Von Bismarck. Napoleón III perdió esa guerra que originó la III República Francesa y que obligó a Francia a ceder las provincias de Alsacia y Lorena a Prusia, a pagarle una gran indemnización y a permitir la ocupación de su territorio por tropas prusianas hasta el pago de las indemnizaciones.

En la parte trasera del panteón se extienden por decenas las tumbas. En la Avenida del Oeste, entre los senderos Lenoir y Rafflet, hay algunas criptas familiares como la de los Dree, Erwillier-Gerard, Denis Buisson, Huet, varias de ellas con la estrella de David. Estas criptas flanquean una discreta capilla neogótica, rematada con una sobria cruz cristiana bajo la cual despliega sus alas un águila republicana y en la que, a través de un cristal, se ve una bandera de México junto a una imagen guadalupana y debajo de ella dos palabras: Porfirio Díaz.

Exactamente de frente está la tumba de Armand Sion Nataf, un ciudadano común, muerto en 2010: un siglo después del último año en que Díaz gobernó de manera plena. 2010, el mismo año en que la patria mexicana conmemoró el segundo centenario del inicio de su Independencia, y también el primero de la Revolución. Centenario y Revolución, dos palabras que definieron los últimos momentos de Díaz en México.

I

PORFIRIO DÍAZ EN EL CRUCE DE LA HISTORIA

Exordio (1910)

El primero de enero de 1910, el diario *El Imparcial* informa desde sus primeras páginas que México despierta al año del Centenario. La expectativa que genera tal acontecimiento viene de tiempo atrás: el país ha estado en efervescencia latente, en espera de ver cumplida la hora de los festejos. Se celebrará, con todo brillo, el aniversario más significativo del nacimiento de la patria mexicana. Desde la madrugada de ese día que abre 1910, decenas de bandas militares han ido ocupando la capital anunciando la llegada del próximo 16 de septiembre, ese tan especial y tan avisado. Han pasado ya cien años desde que Nueva España comenzó la lucha por su emancipación bajo el llamado de Miguel Hidalgo, el cura ejecutado apenas diez meses y quince días después de haber lanzado ese grito de independencia que ahora Porfirio Díaz —en su papel de heredero y forjador de la nueva patria— prepara para repetir, llegado el momento, en la Plaza Mayor mexicana. La etapa final del gobierno de Díaz es inseparable del ánimo y la confianza que rodean los festejos. Son la culminación gloriosa de tres décadas en el poder, sosteniendo e incrementando el crecimiento y la paz de México.

El impacto del derrumbe, suele decirse, es proporcional a la altura de la que se cae. En términos populares diríamos que la caída es más dura mientras más arriba se esté, y Díaz, en 1910, se encuentra —al parecer— en la cima de su carrera política, de sus logros como presidente y en una posición clara para entrar a la historia. Por eso, la muerte de don Porfirio en el exilio y los últimos movimientos de quien quizá ha sido el hombre más poderoso en la historia nacional no pueden ser cabalmente comprendidos si no se tienen en cuenta los antecedentes de gloria, honor y poder que dominaron su biografía y el esplendor con que su gobierno, su figura y su idea de país se invistieron el año anterior a su destierro.

Tampoco será posible distinguir al hombre en su versión más verdaderamente histórica, justa y desprejuiciada, si no se le analiza en los términos de su propio contexto: el siglo XIX, tiempo de convulsiones y transformaciones mundiales; de poderes absolutos y grandes imperios buscando mantener y ampliar sus territorios; de naciones peleando por ganar un sitio particular en la conformación del mundo —o, más específicamente, como Alemania, un lugar bajo el Sol— y de un México que se siente con la fortaleza para alzarse como una nación a la que ya no ha de vérsele más como el botín o la presa de los grandes imperios, sino como un país moderno y soberano, con los medios para sustentar y proteger su soberanía, y los recursos para brillar por derecho propio en el orden internacional.

Una acerba sucesión de tropiezos (1810-1833)

A pesar de las muertes de Miguel Hidalgo, Ignacio Allende, José María Morelos y de decenas de caudillos que encabezaron la lucha por la libertad, la mecha quedó encendida en la conciencia de muchos hombres más. Varios de ellos, desde entonces, buscaron hacer realidad la prosperidad económica y la autonomía política que las riquezas de Nueva España prometían desde finales del siglo XVIII. Los criollos de la época se sintieron preparados para pelear por la independencia. Su guía: la confianza de que era posible abandonar la tutela de la Madre Patria para conducir a la suya propia a un destino glorioso y brillante. Sin embargo, y a pesar de pagar con sangre el precio de la libertad, dichas promesas resultaron ser sólo un espejismo en el horizonte.

Desde que se consiguió la soberanía, el 28 de septiembre de 1821, con la firma del Acta de Independencia del Imperio Mexicano, se tuvieron que enfrentar innumerables problemas de la más diversa índole que retrasaron el desarrollo. Para empezar, la nueva nación no tenía al momento de su fundación ningún erario del cual echar mano para comenzar a reconstruirse. Traía a cuestas, además, la destrucción que una década de guerra civil había dejado. Minas inundadas, el campo abandonado y un comercio casi inexistente forman el desolador paisaje de México en la primera mitad del siglo XIX. A esa devastación interna se sumarán las múltiples incursiones extranjeras que en alevosa pretensión buscarán sacar provecho del vulnerable y recién nacido país. Sí, la libertad había sido conquistada; mas restaba aún mucho por hacer para ganar la bienandanza. Asonadas, guerras civiles, invasiones y deudas marcan a fuego y sangre las primeras décadas del México independiente.

En aquellos años, México tuvo que sortear algunos de los conflictos más complicados de su historia, de los que dañaron menos al país a los que lo fracturaron cruelmente podemos enlistar: en 1829, Isidro Barradas zarpó desde Cuba en el último intento del imperio español por recuperar sus antiguas posesiones en México, al mando de un cuerpo expedicionario de 4,000 hombres. Se volverán legendarios 600,000 pesos exigidos para cubrir los daños que las constantes revueltas ocasionaron a los franceses en la Ciudad de México y que —aun cuando fueron pagados en plazos— desencadenaron, de 1838 a 1839, la Primera Intervención Francesa o Guerra de los Pasteles. Entre 1846 y 1848 ocurrió la guerra contra Estados Unidos, cuyo desenlace es la dolorosa pérdida de Arizona y Nuevo México, regiones que constituían entonces más de la mitad del territorio. Y como para agotar la resistencia de una nación que no sólo lidiaba con sus heridas internas, sino que estaba constantemente hostigada por el exterior, entre 1862 y 1867 México enfrenta la Segunda Intervención Francesa y el establecimiento del Imperio de Maximiliano de Habsburgo, ayudado por el ala conservadora mexicana que, desencantada, terminará repudiando al emperador por emprender un proyecto que con tintes liberales resultó más quimérico que cualquier otra cosa. Recordemos que en el propio continente americano, sólo dos países —Guatemala y Brasil—apoyaron a los gobiernos conservadores y reconocieron al Imperio de Maximiliano.

A pesar de las numerosas confrontaciones con las potencias extranjeras, los mexicanos no logran hacer frente unido; al contrario, el enemigo externo no hace sino enfatizar la división doméstica. No se ve en el horizonte un proyecto común que sea posible y los problemas intestinos son el pan de cada día. Sumidos en contiendas de facciones, la elección del mejor tipo de gobierno para la joven nación se vuelve el corazón de las disputas. México había comenzado sus días como una monarquía constitucional con Agustín de Iturbide a la cabeza; luego, se transforma en una república federal; al poco tiempo en una república central y después nuevamente en una federal. Tales regímenes son interrumpidos de manera constante por dictaduras capitaneadas por Antonio López de Santa Anna, un hombre de grandes claroscuros entre los muchos que entintan nuestra historia. Mientras los primeros mexicanos luchaban por establecer el mejor gobierno para el nuevo país, en la ciudad de Oaxaca, la esposa de un herrero y curtidor daba a luz a un niño quien, con el paso de los años, hallaría una solución para hacer progresar a México. Como si la musa Clío deseara que el destino de la nación quedara enlazado con el del infante recién nacido, en los días en los que se rememoraba el nacimiento de la patria mexicana, el 15 de septiembre de 1830, nacía José de la Cruz Porfirio Díaz Mori.

En sus *Memorias*, el mismo Porfirio Díaz narra que pasó su infancia entre la escuela de párvulos que dirigía su madre —doña Petrona Mori—, las labores que emprendía para ayudarla en el cultivo de la cochinilla y atendiendo el Mesón de la Soledad. Pronto, Porfirio y su hermano Félix aprenden varios oficios y lo mismo fabrican sillas, mesas, pupitres que zapatos; también labran culatas y arreglan pistolas. Desde muy pequeños perdieron a su padre, don José Faustino Díaz, y por ello los hijos ayudaban con dedicación a su madre para mantener a la familia.

De la caída de todo tirano surgen nuevos héroes
(1850-1857)

Gracias a que la diosa Fama tendió sobre Antonio López de Santa Anna sus dones durante la Guerra de los Pasteles y la sostenida contra Estados Unidos es, hacia la década de 1850, un hombre popular. Un héroe afamado pero envanecido, omnipotente y reiterativo en el poder que se hace llamar —y tratar—, hacia 1853, cual "Alteza Serenísima", es decir, se torna casi un monarca déspota. Sus decretos reestableciendo las alcabalas, la picota y la horca y aboliendo los municipios; ordenando que los soldados vistieran lujosos uniformes de paño blanco y rojo; relucientes cascos a la prusiana, lloronas de seda y botas federicas cuando se les debía catorce quincenas de paga, se sumaron a los aranceles creados por su Alteza para gravar canales, fondas, pulquerías, hoteles, cafés, puestos fijos y ambulantes, coches, carretas, carruajes, perros, caballos, ventanas y puertas que dieran a la calle. Sus exacciones en escalada lo llevan a elevar los impuestos ya existentes para cubrir los gastos de su policía secreta, del ejército y de su gobierno. No hay entre sus subordinados quien deje de nombrarlo Alteza, pero entre la gente comienza a sonar una mentada distinta, jocosa y mordaz como suelen ser los apelativos con los que el pueblo bautiza. Entre el populacho, "Quinceuñas" es el título que unge a su Alteza Santa Anna.

En principio, el mote hace referencia a que sólo esas le quedan después de perder la pierna en Veracruz bajo el fuego artillero de los franceses, durante la Guerra de los Pasteles. Aunque bien podría referirse a su ambición: si alguien *es uña*, ¡basta imaginar el grado del Quinceuñas! Además de la excesiva carga fiscal, Santa Anna desata el terror al perseguir a periodistas y opositores. El lema de su gobierno es un secreto a voces: "encierro, destierro o entierro" para sus críticos. En ese entorno, el malestar causado por un gobierno despótico se suma al descontento por las fallas económicas y sociales no resueltas, como la mala distribución de la tierra, la supremacía de algunos grupos caciquiles regionales, la falta de capitales para invertir en el campo y la industria; o la inexistencia de instituciones educativas y culturales para difundir el conocimiento. No basta entonces con haber ganado la soberanía, se quiere, se necesita, se exige más y surge una nueva generación de mexicanos que busca terminar con los problemas de México.

Mientras los partidarios de Santa Anna se encumbraban en los puestos públicos y sus detractores optaban por el destierro antes que el encierro o el entierro, Porfirio Díaz pasaba sus años de juventud en el Seminario Conciliar de la Santa Cruz, donde aprendía filosofía, artes y latín, aunque como él mismo confesó en sus *Memorias*, "no se le consideró como un joven muy aprovechado en latinidad". Porfirio estaba más interesado en los ejercicios atléticos y el desarrollo físico. En aquellos años tuvo un libro de gimnasia y, utilizando sus enseñanzas junto a sus dotes de carpintería, construyó un gimnasio privado donde se ejercitaba en sus ratos libres. Díaz se daba cuenta de los problemas de México igual que muchos de sus contemporáneos y maestros.

Algunos de estos hombres nacieron poco antes de que el cura Hidalgo lanzara su primera arenga en el pueblo de Dolores y su infancia transcurrió durante los años de lucha independentista. Es el caso de Benito Juárez, nacido en 1806, y otros como Melchor Ocampo, Santos Degollado o José María Lafragua entre muchos más. Otros vieron la primera luz del mundo algunos años después, cuando el territorio del virreinato de Nueva España estaba convertido ya en el México independiente, como Porfirio Díaz, en 1830, o Francisco Zarco, los hermanos Lerdo de Tejada e Ignacio Ramírez "El Nigromante", entre otros. Ellos integran la primera generación de mexicanos, esa que deseó convertir a su patria en un país libre y próspero.

Como primer paso se imponía eliminar la dictadura santanista. El medio fue una revolución orquestada en Ayutla en marzo de 1854, con Juan Álvarez a la cabeza. Ese es el inicio de la época de esplendor de los liberales como Benito Juárez, Melchor Ocampo, Ignacio Ramírez, Guillermo Prieto y de una pléyade de escritores, abogados y literatos brillantes, deseosos de ver al país marchar con paso firme hacia la verdadera vida republicana, la libertad y el orden. La llegada de Juárez a la presidencia encaminó a México hacia la modernidad y con ello a la adopción de un modelo no sólo político, sino el de una sociedad basada en los principios de igualdad frente a la ley y el desarrollo pleno de las fuerzas económicas que, se argumentó, permitiría a México aprovechar su inagotable riqueza natural.

Pero alcanzar estos objetivos no será sencillo. El régimen de Santa Anna comenzará una férrea persecución de los liberales más prominentes —como Juárez al frente del gobierno de Oaxaca— y en busca de la legitimidad recurrirá a un plebiscito nacional para que sea "la libre expresión popular", quien señale por medio del voto la permanencia de su Alteza Serenísima. La votación se hace de manera pública ante el ojo vigilante de los empleados del gobierno santanista, no fuera a ser que las cosas tomaran un curso diferente al previsto. Pero a pesar de la coacción que se ejerce sobre la población oaxaqueña y en especial sobre los maestros del Instituto de Artes y Ciencias, quienes votan por la permanencia del dictador de manera unánime, el suplente de la cátedra de Derecho Natural se pronuncia en contra. Este pasante de derecho, determinado a oponer su voto en solitario, responde al nombre de José de la Cruz Porfirio Díaz Mori.

Con menos de 25 años, Díaz se convierte en pasante de derecho bajo la tutela del licenciado Marcos Pérez y lleva diversos asuntos judiciales en Ejutla, Ocotlán y Zimatlán, entre otros pueblos oaxaqueños. La influencia de Marcos Pérez es vital para Díaz, pues no sólo lo inicia en el derecho, sino también en la masonería. Los liberales se agruparon bajo el Rito Nacional Mexicano que, además de abandonar el rito tradicional, adoptó un nacionalismo muy acorde con la región y la época. Porfirio Díaz, al ingresar al Rito Mexicano, es llamado "Pelícano" por sus cofrades y con ese nombre clave firma las misivas dirigidas a sus hermanos masones. Más adelante, sus logros militares y su posición dentro de la logia le consiguen información valiosa o le abren, para usar términos *ad hoc*, "puertas cerradas". Ya como presidente, Díaz recibe diversos homenajes como masón. Como señalará Ricardo Orozco, el "Pelícano" debió recibir el grado 33 —el más alto al que se puede aspirar en la masonería— no después de 1868. Sin embargo, en 1895, Díaz renuncia a los cargos masónicos argumentando que sus ocupaciones profanas le impiden cumplir los compromisos que le exige la orden; razón por la cual declina todo nombramiento, no sin antes hacer saber a sus hermanos masones —a quienes por cierto no les otorgó especialmente mejores posiciones— que "la masonería siempre podía seguir contando con él".

Volvamos a la votación santanista. ¿Consecuencias? Díaz declara abiertamente su apoyo al líder de la revolución de Ayutla y de inmediato se expide una orden para arrestarlo, por lo que huye de la ciudad. La sierra norte de Oaxaca le ofrece refugio y ahí se incorpora a las fuerzas de José María Herrera. Así, el profesor suplente de Derecho se convierte en guerrillero rebelde y pronto tiene lugar su primer hecho de armas. El escenario se lo ofrece su natal Oaxaca, en la Cañada de Teotongo. Apenas unas teinta escopetas, varios machetes, hachas y herramientas —más para labranza que de guerra— son el armamento de Díaz y sus hombres, pero una combinación de astucia y los accidentes de la geografía del terreno donde se apostan les da la ventaja necesaria para vencer al Teniente Coronel Canalizo, que trae en cambio entre ochenta y cien hombres de caballería.

El terreno donde los soldados de Canalizo beben agua es bajo. Confiados, dejan pasar el líquido por los gañotes secos, jadeantes. Algunos tragos habrán dado cuando los guerrilleros de Díaz les sueltan encima la descarga de sus pocas armas, al mismo tiempo que una avalancha sorpresiva de piedras desde un punto más elevado. En los de Canalizo el miedo hinca las garras y, desordenadamente, se dispersan. Díaz recuerda el hecho en sus *Memorias,* durante una época en que atribuye sus aciertos a haber cursado —en sus días de estudiante en el Instituto de Artes y Ciencias— una cátedra de estrategia y táctica creada por el propio Benito Juárez.

Tras una breve campaña, la revolución de Ayutla gana cantidad de adeptos en el norte y centro del país. Santa Anna no tiene más remedio que renunciar y opta por el destierro, el menor de los castigos que él mismo practicó. Los seguidores de la revolución eligen como presidente interino al anciano Juan Álvarez, antiguo combatiente por la independencia y opositor del Quinceuñas, y dan con ello el siguiente paso para transformar a México: escribir una nueva constitución que se halle blindada contra el peligro de las ambiciones dictatoriales. La Carta Magna se promulga el 5 de febrero de 1857 y permanece vigente durante sesenta años. Desde su proclamación y durante el tiempo en que a Juárez le tocó defenderla, éste nunca dejó de encarnarla y, con él, la llamada generación de la Reforma.

UNA NACIÓN DE ANHELOS DIVIDIDOS (1857-1867)

De nueva cuenta, no son sólo los cambios de gobierno los problemas que México enfrenta; otro, interno, lo amenaza desde la separación entre el Estado y la Iglesia. Desde la década de 1830 estas dos instituciones entran en pugna por mantener la potestad de las conciencias de los mexicanos y con ello, el control sobre los bienes y caudales de la población. El desacuerdo se mantiene latente hasta finales de la década de 1850, cuando los liberales se vuelven más radicales y el conflicto entre facciones estalla. Apenas ganada una batalla surge una nueva acometida que afrontar: México es soberano a pesar de los intentos de reconquista española, encabezados por Isidro Barradas, aunque su territorio se encuentre mutilado y haya debido pagar a los franceses; se ha dado a sí mismo, además, un documento legal que protege a la nación contra cualquier tentativa dictatorial. Ocurre entonces que el país se desbarranca durante tres años por la tortuosa Guerra de Reforma que terminará en el triunfo liberal. Triunfo que no hace más que enardecer al grupo conservador que emprende camino hasta las cortes europeas, a donde llega con el resentimiento que le quedó al perder la guerra, para encontrarse con la ambición de Napoleón III por frenar a Estados Unidos —el gigante americano— y engendrar la Segunda Intervención Francesa.

El salón de té del palacio en Biarritz que Napoleón III le regaló a Eugenia de Montijo —donde hoy está el Hotel du Palais, a no más de 200 metros de donde Porfirio Díaz pasó dos de sus veranos en el exilio— es el escenario del primer encuentro entre conservadores mexicanos e imperialistas europeos. Las ventanas del salón dan a las playas del Atlántico y ahí, muebles de Aubusson y jarrones de Sèvres con las efigies de los soberanos y cómodas Boulle Segundo Imperio, reciben al grupo de mexicanos encabezado por José María Hidalgo y José María Gutiérrez de Estrada. Ante dos retratos de Winterhalter de la pareja imperial francesa dominando sobre los muros, la emperatriz Eugenia preside la reunión. En ese salón de Biarritz, rodeados por brillosas molduras doradas en paredes y consolas, inician las conversaciones que hacen ver posible la creación de un imperio de cultura latina en América que frene el avance económico de los Estados Unidos.

Hay que aprovechar que la Guerra de Secesión entre los estados del norte y los del sur consume la energía y recursos del Gigante.

El pasado de México como virreinato español justifica —según los conservadores— su incorporación al mundo europeo católico y que se promueva su alejamiento del mundo anglosajón. Desde los tiempos del exilio de Napoleón I ronda la idea de fundar un Imperio francés en la América católica y la posibilidad de lograr establecer este poderío seduce a Napoleón III. Habían surgido varios nombres de candidatos, príncipes de la casa de Sajonia Coburgo para Bélgica y Bulgaria, los Schlewig Holstein en Grecia, los Saboya en España, o la casa Hohenzollern en Rumania. Finalmente, un Habsburgo es el elegido para reinar las tierras que alguna vez fueron la posesión más valiosa de su antepasado Carlos V, el rey cuyos dominios eran tan vastos que en ellos nunca se ocultaba el sol.

Mientras tanto, en México, el presidente Benito Juárez suspende en 1861 los pagos de diferentes préstamos que el país contrajo años atrás. Este acontecimiento se convierte en la oportunidad ideal para establecer el Imperio francés en América.

España, Inglaterra y Francia acuerdan en Londres desplazar tropas a las costas de Veracruz para hacer presión y reclamar el cobro. Los mexicanos se muestran dispuestos a llegar a un acuerdo y reanudar los pagos, arguyen solamente que para ello es imperativo que las tropas extranjeras no amenacen la soberanía nacional. España e Inglaterra aceptan el ofrecimiento y, con la garantía de recibir sus pagos puntualmente, ordenan la retirada. Pero Francia, por el contrario, prescribe el avance sobre el territorio y la ocupación del país. Una intención apenas oculta desde el principio.

Después de desembarcar en Veracruz y hacerse del control del puerto, los franceses dirigen su marcha hacia la capital. Pasarán forzosamente por Puebla, donde Ignacio Zaragoza prepara a sus tropas para defender la Ciudad de los Ángeles de la invasión de un ejército considerado el mejor del mundo. La milicia francesa no ha experimentado ninguna derrota desde 1812, cuando los rusos y el clima les infligieron pérdidas irreparables en la batalla de Borodino y la final en Waterloo. Esa añeja confianza les hace dar algunas cosas por sentado y el conde de Lorencez, enviado a México y encargado de tomar Puebla, redacta un telegrama en el que comunica a Napoleón III que con 6,000 soldados "ya es el amo de México."

Con menor confianza, quizá, pero con mayor determinación, Zaragoza establece su cuartel en la iglesia de Nuestra Señora de los Remedios y desde allí gira instrucciones a los generales que están bajo sus órdenes: Felipe Berriozábal, Francisco Lamadrid, Antonio Álvarez, Miguel Negrete, Ignacio Mejía y los coroneles Félix y Porfirio Díaz. Entre todos comandan alrededor de 4,700 soldados. Es el 5 de mayo de 1862 y cada uno sigue puntualmente las órdenes que los llevan, junto con sus hombres, a rechazar los embates franceses hasta dispersarlos. El enemigo, sin embargo, es un hueso duro de roer y Lorencez no deja de integrar nuevas columnas para enviarlas contra el cerro de Guadalupe. Pero ni el clima está de su lado: hacia las tres y media de la tarde, se desata una lluvia con granizo que obliga a la retirada final. Conocido es el telegrama enviado por el general Zaragoza al ministro de Guerra en la Ciudad de México, anunciando que "las armas del supremo gobierno se han cubierto de gloria". El 29 de abril de 1863, al abrirse las sesiones del segundo periodo del Congreso, Benito Juárez afirma:

Venís a desempeñar vuestras augustas funciones en un tiempo de dura prueba, retardando tan sólo unos días vuestra reunión en este recinto, porque muchos de vosotros estáis sirviendo al pueblo en comisiones militares. La nueva instalación de la Asamblea nacional es un acontecimiento fausto para la República y su Gobierno.

El inicuo invasor de la Patria reconocerá más y más, a despecho suyo, que nada puede contra nuestras instituciones, como nada puede contra el indomable brillo de nuestros soldados.

Después que cerrasteis el último período de vuestras sesiones, la guerra contra tropas de Napoleón III ha encendídose con más furor que nunca, y el orgullo de nuestros enemigos ha sido mil veces quebrantado en Puebla de Zaragoza, donde nuestros soldados han hecho verdaderos prodigios de valor y disciplina. [...]

También fuera de la plaza que asedian los franceses, han pasado encuentros muy honrosos para nuestras armas. Lleno de noble y gratísima satisfacción, publico en esta ocasión solemne la gloria de que están colmándose nuestros conciudadanos armados, combatiendo como buenos por lo que hay de más sagrado entre los hombres. [...]

El mundo entero aclamará nuestra honra, porque de verdad no es pequeño un pueblo que, dividido y trabajado por largas y desastrosas guerras civiles, halla en sí mismo bastante virilidad para combatir dignamente contra el monarca más poderoso de la tierra; un pueblo que en esta situación de inmensa gravedad mantiene incólume su Derecho Público, hace brillar la sabiduría en sus Consejos, da pruebas insignes de magnanimidad y no consiente más ventaja a sus enemigos que la de sus iniquidades, en que no quiere parecérsele, porque sabe muy bien que, en el siglo en que vivimos, ese camino es de deshonra y perdición, y que sólo hay gloria para aquellas naciones que, como México, defienden el Derecho y la Justicia.

Y Ponciano Arriaga, presidente del Congreso, responde en su discurso a Benito Juárez:

No, no es pequeño, no es miserable, no merece la esclavitud un pueblo que, superando los desastres de la guerra civil, crujiendo bajo el peso de calamidades inauditas, olvidando todo lo caduco y transitorio, y fijando su vista en la contemplación de santos y elevados deberes, tiene más y más aliento cuando parece decaído, multiplica sus fuerzas hasta el prodigio, rompe sin auxilio extraño todos los nudos de una situación altamente comprometida, y estando ya en posesión de una gloria imperecedera, cumplirá las promesas que a su nombre hicieron al mundo liberal, al mundo demócrata y civilizado, Hidalgo el 15 de septiembre de 1810, Zaragoza el 5 de mayo de 1862 y González Ortega y Auza el 25 de abril del año presente.

En esas horas de definición del futuro nacional, en 1862, Porfirio Díaz destaca entre los más valientes. No sólo combatió a una columna francesa, sino que la hizo retroceder y, una vez puesta en fuga, ordenó que la caballería y la infantería persiguieran a los soldados a pesar de que Zaragoza, por medio de un mensajero, le ordena volver, pero las tropas del siempre aguerrido Díaz los siguen hasta llegar la noche. Sólo entonces no tiene más remedio que acatar las órdenes de Zaragoza y los deja ir, muy a su pesar.

La gloria, empero, no dura mucho. Napoleón III considera la derrota una gran humillación y envía 30,000 soldados como refuerzo para tomar el territorio mexicano. Un año después del triunfo del 5 de mayo, los franceses ponen sitio a la ciudad de Puebla. Para entonces Zaragoza ha muerto de tifo y el encargado de defender la ciudad es Jesús González Ortega, con Porfirio Díaz como uno de sus subalternos. A pesar de los esfuerzos de los mexicanos, el cruel sitio impuesto a la ciudad la hace sucumbir. El 17 de mayo de 1863 —apenas unos quince días después de que Juárez pronunciara el discurso, citado arriba, en el Congreso— los defensores de Puebla destruyen los pertrechos que quedan y todo lo que pueda ser útil a los franceses, licencian a las tropas y los oficiales se entregan voluntariamente al mariscal Forey para ser conducidos por sus captores a Veracruz, desde donde se pretende enviarlos a Francia. Porfirio Díaz va entre ellos, pero no está dispuesto a quedarse mucho tiempo. Apenas ve una oportunidad, escapa y a partir de ahí no cejará un momento en combatir para mantener vivo al gobierno republicano de Juárez.

La caída de Puebla marca el comienzo de un periodo de victorias para los franceses que poco a poco, mas con sistema exacto, van replegando a los defensores de la República hacia el norte. Finalmente, los conservadores logran su propósito: Maximiliano y Carlota arriban a México e instauran el Segundo Imperio Mexicano, en 1864. Los hombres fieles a Juárez no dejarán de ofrecer resistencia por medio de guerrillas que atacan a pequeños grupos. Ataques sorpresivos de guerrilleros ocultos en las laderas de los montes, dispersión estratégica y contraataque, se suman a la labor de recuperar las poblaciones que los invasores van dejando. Durante esta época, México, nación de constantes paradojas, tiene un monarca y al mismo tiempo un presidente republicano.

Porfirio Díaz se instala en Oaxaca y se prepara para defenderla de los franceses, que tienen sitiada la ciudad. Buenos estrategas reconocen la gallardía de Porfirio y el gobierno imperial intenta traerlo a su bando, pero Díaz rechaza de manera rotunda la oferta: su lealtad está con Juárez. Al no convencerlo, el emperador Maximiliano ordena que el caudillo oaxaqueño sea exterminado de una vez por todas. Para entonces, ninguno de los dos sabe que el 15 de mayo de 1867 Maximiliano será fusilado en el Cerro de las Campanas en Querétaro, mientras Díaz, desde Puebla, escribirá una carta al ministro de Hacienda en turno el día anterior:

C. Ministro:
Tengo la honra de remitir a Ud. los ocursos y contratos iniciados en la jefatura de Hacienda del Estado de Veracruz, con motivo de

las propuestas que ha habido sobre renta y arrendamiento de las fincas que pertenecieron a don Antonio López de Santa Anna.

Suplico a Ud. se sirva elevar estos pliegos al conocimiento del C. presidente y recabar sus instrucciones sobre este negocio, que pudiera producir mejores recursos que los que ofrecen los solicitantes.

Independencia, República y Reforma, Cerro de S. Juan Fuerte de Puebla de Zaragoza, mayo 16 de 1867.

Volvamos al tiempo en que nos encontramos, 1865. Díaz y sus hombres resisten durante dos meses, pero la falta de municiones y la deserción de muchos soldados lo orillan a la rendición y cae prisionero en febrero de 1865. Mientras tanto, ese mismo año, cuando Lincoln logra la victoria definitiva frente a los confederados y poco antes de ser asesinado, le hace saber a Napoleón III que la intervención en México es perjudicial para la amistad de Francia con Estados Unidos.

Como Díaz es un cautivo altamente peligroso, es conducido a Puebla bajo severas medidas de seguridad. Una vez encarcelado se hace amigo de un oficial de origen húngaro, el barón de Csismandia. Tras unos meses, Díaz decide que es hora de escapar y en septiembre logra burlar la vigilancia de los guardias para escabullirse hasta el techo del Colegio Carolino de Puebla, desde donde se descuelga hacia la calle y emprende la huida de regreso a Oaxaca. Ni la altura ni el riesgo son obstáculo para la determinación de este militar mexicano. El resto del año, Porfirio se bate en diversas batallas como Tehuitzingo, Piaxtla, Tulcingo. Aunque no siempre ganan, los triunfos, la valentía y el arrojo con el que sale al campo de batalla le valen no sólo fama sino que poco a poco el número de sus tropas va en aumento. En enero de 1866, desde Tlaxiaco, escribe a Matías Romero:

Voy a decir a usted lo que me sucedió desde que me evadí de la prisión hasta la fecha [...]

Verifiqué mi fuga de la prisión el día 20 de septiembre a media noche. El día 22 y 23 tuve dos escaramuzas con los traidores que me perseguían: la primera fue contra 25 infantes, en Tehuitzingo, la segunda contra 40 o 60 de caballería en Piaxtla. De ahí pasé a Tecomatlán con el propósito de proteger la incorporación de una pequeña fuerza de Guardias Nacionales; pero las encontré en Tecomatlán y me regresé para encontrar a Vizoso, que permanecía aún en los límites de Puebla y Guerrero y había sido uno de mis más activos perseguidores. Le di alcance en Tulcingo; allí tuvo lugar un combate, en el cual el enemigo se retiró dejando dinero, armas y municiones en mi poder, además de 40 muertos en el campo y numerosos prisioneros.

Después, dejando todo mi botín en poder del Coronel Segura, me fui a la Providencia a tener una entrevista con el Gral. Álvarez; fui bien recibido en todas las poblaciones y en el Cuartel General del Sur. El Gobernador se hallaba dispuesto a darme todo lo que tenía, es decir armas y municiones, pero nada de dinero porque no lo tenía.

En octubre de 1866, une fuerzas con su hermano Félix para combatir a los franceses. En Miahuatlán, posiciona a sus hombres de una forma estratégica, de tal manera que cuando los franceses caen sobre ellos, los barren sin problema. El botín sirve para comprar armas. Además de su hermano, los lugartenientes Miguel González y Carlos Pacheco forman parte de su círculo más cercano. Algunos días después de la batalla de Miahuatlán, Porfirio vuelve a triunfar en la Carbonera, cuando intercepta y derrota una columna de 1,300 soldados comandados por el austriaco Hotse y el mexicano Trujeque. Así, Díaz, el mismo que había entregado la ciudad de Oaxaca por falta de armas, logró recuperarla y hacerse de más a costa del enemigo vencido. Pero no sólo da muestras de valor e inteligencia de estratega, también hay nobleza y un profundo sentido del honor militar en él. En un gesto que permanecerá en la memoria de los franceses durante décadas, en lugar de fusilar a los imperialistas y a los extranjeros, les otorga el perdón. Sólo ejecuta a Juan Pablo Franco, el prefecto de la ciudad y representante de la autoridad de Maximiliano en Oaxaca.

Porfirio Díaz acostumbraba informar a Juárez de sus movimientos por medio de la correspondencia que enviaba a Washington, donde se encontraba Matías Romero, el representante del gobierno mexicano de Juárez ante Estados Unidos y quien daba los mensajes al presidente. Se dice que cuando Juárez se enteró de que Díaz había recuperado su natal Oaxaca, le comentó con emoción a su yerno Pedro Santacilia: "Díaz es un buen chico".

Cuando las fuerzas republicanas ya habían recobrado casi todo el territorio, con un poco de aire para pensar no sólo en el destino de la patria sino en el propio, Porfirio Díaz envía una carta a la mujer de la que se ha enamorado. Se trata de su sobrina Delfina Ortega, hija de su hermana. El tiempo había convertido en una mujer a la niña que él mismo llegó a arrullar. Nadie sabe exactamente cómo fue que se enamoró de ella, pero sí que fue correspondido. El 18 de marzo de 1867, desde Puebla, Porfirio Díaz escribe esta misiva, declarando sus intenciones:

Estoy muy ocupado y por eso seré demasiado corto no obstante la gravedad del negocio que voy a proponerte a discusión y que tú resolverás con una palabra. Es evidente que un hombre debe elegir para esposa a la mujer que más ame entre todas las mujeres si tiene seguridad de ser de ella amado, y lo es también que en la balanza de mi corazón no tienes rival, faltándome de ser comprendido y correspondido; y sentados estos precedentes no hay razón para que yo permanezca en silencio ni para que deje al tiempo lo que puede ser inmediatamente. Este es mi deseo y lo sujeto a tu juicio, rogándote que me contestes lo que te parezca con seguridad de que si es negativamente no por eso bajarás un punto en mi estimación y en ese caso te adoptaré judicialmente por hija para darle un nuevo carácter que te estreche más a mí, y me abstendré de casarme mientras vivas para poder concentrar en ti todo el amor de un verdadero padre.

Si mi propuesta es de tu aceptación avísame para dar los pasos convenientes y puedas decírselo a Nicolasa, pero si no es así, te ruego que nadie sepa el contenido de ésta, que tú misma procures olvidarla y la quemes. No me propongas dificultades para que yo te las resuelva, porque perderíamos mucho tiempo en una discusión epistolar. Si me quieres dime sí, o no, claro y pronto. Yo no puedo ser feliz antes de tu sentencia, no me la retardes... me despido llamándome sencillamente tuyo.

Fina —como cariñosamente la llamaba Porfirio— le contesta ese mismo mes y acepta convertirse en su esposa. Como Delfina también ostenta el apellido Díaz, lo cambia por Ortega para eludir las objeciones sociales y eclesiásticas. El novio, fiel republicano y seguidor de Juárez, contrae matrimonio sólo ante las autoridades civiles otorgando para ello un poder a José Valverde, pariente de ambos, para que se efectúe la ceremonia mientras él, en plena campaña contra las fuerzas imperiales que quedan, toma Puebla el 2 de abril. Casi al mismo tiempo en que se celebra la boda civil, Rafaela Quiñones da a luz a Amada, primogénita de Porfirio Díaz, quien conoció a Rafaela en Huamuxtitlán, hoy en el estado de Guerrero, en la época en que comenzaba a destacarse como militar. A pesar de sus amoríos previos, tras tomar la Ciudad de México, Porfirio se reúne con Fina en la capital y a partir de entonces permanecen juntos. Su sobrina convertida en esposa lo acompaña durante la siguiente etapa de su vida, cuando ostentó el título de benemérito de la patria para convertirse en guerrillero antijuarista y enemigo de Sebastián Lerdo de Tejada.

LAS PRIMERAS EXIGENCIAS DE NO REELECCIÓN (1867-1873)

Tras un lustro de intervención y guerra para expulsar a los franceses, Benito Juárez triunfa como encarnación de la República y vuelve a la Ciudad de México en 1867, luego de una larga peregrinación al frente de un gobierno perseguido, asediado por el clima, por las limitaciones de la guerra, por el enemigo. Su victoria es fruto del patriotismo de soldados esforzados como Ignacio Zaragoza, Miguel Negrete, Jesús González Ortega,

Mariano Escobedo, Ramón Corona y Porfirio Díaz. El único hombre más valioso que Díaz en la guerra de Intervención Francesa es Ignacio Zaragoza, y había muerto en septiembre de 1862, meses después del glorioso triunfo de la batalla de Puebla. Su muerte despejó el camino hacia la cumbre política para Díaz. Sin duda, el equilibrio de poder hubiera sido diferente si la muerte de Zaragoza no hubiera llegado al poco del triunfo de Puebla. Esa batalla lo legitimaba frente a cualquier contrincante. En algún momento se comenzó a plantear la cuestión sobre cuál era el partido que ayudó a mantener verdaderamente con vida a la República. ¿Quién ganó la guerra? ¿El gobierno civil, encabezado por Juárez?, ¿o el gobierno militar alimentado por la sangre de soldados y generales que llevaron el abrumador peso de la campaña? Zaragoza había obtenido el primer triunfo, pero Escobedo, Corona y Díaz habían dado la última estocada a la Intervención Francesa, por lo que —debía pensar el último— era consecuente que contendieran entre ellos por la presidencia.

Con este convencimiento Díaz participa en las elecciones presidenciales, pero el favorito de la nación sigue siendo Juárez. Tanto la prensa como la sociedad están de acuerdo en que Juárez —o *El Impasible*, como lo conocemos hoy gracias a la biografía escrita por Héctor Pérez Martínez— debía ser recompensado con la silla presidencial por encabezar la larga y extenuante lucha que mantuvo viva a la República. Díaz perdió frente a Juárez y, de momento, se conformó con regresar a su natal Oaxaca y vivir en la finca La Noria que el gobierno del estado le había regalado por ser benemérito de la Patria y su hijo predilecto. Allí, en un semiretiro, el soldado se dedicó a cultivar el campo y a seguir de cerca la política; aunque instaló una fundición para fabricar cañones, municiones y pólvora, "para lo que se ofreciera".

Es de resaltar la honradez con que se condujeron quienes participaron en la restauración de la república. El sentido de austeridad, de evitar cualquier gasto innecesario o superfluo, llegó a tal extremo que no se dispuso de dinero para confeccionar los uniformes de los soldados que escoltarían a Juárez en su llegada a la Ciudad de México. El mismo Díaz cubrió todos los gastos de sus hombres y de su campaña gracias a la sobria administración y a la honestidad en el manejo de sus haberes, compuestos de las recaudaciones que había obtenido en Oaxaca y de una cantidad fuerte que José de Teresa —rico español avecindado desde 1820 en México, uno de los grandes capitalistas del país que participó de la vida económica nacional como minero, terrateniente y hacendado, fundando bancos, textileras y las primeras grandes tiendas departamentales y que había ayudado a Díaz, financieramente, desde los inicios de su carrera militar— le facilitó para ese propósito. Porfirio dice en sus *Memorias*: "Conseguí además bajo mi crédito personal y luego que ocupé a la capital, dos préstamos importantes: uno de $50,000 que me facilitó el señor don José de Teresa y otro de $200,000 que me proporcionaron varios comerciantes extranjeros, principalmente ciudadanos de los Estados Unidos".

Todo fue destinado a la restauración de la República. Juárez, por su parte, habiendo ganado limpiamente las elecciones ocupa la presidencia de 1867 a 1871 y al término de este periodo buscó la reelección. Para Díaz —como para muchos otros mexicanos deseosos de continuar la marcha hacia la democracia— las intenciones que muestra el principal defensor de la República de permanecer en el gobierno son ya otro cantar. Díaz se opone con el lema *Sufragio efectivo y no reelección* y organiza desde La Noria una revuelta que no tiene éxito y que lo obliga a acogerse a la amnistía. A pesar de la intentona por evitar la reelección de Juárez y de que se reconoce el papel crucial de este último durante la Segunda Intervención, la impopularidad y el desprestigio lo rodean al momento de su muerte, en 1872: se había ganado fama de dictador incipiente, pues desde 1867 solicitó al Congreso facultades omnímodas para gobernar, lo que ponía en peligro las libertades garantizadas por la Constitución de 1857. Según el historiador Ralph Roeder, en ese momento el pueblo no apoya a Díaz porque, si bien defendía la legalidad, la resolución de conservar la paz tiene aún mayor peso. Desde esos años, los mexicanos anhelan la paz, que comenzaba a parecer una ilusión anterior a la época de la independencia.

Sebastián Lerdo de Tejada, a la cabeza de la Suprema Corte de Justicia, toma el mando de la presidencia y aunque no goza del apoyo ni de la admiración del pueblo, encamina al país hacia la recuperación económica. En 1873 —veinte años después de que se pusiera en marcha la primera locomotora en México y casi cincuenta de que corriera una en Inglaterra— Lerdo inaugura la línea del Ferrocarril Mexicano, proyectada por una empresa inglesa, que enlazó la Ciudad de México con el puerto de Veracruz. Sin embargo, cuando quiere seguir los pasos de Juárez, Díaz se opone nuevamente con el lema de *Sufragio efectivo y no reelección* y se lanza a una nueva revuelta, esta vez desde Tuxtepec. El quebrantamiento de la paz es más censurable que antes, pero la impopularidad de Lerdo y el apoyo que recibe Díaz de la prensa labran el camino para el triunfo del oaxaqueño.

Hacia el cambio de rumbo

Llegar a la presidencia le costó a Díaz nueve años y dos revueltas, en las que el fiel soldado republicano empezó a ver declinar su reputación de patriota consumado e hijo predilecto de la nación. En buena medida será —como señala Antonio Crespo— por las prácticas electorales que lo llevaron en cada ocasión al poder:

Cuando triunfó en las urnas por primera vez en 1877 —para legitimar su exitoso cuartelazo—, lo hizo con el 96%. Su compadre González, quien lo sustituyó por un período en la presidencia, no pudo superarlo (no le era recomendable) pues obtuvo apenas un "magro" 77% del sufragio. Al retornar Díaz a la presidencia en 1884, lo hizo con el 99% del voto; en sus siguientes reelecciones, las cifras con las que triunfó en las urnas fueron del 99.7% en 1888, 99.9% en 1892, 100% en 1896, 1900, 1904 y finalmente en 1910, cuando contendió contra Madero, José Ives Limantour y algunos otros ilusos, el general Díaz tuvo una victoria clara —aunque menos vistosa que las anteriores—del 98.9% del sufragio "efectivo".

Pero el lustre de su gloria volverá a cubrirlo en los años venideros. Es posible que, para él, su rebeldía incorregible y los motines con los que trastocó la endeble paz juarista y lerdista plantaran la semilla de la verdadera paz, aquella que durará casi treinta años y conducirá al país al progreso económico marcado por los primeros superávit en la historia de la nación, y con ello el reconocimiento de México como un Estado capaz de ser protagonista en el concierto de las naciones, de las que Italia y Alemania —estados recién constituidos— son los primeros en Europa que formalizan relaciones diplomáticas con nuestro país, poco antes de que Díaz asuma la presidencia. Un diálogo con las naciones del mundo que Díaz mantendrá y cultivará siempre logrando, en 1901, que Austria-Hungría, el último país europeo que faltaba, restablezca relaciones diplomáticas con México.

Este es el periplo que subyace en la memoria de Díaz y de los mexicanos cuando recuerdan la historia nacional. Remembranza con la que se llega a 1910, año en que, bajo el mando de Porfirio Díaz, se cumple una centuria desde que los novohispanos, convertidos en mexicanos, buscaron aprovechar una mítica prosperidad económica que las guerras intestinas, las intervenciones y las deudas habían transformado de sueño en pesadilla. Los festejos del Centenario de la Independencia celebran, sí, la emancipación del dominio español, pero sobre todo aplauden los triunfos del gobierno de Díaz y de la nueva generación de hombres nacidos bajo la paz, el orden y el progreso. Es importante seguir examinándolos en tanto que son reflejo de un momento de la historia en el que México tiene por primera vez una idea común de nación, un proyecto colectivo que suma esfuerzos y permite aprovechar las riquezas del país.

DÍAZ: CREADOR DE UN MÉXICO DISTINTO (1880-1900)

El Porfiriato es el primer periodo en la historia del México independiente con un crecimiento económico sostenido, caracterizado por la naciente industrialización y la integración de los mercados regionales en un sistema nacional que, a su vez, se inserta en el mercado internacional. Además, como sugiere Mauricio Tenorio Trillo, se construyen las instituciones "modernizadoras" de la administración. Las investigaciones más recientes sobre este periodo muestran que, a partir de la década de 1880, el sector exportador progresa de manera constante, impulsado por el abaratamiento del transporte gracias a las líneas del ferrocarril. Basta mencionar que durante el Porfiriato se construyen 19,280.3 kilómetros de vía. Este crecimiento permitió reducir paulatinamente el déficit, hasta convertirlo en modestos superávits en los últimos cinco años de la década de 1900.

Los artífices de tales avances económicos son inicialmente Matías Romero y después José Yves Limantour. El primero, diplomático de amplia experiencia, es ministro de Hacienda durante los gobiernos de Juárez, Lerdo y Díaz. Entre sus méritos se encuentra señalar la imperiosa necesidad de reformar la estructura hacendaria de México, para hacerla compatible con las transformaciones económicas y políticas del mundo. Es Romero quien se pronuncia a favor de la creación de un sistema bancario que coadyuve al ajuste de la deuda pública. El 6 de octubre de 1881, bajo la presidencia de Manuel González, se crea el Banco Mercantil Mexicano, la primera institución bancaria nacional que tiene como facultad la emisión de billetes de circulación pública de uno, cinco, diez, veinte, cincuenta, cien, quinientos y mil pesos. Unos diecisiete años antes, en 1864, se establece la sucursal de un banco inglés; en 1875, en Chihuahua, surge el banco de Santa Eulalia y posteriormente el banco de Hidalgo. Pero el primer banco nacional con dimensión financiera importante es el Mercantil Mexicano que para su expansión recurrió al capital del banco Egipcio con sede en París, cuya actividad principal fue fondear el Canal de Suez.

El banco inicia su actividad con un fondo de cuatro millones de pesos aportados por cinco socios fundadores y mayoritarios que firman el acta constitutiva: Nicolás de Teresa, Viuda e hijas de José de Teresa, Antonio Escandón, José Gargollo y Rafael Dondé. Al poco tiempo, su principal competidor, el Banco

51

Nacional Mexicano, creado casi simultáneamente con capital francés, se une a ellos debido a la crisis de 1884. De la asociación nace el Banco Nacional de México y, de este modo, se logra superar una etapa de banqueros sin banco fuerte.

El 2 de junio de ese mismo año, en el palacio del Conde de San Mateo de Valparaíso —que continúa siendo la sede actual del Banco Nacional de México— se congregan los consejeros de los bancos fusionados. Por el Nacional Mexicano, Antonio de Mier y Celis, Félix Cuevas y León Stein; y por el Mercantil Mexicano, Nicolás de Teresa, Manuel Ibáñez y Rafael Ortiz de la Huerta. Declaran, bajo la presidencia honoraria del secretario de Hacienda, formalmente consumada la unión de las dos instituciones. A la cabeza del nuevo establecimiento se designa un consejero de cada uno de los bancos: Antonio de Mier y Celis como presidente del Consejo de Administración, y como vicepresidente a su concuño Nicolás de Teresa. Participan además quince consejeros de los franceses que integran la Junta de París del Nacional Mexicano, pero su función se reduce desde el inicio a la de vigilar únicamente algunas operaciones.

El motivo principal que anima a los fundadores del Banco Mercantil Mexicano para crear esta institución, es iniciar un banco nacional que no tenga necesidad de "exportar" beneficios y sacar capitales del país. La fusión con el Banco Nacional Mexicano crea una expansión crediticia que disminuye las tasas de interés del 12% al 8.9% para particulares, y del 20 al 6.8% para el gobierno. Una reducción importantísima porque desahoga a los inversionistas y al gobierno mexicanos para que puedan generar proyectos con mayor margen de maniobra. Nace con ello la posibilidad de crear inversiones nacionales como no se había dado a todo lo largo del siglo XIX, y de este modo, como señala Leonor Ludlow,

proveyeron con fondos a las distintas administraciones, en épocas de crisis cuando la escasez de recursos era crónica, administraron los ingresos de los peajes, repararon y construyeron caminos, controlaron las casas de moneda y el estanco del tabaco, preservaron el servicio de correos, y llevaron a cabo numerosas transacciones financieras a nivel interno y con el extranjero.

SOLIDEZ ECONÓMICA A CIEN AÑOS DE LA INDEPENDENCIA (1880-1909)

En la segunda mitad del siglo XIX la economía mundial se transformó con los avances tecnológicos surgidos de la Revolución industrial a finales del siglo XVIII. Europa y luego Estados Unidos modifican las formas de intercambio comercial al hacer uso del ferrocarril, el vapor y el telégrafo. América Latina también entró en este ciclo de cambio económico, aunque más tarde. En México, los ferrocarriles marcaron un punto importantísimo para estimular la producción y el intercambio comercial, tanto con el exterior como con las zonas comerciales al interior de la República, con lo que se logró articular un mercado nacional. La extensión del ferrocarril y el telégrafo incorporaron grandes extensiones de territorio a la órbita política de la capital y, de este modo, contribuyeron al proceso de consolidación política. A medida que el capital extranjero comenzó a fluir, a partir de la década de 1880, los frutos de tal integración proporcionaron pruebas tangibles de que la estrategia de desarrollo seguida por el régimen era la fórmula adecuada.

En 1873, México contaba con 665 kilómetros de líneas ferrocarrileras mientras que el resto de América Latina, en su conjunto, tenía alrededor de 7,000. Sírvanos, por comparación, saber que para 1878 Argentina tenía 2,200; Brasil más de 2,000, y Chile, 1,500; en tanto que México apenas contaba, para ese año, con 737 kilómetros. Pero para 1910 el número creció a 19,280.3 kilómetros. Hacerlo posible implicó que tanto los gobiernos de Díaz como de Manuel González otorgaran incentivos y concesiones a empresarios extranjeros para que invirtieran en el desarrollo de la red ferroviaria. Se ha estimado que la inversión extranjera en el desarrollo ferroviario representó hasta un tercio del total de la misma en el Porfiriato y si bien la mayor parte de la inversión

(42%) era de fuentes estadounidenses (no está de más recordar que durante su periodo presidencial Sebastián Lerdo de Tejada se opuso a construir vías férreas que unieran a México con Estados Unidos), el capital británico también fue importante (35%). Los inversionistas británicos obtuvieron una participación mayoritaria en el Ferrocarril Mexicano en 1881, en el Ferrocarril Interoceánico, que unía Veracruz con la Ciudad de México a través de Xalapa y Puebla, y en el Ferrocarril Mexicano del Sur, que unía Puebla con Oaxaca, en 1892. Alrededor del 80% del total de la inversión estadounidense en México durante el Porfiriato, y el 38% del total de la inversión extranjera estaba concentrado en los ferrocarriles y la minería, cuyo nuevo código establecía, por cierto, como señala Roberta Lajous, que "todos los minerales y energéticos no metálicos" —como el carbón y, en consecuencia, el petróleo— "eran propiedad del dueño de la superficie del terreno".

La industria y la manufactura mexicanas crecieron durante esta época estimuladas, a su vez, por el crecimiento en la producción agrícola en la que destacaban las industrias azucarera, pulquera y henequenera. Por otro lado, directamente relacionado con el crecimiento agrícola, se encuentran los problemas de la propiedad de la tierra. En el capítulo que escribió para la obra *Claves de la historia económica de México*, Aurora Gómez Galvarriato hace un análisis breve pero muy ilustrativo de cómo durante el Porfiriato se llevaron a cabo varias medidas de la agenda liberal en materia agraria plasmadas en la Constitución de 1857 y en la Ley Lerdo de 1856, que promovían la privatización e individualización de las tierras comunales y baldías.

Entre 1880 y 1908 se deslindaron y adjudicaron a favor de propietarios particulares cerca de 44 millones de terrenos baldíos. Este proceso se hizo gracias a las compañías deslindadoras, mismas que obtenían un tercio de los terrenos que habilitaban. Es cierto que estas compañías midieron y deslindaron terrenos públicos, pero también ocuparon tierras de campesinos que no poseían títulos y que se amparaban en "la posesión de las tierras desde tiempos inmemoriales". Gómez Galvarriato también

apunta que, si bien la historiografía tradicional se ha encargado de satanizar la acción de estas compañías, investigaciones
recientes han demostrado que "en la mayoría de los conflictos
de los que se tiene noticia, entre las compañías deslindadoras y
los reclamantes locales (no pocas veces, pueblos enteros), el Ministerio de Fomento sentenció a favor de estos últimos y no de
las compañías". Sin embargo, la distribución de los terrenos se
abandonó por completo en 1909.

Es así que bajo el aliento de Porfirio Díaz como ministro
de Fomento, en su interregno para el regreso a la Presidencia
de la República, y luego bajo la dirección de Matías Romero
como ministro de Hacienda se inicia la estructuración de las
instituciones bancarias, financieras e industriales del país. Si
bien hacia 1880 sólo había un banco, en 1909 ya operaban en
el territorio nacional más de 35. Además, también se instalaron
bancos hipotecarios y comerciales que no requerían concesión
gubernamental. Estas instituciones favorecían la economía por
medio de créditos a particulares, que invertían en la industria
o negocios medianos y pequeños; y también por medio de la
emisión de billetes. Pero será el discípulo de Romero, José Yves
Limantour, quien dará pasos agigantados en materia económica
concretando, principalmente, el plan de ajustar la deuda pública
en la década de 1890.

El genio financiero (1893-1911)

Nacido en México e hijo de franceses, Limantour se convierte en
ministro de Hacienda en 1893, a la edad de 39 años, y de manera
consecutiva permanece en el gabinete hasta 1911. Cuando fue
nombrado oficial mayor, preparación para el cargo de ministro
de Hacienda, se opinó de él que "El Señor Limantour pertenece
a un pequeño grupo de personas ilustradas, al que desde hace
tiempo sigo con interés en nuestra Cámara de Representantes,
grupo a que pertenecen Justo Sierra, Pancho Bulnes, Manuel
Flores y algunos otros".

Entre las medidas hacendarias que establece ya como secretario de Hacienda, se encuentran el aumento a los impuestos al tabaco y al alcohol, y la reducción de los sueldos y el personal de la burocracia; también impulsa la autonomía fiscal de los municipios y suprime las alcabalas para estimular el intercambio comercial nacional. Porfirio Díaz lo designa, junto con Nicolás de Teresa y otros empresarios y comerciantes importantes, miembro de una comisión que tiene la encomienda de dictaminar la pertinencia de un tratado de libre comercio con Estados Unidos. Después de un viaje a Washington, dicha comisión llega a la conclusión de que el tratado no favorecería a México en ese momento.

Durante el cargo que Limantour ocupó por dieciocho años tuvo la responsabilidad general de llevar a término los principales proyectos de obras públicas construidas durante el régimen del presidente Porfirio Díaz, de 1876 a 1880 y de 1884 a 1911. Con él a la cabeza de Hacienda, el crecimiento económico durante el Porfiriato fue decisivo. Como señala Garner: "el kilometraje del ferrocarril aumentó anualmente un promedio de 12%; la producción industrial creció un promedio anual de 6.5%; la minería alrededor de 7%, las exportaciones más de 6% y las importaciones cerca de 5%. En 1901, México produjo alrededor de 8,000 barriles de petróleo, pero para 1910 la cifra había alcanzado los 8,000,000" y existen cifras que hablan de 87,073,000 barriles para 1919. Respecto al petróleo, nadie, incluido Porfirio Díaz, sabía ni la magnitud ni el potencial petrolero de México. Mucho menos que este energético haría de México el segundo mayor productor del mundo, después de Estados Unidos. Tan sólo, por ejemplo, el yacimiento Potrero del Llano hizo pasar la producción anual de El Águila de 210,000 barriles en 1910 a 3.8 millones de barriles en 1911.

En este escenario, reanudar las relaciones diplomáticas y restaurar el crédito internacional de México representó la base de la estrategia económica de Limantour. Tres eran sus prioridades: alcanzar un presupuesto equilibrado y eliminar el déficit que se acumulaba del pasado; alcanzar un buen manejo de la deuda pública y abolir las restricciones para el comercio y de las alcabalas.

Al mismo tiempo, Limantour buscaba regular las instituciones financieras y tener un control más firme sobre ellas que, como se ha dicho, estaban en plena expansión. Todo esto se logró y para 1896 México tenía un presupuesto equilibrado y el primer superávit como nación independiente. Y aunque la deuda continuó creciendo, el peso del pago aminoraba; si en 1895 representaba el 38% del ingreso del gobierno; para 1910 implicaba menos de 5%.

Otro de los peligros que Limantour mantenía en la mira estaba en el hecho de que las industrias y los monopolios norteamericanos se apropiaran de la infraestructura de ferrocarriles, la cual era mexicana, y de las utilidades e instituciones públicas; o que llegara un punto en que el comercio de exportaciones mexicano dependiera de manera total de Estados Unidos.

En efecto, ocurrió que las empresas norteamericanas, las mayores inversionistas, perjudicaron a México con prácticas monopólicas como el aumento de las tarifas o la reducción de horarios. Ante tales prácticas, Limantour adoptó una serie de medidas intervencionistas basadas en una estrategia de desarrollo nacional bajo el auspicio del Estado. El ejemplo más importante y significativo fue la adquisición de una participación mayoritaria en la red ferroviaria gracias a la formación de Ferrocarriles Nacionales de México en 1907. El acto fue significativo no sólo por su importancia económica y estratégica, sino por su valor simbólico como emblema de la modernización porfirista y del desarrollo nacional.

Limantour tuvo, así, éxito al nacionalizar las compañías ferrocarrileras pequeñas que sólo deseaban especular aunque, por otro lado, no construyeron muchas líneas más. En contraparte, la inversión extranjera, "el lubricante de la expansión económica porfirista" como lo llamó Paul Garner, sufrió una baja dramática y es claro que su ausencia contribuyó a las dificultades políticas a las que debió responder el gobierno mexicano hacia el final del régimen de Díaz.

Como también ha señalado Paul Garner, la última iniciativa importante de Limantour fue la reforma monetaria de 1905 y el cambio al patrón oro, con lo cual buscaba estabilizar el peso mexicano, protegerlo y estabilizar la tasa de intercambio. Con todo ello, se decía que Limantour había obrado un milagro con las finanzas nacionales. Sí, se trataba de un milagro, pero de la ciencia, la estadística y la lógica.

El ministro de Hacienda pertenece a lo que en la época llamaron "los Científicos", entre los que figuran otros hombres jóvenes como los hermanos Miguel y Pablo Macedo, Rosendo Pineda y Francisco Bulnes, educados bajo el positivismo de Gabino Barreda. El método y la razón son el lente por el que cualquier asunto debe analizarse. La ciencia al servicio de la política y de la patria guiará a la nación al progreso. Los estudios sobre el Porfiriato han tendido a llamar a este periodo la época de los Científicos; no obstante, el uso de la razón y la lógica para resolver los problemas de nuestro país es en realidad —como sugiere Tenorio Trillo— una expresión de la era científica del mundo occidental.

Pero ni la lógica ni la ciencia salvaron a México de ser arrastrado por la crisis financiera que vivió Estados Unidos en 1907 y que, como siempre ocurre en las crisis económicas de la potencia mundial, arrastró a todas las naciones del globo. El pánico cundió en Nueva York cuando la bolsa cayó en picada poco más del 50% y muchos bancos se declararon en bancarrota. Los particulares sacaron su dinero de los bancos, con lo que éstos se descapitalizaron y la situación empeoró. En México, la crisis se tradujo en baja en la producción, escasez de productos y finalmente, pobreza, hambruna, y con ello descontento social. Se redujeron los créditos y subieron las tasas de interés mientras los precios de los productos de exportación mexicanos —azúcar, algodón, plata, plomo y cobre— se desplomaban. Tan sólo en Morelos, la producción de azúcar cayó 10% entre 1908 y 1910, y la producción algodonera de Torreón, Lerdo y Gómez Palacio pasó de 300,000 toneladas a menos de 80,000. Muchas fábricas y minas se vieron obligadas a reducir su producción y otras más de plano a cerrar. Se sacudía el sistema financiero, tan sólidamente creado por Limantour, pero más grave aún, se tambaleó de una forma muy riesgosa el orden, la confianza y el progreso porfirista. Para contrarrestar este efecto que daba, hacia el exterior, una imagen de México como un país a punto de caer en un franco desequilibrio es posible —no descartemos la hipótesis— que se haya fraguado en las mentes de Limantour y quizá del propio Díaz la idea de la famosa entrevista Creelman, pues al decir que México estaba listo para la democracia se daba una imagen de confianza hacia la madurez, seguridad y avance políticos y sociales de la nación.

LOS TIEMPOS ESTÁN CAMBIANDO (1870-1910)

El Porfiriato no es una época continua que se explique desde un solo enfoque. Hay varios Porfiriatos: el de los inicios, los años de arranque de su administración; el de la consolidación y el crecimiento; y el del poder absoluto y la negativa a dejar la puerta abierta a los cambios. En México, los años que van de 1877 a 1910 son conocidos como Porfiriato, esa época que parece monolítica y que debe su nombre al presidente Díaz. Sin embargo, desde 1870, no sólo nuestro país, sino el mundo entero, experimentan una profunda transformación política, cultural, social e incluso demográfica. Treinta años durante los cuales el escenario internacional está impregnado de una paz general y de crecimiento económico.

Las dinastías europeas del Imperio Otomano, de los Habsburgo, del káiser Guillermo II y del zar Nicolás II están, en ese momento, en su esplendor. Stefan Zweig —el gran escritor que se suicida en Petrópolis, al sur del continente americano, porque pensaba que el avance del nazismo era irremediable en el mundo de 1942— llama a esta época, inédita de progreso y bienestar, la Edad de Oro de la Seguridad: "Nunca fue Europa más fuerte, rica y hermosa; entre 1900 y 1910 hubo más libertad, despreocupación y desenfado que en los cien años anteriores".

En este marco de personalidades severas al frente de potencias europeas en franco crecimiento, se inscribe Porfirio Díaz, ganándose su lugar como verdadero hombre de Estado del siglo XIX porque pacificó y modernizó un país como México: sin recursos, mutilado y oprimido por el brioso gigante norteamericano, y que había agotado su hacienda y hombres para repeler las invasiones extranjeras. Así pues, en 1910, cuando México celebra las fiestas del Centenario, no sólo conmemora su historia y las luchas que lo han vuelto soberano: se trata de festejar las victorias de la modernidad y con ello las de Díaz, su principal impulsor.

La confianza en el futuro se fortalece con los éxitos de las ciencias y la técnica, que se pueden sentir en prácticamente todos los ámbitos de la vida; para las clases medias acomodadas es ahora posible disfrutar, sin desembolsar cantidades impagables, de servicios antes exclusivos de los ricos —como los cuartos de baño y el teléfono— que dan a su vida cotidiana una mejoría. Es el tiempo de la teoría de la relatividad con la que Einstein reformula por completo los conceptos de tiempo y espacio, y de otro revolucionario de la cultura, aunque esté en el campo de la psique: Freud. Es la época de los grandes avances que marcarán el siglo siguiente y de importantes logros culturales y educativos como el que representa que el 80% de la población del Imperio Austrohúngaro sepa leer y escribir.

En 1876, Thomas Alva Edison crea el primer aparato capaz de reproducir sonido utilizando un sistema de grabación mecánica analógica. Gracias a este invento suyo que, junto con su descubrimiento de las posibilidades de la luz eléctrica, contribuyen de forma extraordinaria al avance de la humanidad, perdura el testimonio de la voz enérgica de Díaz. El año anterior al del Centenario, el presidente daba respuesta fonográfica a una carta recibida de Thomas Alva Edison en la que alababa "su fe inquebrantable en el grandioso porvenir de las ciencias físicas". Una confianza que Díaz comparte, puesto que hace de su respuesta no la convencional misiva postal, sino una proeza de la técnica sonora de la que se conserva hasta hoy la grabación y que puede consultarse, entre otros sitios, en la Fonoteca Nacional. En ella Díaz llama a Edison, su corresponsal, de viva voz, "Héroe del talento" porque "sometió a disciplina el fuego arrebatado por Franklin a los cielos, para perpetuar acá en la Tierra los maravillosos aparatos fonográficos; la cariñosa voz de los seres amados, reproduciendo todos los ritmos y todos los acentos del lenguaje humano". En Edison, Díaz ve a un benefactor del espíritu porque ha creado "nuevas fuentes de felicidad, de bienestar y de riqueza para el género".

La exposición celebrada en el Petit y el Gran Paláis de Paris en 1900 había mostrado las obras de Van Gogh, Gauguin, Pissarro, Monet y Manet, entre otros, con su propuesta de romper con los cánones de la pintura realista, una muestra de que el arte y el pensamiento cambiaban radicalmente. Comenzaba a desplazarse el esteticismo —característico de la sensibilidad del art nouveau, que definió la arquitectura y las artes entre 1890 y 1910, y surgía una nueva estética, iniciada con el fauvismo en el Salón de Otoño de París, en 1905, el cubismo con *Las señoritas de Avignon* de 1907, y el expresionismo alemán—. El arte, en todas sus expresiones, se desprendía de los valores clásicos, rompiendo de forma explícita con los convencionalismos que buscaba imitar la realidad.

No cabe duda, en 1910 el progreso triunfa cada día con paso firme. George Eastman pone en circulación su pequeña cámara Brownie —que vuelve popular la fotografía no profesional con las primeras instantáneas— y que, por un dólar, da a todos la capacidad de registrar imágenes. El cine es otra de las maravillas del progreso que comienza a mostrar su utilidad no sólo como expresión de un nuevo arte, sino como herramienta periodística y de propaganda. Díaz posee la sensibilidad suficiente para ver el potencial de la ciencia y la técnica y no considera a la ligera sus aportes. De inmediato, reconoce en el nuevo invento un aliado para lograr que su imagen sea presencia cercana entre la gente. Con la apostura que le es natural, aparece en grabaciones efectuando diversas actividades; lo mismo desciende de un tren que cabalga por Chapultepec en cintas informativas que circulan por todo el país para reforzar la imagen del presidente y, además de complementar las notas de la prensa, se convierten en un sistema de proselitismo gubernamental.

No debemos de olvidar que el general Díaz es prácticamente el primer espectador en México de esa nueva conquista de la tecnología. Es en una noche de agosto de 1896 cuando el presidente de México, en compañía de su familia y de algunos allegados, en una improvisada sala del Castillo de Chapultepec, presencia en privado la función del cinematógrafo. Los representantes de los Lumière, Bernard y Gabriel Vayre, con sus "vistas" traídas de Europa, hacían aparecer la magia de la luz y de la imagen en movimiento dándole a los últimos años del siglo XIX las chispas de lo que el XX promete.

Algunos días después de esa noche en el Castillo se celebrará la primera función pública de cine en un local de la calle Plateros, en el corazón mismo de la Ciudad de México. La maravilla de los Lumière resultará más que un éxito entre los espectadores mexicanos, que ven por primera vez a la fotografía moverse con el ritmo de las personas, en un frenesí en blanco y negro. A partir de ese momento se programan funciones del cinematógrafo para el deleite de los nuevos espectadores. Los Lumière luchaban por un incipiente mercado en competencia con el también popular Vitascope, la máquina de Edison. El Vitascope, con sus funciones en la capital del país y en algunas salas improvisadas de Guadalajara, no tuvo el éxito suficiente para imponerse en la preferencia del público.

De esta manera, junto con las producciones realizadas en Europa, comenzarán a exhibirse en México los primeros cortos mexicanos. Por las pantallas desfilan los alumnos del Colegio Militar y la gente aprecia una y otra vez a doña Carmen Romero Rubio de Díaz en su carruaje. Así se registraron tomas de don Porfirio como: *El general Díaz despidiéndose de sus ministros, El general Díaz paseando a caballo en el bosque de Chapultepec* o *El general Díaz recorriendo el zócalo*, entre otras tantas que incluyeron más tarde documentos visuales como, por ejemplo, los reunidos por Salvador Toscano para documentar las imágenes de los últimos años de don Porfirio y los primeros y cruciales de la lucha armada iniciada en 1910, no sólo en su conocida *Memorias de un mexicano*, sino en el proyecto *Los últimos treinta años en México*, cuyas sobrevivientes tarjetas dan cuenta de una visión del país por medio de la lente de un creador pionero.

Quedan ahí, también, entre los documentos más destacados, las crónicas de Ángel de Campo, "Micrós", la columna "Kinetoscopio" de *El Universal*, y la posterior "Cinematógrafo" de Luis G. Urbina, como relatos del asombro ante el naciente séptimo arte en México que, al mismo tiempo que crónica de un tiempo, es reflexión sobre el origen de un arte de vanguardia.

Será el cine, paradójicamente, el medio que registre las imágenes del México convulso, de la pólvora y la sangre, del fin del Porfiriato y de las luchas por el poder político en años de revuelta. Será por medio de las imágenes de la derrota en Ciudad Juárez que la gente se convencerá de que el invencible Díaz estaba en caída franca y que pocos días después renunciaría a la Presidencia de México.

MÉXICO ANTE EL MUNDO (1910)

La celebración del Centenario de la Independencia es, en el contexto global, una oportunidad inmejorable para que las potencias y países extranjeros atestigüen los logros del gobierno de Díaz y que México puede mirar de frente a las naciones del mundo. El presidente, a la muerte de Ignacio Mariscal, ministro de Relaciones Exteriores, encarga personalmente a Federico Gamboa, subsecretario del mismo despacho, que coordine el programa de actividades y las invitaciones de los países asistentes. México recibe a más de treinta delegaciones de representantes de las monarquías europeas, gobiernos americanos y asiáticos. Entre los invitados del continente europeo están Alemania, Austria-Hungría, Bélgica, Gran Bretaña, Grecia, Holanda, Italia, Noruega, Portugal, Rusia y Suiza.

Entre los vecinos americanos se invita a Argentina, Brasil, Bolivia, Chile, Colombia, Costa Rica, Cuba, Ecuador, Guatemala, Honduras, Nicaragua, Panamá, Perú, El Salvador, Venezuela y Uruguay. Se pone especial atención en la recepción de aquellos países a los que México se enfrentó en el pasado: España, Estados Unidos y Francia; y para favorecer el equilibrio diplomático, también se envían invitaciones a los grandes países asiáticos: China y Japón. Con excepción de Rusia y Uruguay, los representantes de las naciones llegan acompañados de comitivas formadas por diplomáticos, militares y "hombres de saber", como los llamó Genaro García, encargado de preparar la *Crónica oficial de las Fiestas del Primer Centenario de la Independencia de México*.

Sólo tres naciones dejaron de enviar algún representante. La primera de ellas fue Gran Bretaña, enlutada por la muerte del rey Eduardo VII, ocurrida ese mismo año. Sin embargo, la colonia inglesa residente en México asiste a un acto protocolar para felicitar al general Díaz en mayo. República Dominicana acepta la invitación a las fiestas del Centenario, pero el representante nunca llega. El gobierno de Nicaragua recibe la invitación y nombra a los diplomáticos que asistirán; pero la delegación no llega debido a que el gobierno del presidente José Santos Zelaya es derrocado en diciembre de 1909 y durante los siguientes meses el país queda sumido en la inestabilidad política. Recordemos que México no es el único país latinoamericano que ha debido soportar los intentos intervencionistas de Estados Unidos. En Nicaragua, Zelaya entrega el poder al doctor Madriz intentando conjurar la revolución iniciada por el grupo conservador y evitar con ello la intervención de Estados Unidos que, para apoyar a los revolucionarios, ya tenía tropas desembarcadas en territorio nicaragüense. Incluso México trata de mediar para evitar el desembarco de soldados estadounidenses. Al consumarse el golpe, Díaz envía ese mismo diciembre de 1909 al buque *General Guerrero* a recoger a Zelaya en el puerto de Corinto para llevarlo a Salina Cruz y de ahí trasladarlo a la capital donde se le recibe con honores, en un acto desafiante para los norteamericanos y ante la férrea oposición de su embajador, Henry Lane Wilson.

Al final, esta serie de actos dieron inicio a la Segunda República Conservadora de Nicaragua y a la primera intervención directa de Estados Unidos en ese país, que duró hasta 1925. Esta mención sirve para enfatizar que, durante el periodo de la historia de México de la que nos ocupamos ahora, la amenaza intervencionista del Gigante del Norte tiene un peso fundamental en la toma de decisiones de gobierno; una conciencia que Díaz tiene muy presente.

Madriz alcanzó a nombrar enviado extraordinario y ministro plenipotenciario al poeta Rubén Darío y a Santiago Argüello para asistir a las fiestas del Centenario. Darío, que se hallaba en París, partió de inmediato en el mismo vapor en que —según relata él mismo— iban miembros de la familia de Díaz, un íntimo amigo suyo, el diputado don Antonio Pliego, el ministro de Bélgica en México y el conde de Chambrun, de la legación de Francia en Washington. En La Habana, donde se entera de que la revolución que apoyó Estados Unidos ha triunfado, se embarcó también la delegación de Cuba.

> Envié un cablegrama pidiendo instrucciones al nuevo gobierno y no obtuve contestación alguna. [...] Durante el viaje a Veracruz conversé con los diplomáticos que iban a bordo, y fue opinión de ellos que mi misión ante el gobierno mexicano era simplemente de cortesía internacional, y mi nombre, que algo es para la tierra en que me tocó nacer, estaba fuera de las pasiones políticas que agitaban en ese momento a Nicaragua. No conocían el ambiente del país y la especial incultura de los hombres que acababan de apoderarse del gobierno.

Al llegar a Veracruz, Darío fue enterado por Rodolfo Nervo —hermano de Amado Nervo— de que no sería recibido oficialmente, pero que se le declaraba huésped de honor y que se le solicitaba no partir hacia la capital hasta que llegara un enviado del ministro de Instrucción Pública, su buen amigo Justo Sierra. El enviado llega con una carta del propio Sierra en la que, en nombre del presidente de la República y de algunos otros de sus amigos en el gabinete (como Federico Gamboa, a quien Darío había conocido en Buenos Aires), le rogaban posponer el viaje a la capital. En medio del remolino político, el poeta se encuentra en una situación que define como "bizarra" y que a nosotros nos da cuenta de la parcelación que existe dentro del gabinete porfirista: el gobernador de Veracruz y encargado de su estadía, Teodoro A. Dehesa, le afirma que puede permanecer en territorio mexicano hasta que parta la delegación de Estados Unidos, momento en que podrá ir a la capital; pero "el gobernador militar, a quien yo tenía mis razones para creer más" —afirma Darío— le da a entender que es mejor retornar en el mismo vapor para La Habana.

El poeta modernista opta por volver, pero antes visita Xalapa con la intención de ver a Salvador Díaz Mirón, encuentro que no ocurre pues el poeta veracruzano para ese entonces está seguramente ya en la Ciudad de México, donde participará en los festejos. Los habitantes de Teocelo lo invitan a su pueblo, donde el municipio le da su nombre a la mejor calle, nombre de poeta que hasta hoy se conserva —"Yo guardo, en lo preferido de mis recuerdos afectuosos, el nombre de ese pueblo querido", escribe, por su parte, Rubén Darío—, y en Veracruz se celebró una velada en su honor.

La historia representa un reto fascinante. Son tierras movedizas en las que hay que moverse con tiento porque no es una, por fortuna, la mirada ni uno cuantos los que la narran. La salida de Darío de México es un ejemplo. El poeta parte convencido de que hubo una enorme protesta en la capital al saber que no se le dejaba llegar a la ciudad:

los estudiantes en masa, e hirviente suma de pueblo, recorrían las calles en manifestación imponente contra los Estados Unidos. Por la primera vez, después de treinta y tres años de dominio absoluto, se apedreó la casa del viejo cesáreo que había imperado. Y allí se vio, se puede decir, el primer relámpago de una revolución que trajera el destronamiento.

La protesta ocurrió, sí, y se le reclamaba a la nación norteamericana, aunque por otros motivos. Pero no adelantemos vísperas sobre temas que tocaremos en el segundo capítulo; aunque no es difícil imaginar que a Darío le hayan afirmado que eran él y la situación de su país el origen de la revuelta. Partió, en fin, hacia La Habana acompañado del enviado de Justo Sierra y permaneció en Cuba dos arduos meses hasta que gracias al apoyo económico del diputado Antonio Pliego, el ingeniero Enrique Fernández y, sobre todo, de sus "cordiales amigos" Fontoura Xavier, ministro del Brasil, y el general Bernardo Reyes —que le envió por cable, de París, un giro suficiente para pagar sus crecidos gastos—, pudo volver a la ciudad de las luces.

Preparando los festejos (1910)

Desde principios de septiembre, los representantes de los países invitados a México comienzan a llegar por los puertos más importantes. En cada ocasión, son recibidos con salvas de honor y música de banda entonando el himno nacional del país visitante y del anfitrión. Algunos jóvenes mexicanos de las familias "decentes", como se las llamaba entonces, hacen las veces de escoltas, traductores y guías para los distinguidos invitados internacionales. Para alojar a las delegaciones extranjeras, algunos prestan sus casas, lo que constituye una muestra de su refinamiento y posición social.

Las residencias, prestadas o arrendadas, se ubican sobre Paseo de la Reforma, en las colonias Juárez y Roma o en calles próximas al Zócalo capitalino. Actualmente, con excepción del Palacio de Cobián, en la calle de Abraham González, donde se localiza la Secretaría de Gobernación, ninguna de aquellas casas existe. Carmen Romero Rubio y Ángeles Terrazas, esposas del presidente Díaz y del secretario de Relaciones Exteriores Enrique Creel, respectivamente, supervisan de manera personal la calidad del mobiliario, tras la instalación de aparatos que hagan más cómoda la estadía de los huéspedes ordenada por

Ignacio de la Barra, director de la Comisión de Obsequios y Aposentamientos de la Secretaría de Relaciones Exteriores.

A lo largo del mes de septiembre, las delegaciones se reúnen con las autoridades mexicanas para presentar las cartas credenciales que los acreditan oficialmente como enviados especiales para participar en la conmemoración del Centenario de la Independencia de México. La mayoría de las veces, este acto protocolario se realiza en el Salón Amarillo de Palacio Nacional. Para mayor lucimiento, los representantes llegan en carruajes descubiertos; cortejados de bandas musicales que anuncian al gentío arremolinado en el camino de la caravana que los convidados internacionales están por arribar. Federico Gamboa acompaña a las delegaciones vestido con su uniforme de ministro plenipotenciario: levita negra bordada en oro y un bicornio con discretas plumas blancas.

Porfirio Díaz, junto con los miembros del gabinete presidencial y los embajadores, preside la ceremonia. El presidente tiene especial cuidado en otorgarle a cada grupo de delegaciones el mismo tiempo y atenciones. Sólo recibe de manera individual a España por tratarse de la nación con la que México rompió lazos y con la que ahora, como país independiente, desea estrecharlos. Los integrantes de las delegaciones son invitados de honor a numerosos banquetes, recepciones, bailes, *picnics* y *garden parties* realizados en el Palacio Nacional, el Castillo de Chapultepec o en los mejores restaurantes de la época —como el Sylvaine, la Maison Dorée y el Gambrinus—, en el Casino Español, o el Palacio de los Azulejos, recinto que aloja al Jockey Club, y en espacios al aire libre como el Bosque de Chapultepec y el Tívoli del Eliseo, entre otras sedes.

La Ciudad de México luce en pleno su modernidad y buenas costumbres ante los representantes de las dinastías europeas y de las repúblicas americanas. El boato y el esmero no son mera fachada, sino que constituyen una muestra tangible del grado civilizatorio que el país ha conseguido a lo largo de tres décadas de pacificación y ordenamiento. Cada miembro de la delegación volverá a su patria como testigo fidedigno de que México ya no es aquel pueblo vulnerable y empobrecido, sino una nación íntegra, moderna y cosmopolita, digna de ocupar su prometido lugar en el orden internacional. Este mismo mensaje se envía a los mexicanos, quienes también disfrutan las fiestas del Centenario.

Porfirio Díaz es un hombre que pocas veces ha salido del territorio nacional. En los primeros días de diciembre de 1874 se embarcó junto con Manuel González, en Veracruz, en un viaje que los llevaría a Nueva Orleans con una escala en La Habana. En esa ocasión, Díaz salió argumentando que visitaría Nueva York para buscar escuela a sus hijos cuando en realidad cruzó la frontera para tener un punto en el norte desde donde apoyar el plan de Tuxtepec. Dos años antes había seguido el mismo camino cuando fue al vecino país del norte para planear el levantamiento de La Noria contra Juárez. Más tarde, saldrá de las fronteras de su patria cuando organice la exposición Universal y Centenario del algodón de Nueva Orleans, en 1883-1884; una más, en 1909, cuando cruce la frontera con la nación americana hacia El Paso, Texas, para encontrarse con el presidente Taft; y la última, en 1911, cuando parta hacia el exilio.

Sin embargo, aunque pocas veces salga de su país, es un hombre que sigue las noticias del mundo y está permanentemente al tanto de los avances tecnológicos, como lo prueba el mensaje de felicitación a Thomas Alva Edison y su interés en la primera proyección cinematográfica que hubo en México. Por eso ve los festejos del Centenario como una oportunidad para que su gobierno dialogue con los representantes de los más importantes países del mundo en ese momento, sobre sus avances políticos, económicos y culturales. A Porfirio Díaz, de buena parte de los 28 países asistentes a las fiestas del centenario, algo le interesa.

De Francia le atraen sus sistemas judicial y educativo, como se ve en la ceremonia de creación de la Universidad Nacional, en septiembre de 1910, cuando se hermanó con la universidad de París. Con Francia tiene también el interés que da otro ingrediente político: sobrepasar las diferencias que puedan restar de la lucha en la que él mismo había iniciado su brillante carrera militar.

De los gobiernos alemán e inglés le interesan sus inversiones. De los españoles y americanos, sobre todo, restañar las heridas causadas por la intervención y por la lucha de independencia. Japón es un caso especial que también atrae a Díaz. En 1888, México fue el primer país en reconocer la igualdad de Japón; un reconocimiento que ninguna de las potencias occidentales le había otorgado hasta entonces. Concluía la exitosa era Meiji, iniciada dos décadas atrás por el emperador de Japón. El emperador había iniciado la reforma radical de un país feudal en todos los ámbitos: económico, social, cultural y político, que en poco tiempo lo había convertido en una fuerza militar que había vencido unos años antes, en 1895, al poderoso imperio ruso y se perfilaba como una de las potencias económicas para ese nuevo siglo. En la misma década de los años noventa había vencido a China por el Protectorado de Corea y al poderosísimo Imperio Ruso en Manchuria. Uno de sus lemas era: "El conocimiento será buscado a través del mundo para consolidar los cimientos de la regla imperial". En lo económico, los japoneses se orientaron hacia una economía de mercado, para lo cual se unificó la moneda nacional y la banca, se fijaron reglas para el comercio y los aspectos fiscales. Una prioridad Meiji es —como para el gobierno de Díaz en México— las comunicaciones a través del cableado telegráfico y las vías férreas, además del desarrollo de puertos astilleros y de fábricas de armas. Seguramente Díaz veía en la era Meiji el vertiginoso y efectivo proceso de industrialización de un país sustentado, hasta antes de ese momento, en el más cerrado de los sistemas feudales. Veía, en unas cuantas décadas, el asombroso cambio del rostro de Japón y la decidida incursión de sus gobernantes por llevar hacia el futuro al país. Japón hizo del sistema naval de Gran Bretaña, del ejército prusiano, de la constitución de Estados Unidos y del sistema bancario del mundo entero sus modelos de marina de guerra, de ejército, de constitución y de economía. Para 1919 Japón será:

una economía industrial a la que le faltaba poco para rivalizar con la de Francia; unas fuerzas armadas que habían cambiado sus espadas y picas de acero por ametralladoras y acorazados; y una infraestructura de ferrocarriles, telégrafos, escuelas y universidades. Los señores feudales, al igual que el mismo príncipe, se habían convertido en diplomáticos, políticos e industriales; sus criados se habían alistado en el ejército o en la policía.

Sin duda alguna, Japón hubiera sido una de las referencias fundamentales para las relaciones internacionales de México, de no haber sido porque los norteamericanos vieron con gran desconfianza esta consonancia, como lo hicieron con India y China también.

La Comisión del Centenario (1907)

Desde 1907, Porfirio Díaz, a través de la Secretaría de Gobernación, nombra a los miembros de la Comisión Nacional del Centenario de la Independencia, encargados de organizar los festejos con la grandeza y el esplendor que hagan justicia al nacimiento de la patria. Según la *Memoria de los trabajos emprendidos y llevados a cabo por la Comisión*, la celebración del Centenario debe tener un amplio carácter popular y nacional, por lo que las manifestaciones e iniciativas patrióticas de todos los estratos sociales han de ser tomadas en cuenta.

Guillermo de Landa y Escandón, Serapión Fernández, Romualdo Pasquel, Fernando Pimentel y Fagoaga, Eugenio Rascón, Rafael Rebollar, Carlos Rivas, Manuel Vázquez Tagle y José Casarín son los miembros de la Comisión. Cuentan con el apoyo de las secretarías de Instrucción Pública y Bellas Artes, Relaciones Exteriores, Hacienda, Gobernación y Guerra y Marina para organizar el programa de actividades, y reportan directamente al presidente todos los proyectos y las acciones concebidas. A su vez, el modelo se replica y se crean pequeñas comisiones estatales y municipales para que no haya un rincón de México donde el Centenario no se festeje.

Los integrantes de la Comisión enlistan en la *Memoria* que publican los adelantos del país durante la gestión de Porfirio Díaz:

...hoy que nada surge que pueda causarnos inquietudes ni zozobras; que la paz pública —don apreciable de los pueblos— se arraiga cada día más en nuestro suelo; que el trabajo agrícola, minero, industrial y mercantil crecientemente prosperan, difundiendo el bienestar hasta los más remotos confines de nuestro territorio; que cuantiosos capitales afluyen al mismo; que se inauguran grandes vías interoceánicas e internacionales; que se multiplican los establecimientos de enseñanza; que el ciudadano goza de las libertades civiles; que nuestro gobierno es respetado por su crédito en el mundo financiero, y en el orden social por su honrada labor de progreso; hoy, en fin, que logramos tal suma de inapreciables bienes, merced a una acertada administración pública, a quien secunda el buen sentido del pueblo...

Logros que son vistos como el resultado del orden y la paz que el antiguo caudillo de la Intervención procura para México.

Durante tres años —como escribí en *El último brindis de don Porfirio*— los miembros de la Comisión trabajan diligentemente para reunir los recursos humanos y económicos necesarios para llevar a cabo las fiestas. Gobernadores, jefes políticos y ciudadanos son invitados a participar en la organización del Centenario, de tal manera que se crean 31 comisiones centrales, 298 de distrito y 1,440 municipales, en las que participaron 17,735 personas. La encomienda es grande y las fiestas del Centenario deben cumplir el cometido de celebrar, sí la historia, pero aún más —como he dicho— la entrada de la República a la modernidad. La Comisión emprende diversas celebraciones agrupadas en diez rubros principalmente: participación de gobiernos y colonias extranjeras; homenajes de México para las naciones y los representantes internacionales; obras de beneficencia; festividades cívicas y escolares; inauguración de obras materiales; congresos, exposiciones y museos; concursos, conferencias y veladas literarias; fiestas sociales y fiestas militares.

Más importante que las fiestas populares es la creación de obras de carácter material para que el recuerdo de la fecha solemne quede unido a la idea de progreso. Por decreto presidencial, cada estado, municipio, pueblo y ranchería debe sumarse a los festejos del Centenario de la Independencia con la construcción de una obra pública que beneficie a su comunidad. Así que, desde antes de 1907, se inician diferentes obras encaminadas a mejorar la vida de los mexicanos.

Dichas obras deben constituir una prueba más de los adelantos que ha logrado el país; entre ellas destacan las estaciones sismológicas de Tacubaya, Oaxaca y Mazatlán, obras de drenaje profundo y abastecimiento de agua potable, palacios municipales, parques, jardines, relojes públicos, teatros, cárceles, hospitales, calzadas, baños y lavaderos públicos, mercados, líneas telegráficas y telefónicas, panteones, monumentos, quioscos y escuelas. El gobierno se hará cargo de la construcción de infraestructura y los particulares del dinero para complementar los gastos, hasta llevar a cabo alrededor de 1,400 obras en todo el país.

Cada miembro de la Comisión encabeza una subcomisión con la tarea de recaudar fondos en ciertos círculos empresariales como ferrocarriles y compañías mineras; bancos, alto comercio e industria; tribunales militares y oficinas dependientes de la Secretaría de Guerra y Marina; propietarios; escuelas profesionales y la Dirección General de Instrucción Pública; funcionarios y empleados del ramo judicial federal y local; casinos, clubes y hacendados; comerciantes al por menor, profesionistas; y senadores, diputados y empleados de la administración pública federal. Se trata de activar la red de clientelas que la política porfirista ha tejido con tanta paciencia y de incluir a varios sectores sociales en la organización de los festejos. Estas dependencias reciben talonarios para precisar el monto de su contribución bajo el concepto de beneficencia pública y la Comisión Nacional del Centenario entrega el reporte del uso de los recursos y las cuentas a la Secretaría de Gobernación.

El régimen porfirista gastó cerca de 700,000 dólares en su participación en la Exposición Mundial de Chicago, en 1892, y más de 400,000 en la de París en 1889. Ahora, el maestro de las finanzas públicas, Limantour, que consiguió crecientes superávit para la tesorería nacional, pretende que los festejos del Centenario tengan el brillo que el presidente desea, pero sin que las arcas públicas se vacíen al echar la casa por la ventana o, como le escribe Roberto Núñez, su subsecretario de Hacienda, sin "tirar la casa por el portón como la quieren tirar los señores ministros" de Relaciones Exteriores, Gobernación e Instrucción Pública, frase que el subsecretario expresa en tono quejumbroso al presidente Díaz quien, muy a su estilo, le contesta: "primero es necesario que haya qué tirar y segundo que los señores ministros no pongan carros debajo de la ventana para llevarse el dinero".

Roberto Núñez informa a José Yves Limantour de cuanto sucede en la Secretaría de Hacienda debido a que, desde julio de 1910, el titular de ese despacho está de viaje por Europa con el fin de que su esposa reciba tratamiento médico. Limantour es uno de los hombres más importantes del gabinete porfirista. Su trabajo decidido y certero en favor del saneamiento de las finanzas públicas le ha valido que el presidente deje en sus manos las decisiones sobre la vida económica del país. El progreso material y la realización de las obras públicas tanto del Centenario como las de los años anteriores han sido posibles sólo gracias a los recursos que el trabajo de Limantour procura para el gobierno mexicano. Además, sus gestiones en el extranjero logran poner a México al nivel de las potencias capitalistas de la época y ganar prestigio, uno de los objetivos que con mayor ahínco persigue el porfirismo.

Aparte del reconocimiento al trabajo de Limantour, secretario y presidente se profesan una gran amistad desde hace más o menos 17 años. Don Porfirio es padrino de su hija María Teresa y por ello lo llama cariñosamente compadre o Pepe. La esposa de Limantour, María Cañas de Buch, es además amiga cercana de Carmen Romero Rubio de Díaz desde la infancia, lo que estrecha aún más el lazo entre ambas familias. Limantour relata, en una entrevista concedida al periodista Robert Hammond Murray para el *New York Evening Post* a finales de 1910: "El general Díaz era un amigo muy íntimo de mi padre. Recuerdo de él en mi pasado, hasta donde alcanza la memoria. Dos veces por semana, poco más o menos, venía a nuestra casa a cenar. Mi padre y él departían con frecuencia sobre los asuntos públicos y yo escuchaba".

A pesar de tan entrañable afecto cultivado durante varios años, Limantour no está presente durante las fiestas del Centenario, y Díaz, inevitablemente, lo interpreta como un desaire que no sólo alcanza su figura, sino se extiende hacia los invitados internacionales. En los últimos meses, debido a la última campaña presidencial, Limantour y Díaz han tenido algunas fricciones por la candidatura a la vicepresidencia. Dada la avanzada edad del mandatario, el cargo de vicepresidente es de suma importancia, pues si llegara el caso de que aquel falleciera inesperadamente, tener una figura fuerte en la vicepresidencia aseguraría la estabilidad minimizando el peligro de enfrentar una crisis. Por ello, Limantour desea que uno de sus hombres más cercanos —Ramón Corral— ocupe el cargo; mientras que los enemigos del secretario buscan posicionar a alguien de su grupo: el gobernador de Veracruz, Teodoro Dehesa, sabido detractor de Limantour.

Algunos autores han insinuado que Díaz tiene una confianza ciega en Limantour, al grado que las decisiones de gobierno las toma el secretario. Tales alusiones quedan cortas de análisis y, más aún, ignoran la personalidad e inteligencia del presidente. Marta Baranda sugiere que Porfirio Díaz no puede prescindir de su secretario de Hacienda porque sabe que es el hombre más fuerte fuera de México, sobre él recae la reputación financiera del país y por ello es necesario conservarlo en el gabinete. Es cierto que Limantour tiene influencia sobre Díaz, pero éste ejerce la suya sobre gobernadores, militares, caciques, jefes políticos y empresarios, entre muchos otros hombres importantes. Durante casi todo el siglo XIX, la clase militar es la que se sostuvo al frente del gobierno. Bajo el régimen porfirista, los generales y demás miembros del ejército mantienen muchos de sus privilegios, pero van perdiendo fuerza al volverse cada vez más dependientes del presidente. Habilidoso y curtido en las luchas del XIX, Porfirio Díaz construye un sistema de gobierno muy especial, dedicado a guardar el orden y evitar posibles sediciones. El presidente es amigo de los gobernadores y caciques regionales, pero cuida que entre ellos no florezca ningún tipo de simpatía, de tal manera que crea una forma de gobierno parecida a un sistema solar donde él es el astro central —como dirá Luis Medina Peña— y los demás orbitan a su alrededor, sin tocarse. Ese sol que representa Díaz está presente a través de un retrato en todas las oficinas públicas del país, una práctica que inició el estado de Morelos en 1890 y que pervive hasta nuestros días.

Limantour sale de México antes de que las elecciones para el periodo 1910-1916 se lleven a cabo, pues según estima Alfonso de Maria y Campos Castelló, biógrafo del ministro, éste es sensible a las críticas y calumnias, lo que probablemente lo mantiene alejado del torbellino electoral. No desea que se levanten rumores sobre la influencia que ha tenido en la candidatura de Corral, que dejó fuera a Dehesa. Limantour alarga su estadía en Europa argumentando que, además de cuidar la salud de su esposa, también es necesario intentar una nueva conversión de la deuda pública a un interés más bajo y aliviar así la pesada carga del erario que, entre obras públicas, líneas de ferrocarril y las fiestas del Centenario, se encuentra algo mermado. Núñez suele quejarse en la correspondencia que le envía a Limantour, diciendo que los proveedores de servicios para el Centenario no están haciendo su agosto sino su "septiembre".

Limantour permanece en Europa a pesar de la insistencia de Díaz para que vuelva; pasa las fiestas del Centenario en el Viejo Mundo, recibiendo las felicitaciones que diversas naciones le envían al presidente y a México. El 13 de septiembre de 1910, desde Suiza, Limantour escribe a Núñez una larga carta con instrucciones para el despacho de la Secretaría de Hacienda, dándole ánimos para que soporte los asaltos al erario y disfrute de las fiestas. Cierran la misiva las siguientes palabras: "Diariamente sigo desde aquí el programa de las fiestas y me transporto con la imaginación a México. Me duele mucho no estar allá, por más que hago la reflexión de que tal vez pasaría yo algunos malos ratos; pero no en vano hace retintín en el corazón la campana que tocó el Cura de Dolores".

Tales líneas, escritas con el anhelo por la propia tierra y en exclusiva para los ojos de un amigo, muestran la identidad patriótica del secretario. Lejos quedan ya los años en que la cuestión de su nacionalidad se presenta como principal polémica para ocupar un lugar en el gobierno. Tampoco podemos aquí mantener la idea que se ha planteado respecto a que Limantour, aun cuando llegó a conocer mejor que nadie muchos de los problemas del país, gracias a la visión que le daba la administración de las finanzas públicas, desconocía los mecanismos políticos, ignorancia que —según algunos de sus detractores, como el diputado veracruzano Rafael Rodríguez Talavera— lo incapacitaba para gobernar. Tengo otra opinión a partir de la lectura del archivo de Limantour; sus cartas ofrecen un punto de vista diferente, pues dejan ver que conocía bien las técnicas y tretas de la política mexicana. Discernimiento que resulta evidente al recorrer su correspondencia.

José Ives Limantour, el mexicano hijo del capitán de goleta bretón Joseph Limantour y de Adela Marquet, originaria de Burdeos, murió en París el 27 de agosto de 1935, y fue sepultado en el cementerio de Montmartre.

Ese mismo año, en septiembre en Alemania, Hitler promulga las Leyes de Nüremberg, que dividen a la población en "ciudadanos" y "súbditos" del Reich, entre otras muchas medidas similares. En México, mientras tanto, Fernando de Fuentes filma *Vámonos con Pancho Villa*, que sigue las aventuras de los Leones de San Pablo en la vorágine villista. En una escena situada en una cantina de Torreón, se escuchan los acordes de *La cucaracha*, la canción revolucionaria que interpreta al piano Silvestre Revueltas.

II

La celebración del progreso y los primeros brotes de revuelta

La fecha se cumple (1910)

El 15 se septiembre, los festejos comienzan temprano. A las 8:30 de la mañana diferentes asociaciones visitan al presidente para felicitarlo por su cumpleaños. Es cierto que desde 1895 se establece la tradición de que, ese día, Porfirio reciba a todos quienes deseen saludarlo personalmente; una tarea que le tomaba desde la tarde del 15 hasta que llegaba la hora de dar el grito, y con la que sin duda se creó, en la conciencia colectiva, una relación entre los destinos de Díaz y de la nación. Pero justo ese año, ¡don Porfirio cumple 80 y la patria 100! Así que las salutaciones comienzan más temprano que nunca. Luego, a las 9:30 da inicio el desfile histórico organizado por la Comisión del Centenario, cuyo objetivo era ensalzar las diferentes etapas que han formado a la nación. El desfile está integrado por tres grupos que parten del Paseo de la Reforma, recorren la Avenida Juárez y San Francisco —hoy la calle peatonal Madero— para desembocar en la plancha del Zócalo capitalino y pasar frente a Palacio Nacional.

El primer grupo representa la época de la conquista de México y al llegar al balcón central de Palacio tiene lugar la actuación del encuentro entre Hernán Cortés y Moctezuma. En la comitiva del español se ve a la Malinche, a Pedro de Alvarado y a Bernal Díaz del Castillo, entre otros personajes célebres, así como a escopeteros, frailes y guerreros tlaxcaltecas interpretando al fervoroso bando de aliados de los conquistadores. El *Tlatoani*, en cambio, va seguido por un séquito de guerreros, sacerdotes y nobles señores mexicas. Tras el encuentro, llega un segundo grupo que encarna la larga época virreinal. Cada 13 de agosto, en el aniversario de la Toma de Tenochtitlan, se realizaba en la Ciudad de México un festejo conocido como Paseo del Pendón. Los miembros de la Real Audiencia, del Ayuntamiento y los indios principales de Santiago Tlatelolco hacían una procesión encabezada por el Pendón Real —de damasco rojo con el escudo bordado en oro— que representaba la Corona española.

En dicho recorrido, las autoridades españolas e indígenas celebraban la Conquista y el nacimiento de Nueva España bajo el cobijo de la Madre Patria. Después de la Independencia deja de realizarse el Paseo del Pendón y en los festejos del Centenario se revive esa escena en el desfile histórico. Desde entonces era claro que los siglos de dominación española constituyen una parte fundamental de la historia de México y por ello debían —y deben— estar presentes en el recuento de la historia nacional.

El tercer grupo del desfile tiene como número principal la entrada del Ejército Trigarante a la Ciudad de México, hecho que marca el triunfo definitivo de la Independencia, el 27 de septiembre de 1821. Agustín de Iturbide y Vicente Guerrero aparecen como las figuras principales de aquella escena. Además hay carros alegóricos en honor a Hidalgo y Morelos, y algunos enviados por los estados de la República, como el de Tabasco y el de Sinaloa. Miles de espectadores presencian el desfile, reconociéndose en su historia y prorrumpiendo en aplausos y vivas que parecen interminables cada que dobla la esquina un grupo de personajes engalanados con los uniformes, sombreros o penachos de la época.

Resulta muy interesante notar que el desfile presenta la historia de México desde el ángulo de la alianza entre facciones. En lugar de presentar las grandes batallas y episodios cruentos de la historia, el desfile busca transmitir que, si bien esta nación se ha forjado a sangre y fuego, la paz y la unión son los elementos que le otorgan su cariz definitivo. De tal manera que el encuentro entre Cortés y Moctezuma —y no la feroz toma de Tenochtitlan— se muestra como uno de los hechos fundacionales de la patria. La procesión pacífica de españoles e indígenas viviendo en armonía simboliza la época colonial —mas no apareció la rivalidad entre peninsulares y criollos—; y finalmente, la unión de insurgentes y realistas personifica la independencia de México, dejando fuera de la escenificación el sanguinario episodio de la Alhóndiga de Granaditas. De este modo y coherente con su tiempo, el desfile histórico del Centenario constituye una representación de los principios de la filosofía porfirista que promueve la paz y el orden para alcanzar el progreso.

Después del desfile, la gente se dispersa por los barrios cercanos al Zócalo para disfrutar de acróbatas y charros, y funciones de cine y bailes con músicos improvisados. Al caer la noche, el ambiente se anima aún más con la iluminación de edificios públicos y casas comerciales. En caminata pausada, gozando del excitado ambiente entre risas y el correr de los niños, las personas transitan la actual calle Madero en dirección al Zócalo para admirar los miles de foquillos encendidos que, como prodigio de la modernidad, irradian chorros de luz y convierten las paredes en murallas de fuego. Cerca de las diez de la noche, una retahíla de fuegos artificiales sorprende a la multitud que se precipita hacia la Plaza de la Constitución, para encontrarse enseguida con una serenata frente a Palacio Nacional.

A las once de la noche, acontece por fin el tradicional y esperado Grito. El presidente Porfirio Díaz —engalanado de frac y con la banda tricolor cruzándole el pecho— se asoma al balcón central de Palacio Nacional para tañer la misma campana con la que Hidalgo congregó, hace cien años, a los habitantes del pueblo de Dolores. La campana había sido llevada a Palacio Nacional en 1896 y desde entonces su tañido repica cada 15 de septiembre. A cada golpe de badajo y ondeando la bandera nacional, Porfirio Díaz pronuncia estas palabras el 15 de septiembre de 1910:

¡Mexicanos!
¡Viva la República!
¡Viva la Libertad!

¡Viva la Independencia!
¡Vivan los Héroes de la Patria!
¡Viva el Pueblo Mexicano!

La multitud prorrumpe en vivas, chiflidos y gritos de asombro y emoción, mismos que quedan ahogados bajo el sonoro golpe de las bandas militares que entonan el Himno Nacional y las explosiones de salvas y cohetones que inundan el cielo capitalino.

¡QUE SIGA LA FIESTA! (1910)

Desde las primeras horas del viernes 16 de septiembre, con pocas horas de sueño por el fiestón de la noche anterior, la gente se ha ido congregando sobre el Paseo de la Reforma para garantizarse el mejor lugar desde donde observar la llegada del presidente y de los invitados extranjeros, y presenciar la inauguración de la columna de la Independencia. A las diez de la mañana, Porfirio Díaz arriba al lugar para ocupar su sitio en la tribuna principal flanqueado por Ramón Corral y Enrique Creel; luego de escuchar a la Banda de Policía, se procede a la lectura de los discursos oficiales por parte del arquitecto Antonio Rivas Mercado y del subsecretario de Gobernación, Miguel Macedo. Antes de la declaratoria oficial de inauguración, que Díaz emite con voz firme y sonora, Salvador Díaz Mirón —poeta veracruzano de aliento cívico y elocuente en tribuna— lee, "sin aumento significativo de su prestigio" en palabras de Carlos Monsiváis, la oda "Al buen cura" en la que exalta las bondades del Padre de la Patria. También en el poema se busca conciliar la exigencia de libertad de los mexicanos con la herencia española. Reconoce la vital lucha que Hidalgo acometió cien años antes:

Hay crisis en que un hombre
ávido de justicia y de renombre,
sirve a trocar la suerte
y entonces riñe a muerte

combate de querube con vestiglo.
¡Y hoy una libertad, hija de un fuerte,
consagra un esplendor que cumple un siglo!
[...]
Revuélvome al pasado
y miro y oigo a un hado
en horrísono tumbo de centella,
¡y responde entusiasta y engreído
a fulgor y estampido,
oh tempestad propiciatoria y bella!

Pero aboga también por no seguir nutriendo el odio hacia los
españoles, hermanos y genitores de un pueblo que se define en
su mestizaje:

¡Ah! Pero no en irreflexiva furia
reverdezcáis antigua y seca injuria
en contra del hermano
que de virtud rebosa;
¡no intentéis percudir, como a tirano,
al espíritu hispano
que siempre será cosa
firme y enhiesta, principal y hermosa!

¿Mueras? A la desidia.
La república envidia,
como larva en capullo,
el ámbito del vuelo y del orgullo...
¡Y los patriotas en los negros tramos
urdimos, trabajamos!

Los festejos habían comenzado el primer día de septiembre y se
extienden a lo largo de todo el mes y todavía en octubre se realizan algunos más. Además de la inauguración de la columna
de la Independencia, otro acontecimiento importante y que
ha quedado en el imaginario del lujo de las celebraciones es el

Baile del Centenario, ofrecido por Porfirio Díaz y su esposa a las delegaciones extranjeras y al cuerpo diplomático, el 23 de septiembre en Palacio Nacional. Debemos recordar que la alta sociedad mexicana es asidua a disfrutar de elegantes bailes desde la época de Maximiliano y Carlota. En la era republicana, la elección de Sebastián Lerdo de Tejada, por ejemplo, se celebra con un gran baile al que siguieron otros, andando el tiempo, con motivo de las reelecciones de don Porfirio; incluso Amada Díaz, hija favorita del presidente, y su esposo Ignacio de la Torre, son los anfitriones de diversos bailes que tienen lugar en el Palacio de Minería.

El Baile del Centenario es uno de los eventos sociales más esperados y de mayor gala; hay un derroche de vestidos de etiqueta, joyas y buenos modales. Según la opinión de la época, el adorno fue sencillo y el buen gusto quedó de manifiesto en el cuidado que se tuvo al respetar la arquitectura virreinal del Palacio Nacional. Más de 40,000 focos iluminan el patio de honor donde se han colocado las mesas para la mayoría de los invitados y la parte central está convertida en un salón dividido por majestuosos cortinajes.

En los corredores del Palacio se han dispuesto catorce tocadores para que las damas se den oportuno arreglo. Los caballeros pueden disfrutar de un cigarro o puro en el Salón Panamericano y en los salones de espera de la Secretaría de Hacienda que se destinaron para ese propósito. Capas, abrigos, sombreros, bicornios y cascos se dejarán en el guardarropa para mayor comodidad de los invitados. Los salones del *buffet* se ubican en la planta alta, donde se ofrece comida hasta las dos de la mañana; los platillos del banquete están inspirados en la cocina francesa, representación viva, en ese entonces, de refinamiento. Durante el baile se sirven todo tipo de platos fríos y calientes como *Foie Gras de Strasbourg* y *Consommé Riche*, y para beber hay café, té, licores variados y *champagne*.

Alrededor de las diez de la noche, el presidente Díaz y la esposa del enviado especial de Italia, la Marquesa de Bugnano, abren la pista de baile. Pero los invitados extranjeros y el cuerpo diplomático no fueron los únicos en danzar, pues aquella era la Noche del Baile del Centenario y se oye el zapatear de los mexicanos al ritmo de la música en el Bucarelli Hall, en la Academia Metropolitana, en los mercados y en muchos salones que la Comisión del Centenario rentó para que el pueblo asista al baile que, en algunos barrios, también se ha organizado en las calles, a cielo abierto. *El Imparcial* —la prensa oficial— remarca que aquella noche "medio México bailó", no sólo la aristocracia sino también aquellos de pocos recursos y los artesanos honrados, asistentes todos a los bailes populares, y quienes también fueron agasajados con pasteles y bebidas.

Otros diarios —no tan amigos del gobierno— muestran la cara menos guapa del Baile del Centenario en Palacio Nacional: los comensales que no aprovecharon la oportunidad se quedaron sin comer toda la noche y no alcanzaron ni media copa de aquellos vinos tan delicados prometidos en el menú. El personal del servicio fue insuficiente para recoger los platos sucios y las sobras de comida se quedaron sobre las mesas. *El Diario del Hogar* publica cinco días después que "otras personas rogaban a los criados se les vendieran alimentos, otras soportando el asco escogían de las rebanadas de pan seco y las carnes no picoteadas y se hacían tortas compuestas". Y es que al parecer del mismo periódico "no se sabe por qué artes" muchos "gorrones vulgares" sin educación se colaron al baile. En los tocadores de damas, hasta los frascos de perfume y las polveras desaparecieron.

El Baile del Centenario en Palacio Nacional es uno de los eventos que más expectativas había creado. Desde julio, la prensa publica notas especulando sobre el lujo, la música, el banquete y la elegancia de los asistentes. Porfirio Díaz recibe muchas cartas de señores, señoras y señoritas que, ardiendo en deseo por asistir, piden ser favorecidos con una invitación. Es posible que aun la estricta vigilancia no fuera obstáculo para muchos de aquellos deseosos que consiguieron deslizarse a Palacio Nacional.

Rosario Hernández y Martha López consideran en su libro *Los banquetes del Centenario* que las clases popular y media quedaron excluidas de los festejos. En la visión que tienen las

investigadoras, los agasajos se organizan con carácter aristo-
crático, pero desde mi punto de vista no debemos limitar los
festejos a ese calificativo porque, en primer término, la clase
dirigente en turno acostumbraba dar tales fiestas, es decir, no
es una característica exclusiva del Porfiriato sino que tales banquetes son parte de la tradición y de la construcción política del
México del siglo XIX. En el contexto de las fiestas del Centenario,
si bien es cierto que se gastaron grandes sumas en las fiestas y los
banquetes para halagar a las delegaciones extranjeras, no puede
obviarse que los festejos públicos ocurrieron con gran júbilo y
no menor prodigalidad; algunos eventos fueron organizados por
la Comisión misma y tuvieron una asistencia voluntaria y masiva
de la población, mientras que muchas otras fiestas, debe recor-
darse, fueron organizadas y promovidas —también con gran
éxito— por distintos particulares de la clase media.

Durante todo el mes de septiembre, además de los bailes
populares, las bandas militares amenizan jamaicadas —hoy llamadas kermeses— y fiestas. En algunas demarcaciones se planta
"El árbol del Centenario"; hay funciones gratuitas en teatros,
actos circenses y cucañas —conocidas actualmente como palo
ensebado—en plazas públicas, carreras de burros y sacos con
premios para los ganadores. Se dan serenatas y se organizan paseos y procesiones nocturnas que recorren diferentes rumbos de
la ciudad a la luz de antorchas y farolitos. También se realizan
corridas de toros y jaripeos. En los parques se organizan carreri-
tas de bicicletas y combates florales; pueden verse procesiones
infantiles y a las autoridades repartiendo juguetes y ropa entre
los niños. Festejos donde la gente participa y de los que puede
disfrutar ocurren a la par de homenajes a la bandera, a los héroes y a la patria.

Aun la Iglesia católica participa de manera discreta en los
festejos. El Papa Pío X envía unas *Letras Apostólicas* al Episcopado
mexicano sobre el Centenario de la Independencia y cada obispo escribe para su diócesis una carta pastoral. Entre las que más
destacan está la del obispo de Tepic, Andrés Segura y Domínguez, quien exhorta a los fieles a amar a la patria con un amor no

sólo afectivo "sino efectivo, esto es capaz de poner al servicio de la patria nuestras energías, nuestros bienes, nuestro honor y aun nuestras vidas". Durante aquellos días, el 15 y 16 de septiembre se iza la bandera nacional a las cinco de la mañana en las ocho demarcaciones en las que se divide por entonces la Ciudad de México, y el acto es acompañado no sólo por la salva de cohetes civiles, sino de sonoros repiques de los templos. En ese ánimo festivo que une a los mexicanos en torno a la conmemoración de su libertad ganada, *El Imparcial* reporta que los curas motivan a la feligresía a mantener limpia la ciudad y recibir el Centenario. No hay familia que —según los recursos de cada una— deje de adornar sus casas con el escudo nacional, imágenes de Hidalgo, faroles, listones tricolores y banderas de todos tamaños.

Y es que desde que comenzó el año de 1910, la fiebre del Centenario se deja sentir. Los principales almacenes de la ciudad anuncian gran cantidad de artículos inspirados en la que promete ser la fiesta más grande de todos los tiempos. Banderas, tazas, vasos, platos, hebillas, botones y prácticamente cualquier objeto de uso cotidiano se impregna del aire festivo y patriótico que representa llevar pintadas, bordadas o labradas las fechas 1810-1910, o los rostros de Miguel Hidalgo y de Porfirio Díaz. Los objetos más comunes, y por ello más íntimos de la sociedad, los más usuales y propios como cajas, cigarreras, navajas, ceniceros y hasta exvotos, son fabricados en aquel año para celebrar, no sólo en los grandes salones sino, en el ámbito más doméstico, las fiestas del Centenario, conmemoraciones que no pretendían ser una sucesión de fiestas sino el espejo del proyecto de un país en marcha. Aún más: con un excepcional sentido de la historia, Díaz sabe que la edificación de monumentos y obras constituye también una forma de construir un relato de la historia nacional y consolidar, mediante la práctica de la ceremonia cívica, el ritual de la patria.

Tres días después, Roberto Núñez relata a su jefe el éxito de las fiestas del Centenario, y los eventos que el ministro de Hacienda se perdió:

...escribo a usted estas líneas para ratificarle todos mis mensajes de la semana, y para decirle que las fiestas han estado realmente suntuosas.

No vacilamos, cuantos hemos recogido de los Embajadores y ministros extranjeros, en decir que están satisfechísimos y que todos, señoras y caballeros, a una voz dicen que nunca habían visto, en ninguna parte del mundo, fiestas como las nuestras.

Hasta ahora las que más se han distinguido son: el banquete de la colonia Alemana, cuyo entusiasmo fue indescriptible, y creo que debido a la excepción que el Señor presidente hizo concurriendo a ese único banquete, el Káiser, como obsequio con motivo del santo del General Díaz, le ha enviado el gran collar del Águila Roja; después, la fiesta de Carmelita en Chapultepec, que estuvo feérica; al día siguiente la iluminación de toda la ciudad y especialmente la de los palacios, Nacional y Municipal, y de las torres de Catedral; pero, sobre todo, el momento solemne del grito. No tiene usted una idea del entusiasmo enorme del gentío que se congregó frente a los balcones de Palacio en los momentos en que el presidente, que tenía junto a sí a los Embajadores y enteramente a su lado al español Marqués de Polavieja, agitó la campana de Dolores y vitoreó la Independencia en su Centenario.

Las señoras de los extranjeros declararon que no habían visto nunca cosa igual en su vida.

Pues todavía, si cabe, fue mayor el entusiasmo ayer cuando el presidente regresó de la inauguración del Monumento a la Independencia y atravesó por toda la avenida, camino que usted muchas veces ha recorrido en su compañía. Desde la calzada de la Reforma hasta la entrada a Palacio, sin valla alguna de soldados ni de policía y pudiendo tocar el pueblo los brazos del presidente, tan cerca de él así estaba, no hacía otra cosa que prorrumpir en gritos de felicitación, en vivas y aplausos, y llenarlo de tal manera de flores que dos o tres veces hubo necesidad de quitar las que caían en el carruaje, y por último, llegó a Palacio como si acabara de venir de un combate floral. De tal manera fue grande el entusiasmo en todo el público (y puede usted creer que es posible que haya habido cerca de mil quinientas gentes en todo el trayecto) que no he podido resistir al deseo de comunicárselo a usted hoy por telégrafo...

EL HORIZONTE EN TIERRA ADENTRO (1910)

Al interior de la República, los festejos del Centenario también se realizan a lo largo de varios días, caracterizados por la inauguración de obras públicas. Si una de nuestras cartas más fuertes está en que México posee una de las mayores infraestructuras culturales, en mucho se debe a estas obras levantadas o planeadas durante el Porfiriato. Moisés González Navarro señala en uno de los tomos de *Historia Moderna de México* que en Guadalajara hay una "animadísima feria" en el Paseo del Agua Azul; también ahí se planta "El Árbol del Centenario", hay un combate floral, una procesión de carruajes y bicicletas y, a finales de octubre, se lleva a cabo un desfile histórico inspirado en el de la capital. En Chihuahua se inaugura un horno para quemar basura y un monumento al militar y político Carlos Pacheco; también hay desfiles históricos y reparto de ropa para los niños pobres. En San Luis Potosí se estrenan bibliotecas públicas y un faro, donado por las colonias extranjeras; hay bailes populares, una gran serenata y una romería.

En Aguascalientes se hacen mejoras al mercado el Parián y se inaugura un monumento a los insurgentes; hay un partido de *baseball* y una jamaicada para obreros en el Tívoli de San Marcos; en pueblos pequeños, como lo era el actual municipio de Jesús María, hay ceremonias cívicas con juramento a la bandera. En Calvillo se reserva, como acto principal para el día 15 de septiembre, la instalación de la luz eléctrica y se tiene como invitado de honor al gobernador Alejandro Vázquez del Mercado. En Querétaro se inauguran el monumento a la Corregidora, el portal Allende y la Escuela de Bellas Artes.

En Yucatán se inauguran el monumento a Joaquín García Rejón —escritor y político destacado en aquella entidad federativa— y el edificio de la Junta de Sanidad. También hay una ceremonia cívica y un paseo histórico, una exposición agrícola y se obsequia a los pobres con carne. *El Imparcial* reporta que en Guerrero se inaugura el puente Damián Flores sobre el río Apacingo y el Parque del Centenario. En Monterrey hay varias celebraciones a lo largo del mes que incluyeron kermeses, un concurso de bandas, un baile infantil de trajes, otro baile para adultos y una batalla de confeti "que se efectuó en medio de una animación inusitada".

El mismo diario publica el *Programa General para solemnizar el Primer Centenario de la Independencia Nacional* en Zamora, Michoacán. Las actividades comenzarían con la reunión de una comitiva formada por el Ayuntamiento que recorrería las calles del municipio para abrir los festejos y luego se inauguraría la fuente y el parque de la Plaza Juárez. El día 15 se iniciaría con una alborada con repiques en todos los templos y un paseo de las bandas militares; después se inauguraría el pavimento de las calles con un juego de cintas en bicicleta. Al atardecer, una serenata en honor del General Díaz, seguida de la inauguración del reloj público. El 16 hay alborada y un paseo cívico en el que participan las autoridades del Ayuntamiento, los empleados públicos, niños de las escuelas oficiales y particulares, alumnos del Colegio Seminario, más de 2,000 obreros, policías y bandas de música.

En el Estado de México se inauguran un gran número de obras públicas, tan sólo en El Oro se estrenan el Palacio Municipal, un hospital, el Teatro Juárez, un mercado, un rastro y el panteón municipal. Los mexiquenses organizan desfiles en diferentes puntos del estado. En Pachuca, Hidalgo, se construyen las Torres de la Independencia; mientras que en la natal Oaxaca de Juárez y de Díaz se levantan arcos triunfales de estilo neoclásico y se publica un libro de historia y estadística del estado; se instala el alumbrado público y cientos de kilómetros de cableado para el telégrafo y las vías de ferrocarril para conectar Coatzacoalcos con Salina Cruz y Puebla con Oaxaca, se construye la Escuela Normal y el emblemático mercado de esa capital que, en el empalme de paradojas que componen nuestra historia, actualmente se llama 20 de Noviembre. En Mazatlán, Sinaloa, se inaugura la Calzada del Centenario; y en Tamaulipas, además de la inauguración del monumento a los héroes de la Independencia, se lleva a cabo un desfile de carros alegóricos.

Las noticias que llegaron de Veracruz describen que en ese estado las fiestas son "del mayor lucimiento". Se organizan algunas regatas en las que participan los botes de los buques extranjeros, que son iluminados con motivo del Centenario y otorgan al puerto un hermoso aspecto. Los vecinos se han apostado en la playa y el malecón para disfrutar de las regatas. También se lleva a cabo una romería infantil en el Parque Covadonga y la Colonia Española decide agasajar a los niños de las escuelas públicas con dulces y juguetes. La ceremonia del grito, sin embargo, es interrumpida por un aguacero torrencial que dispersó a los asistentes justo cuando el jefe político salió al balcón para vitorear la independencia nacional. En Taxco, la Junta de Señoras y Señoritas del Centenario se encarga de repartir ropa a los más necesitados y de ofrecer una comida para los reclusos de las cárceles.

En Tabasco, las fiestas comienzan desde el día 10 con una procesión de antorchas "que resultó muy vistosa", y en los siguientes días se coloca la primera piedra del monumento dedicado al Benemérito de las Américas; en los jardines de la Estación Agrícola Experimental hay una conferencia sobre arboricultura e injertos y se plantan árboles. El Casino de Tabasco organiza un suntuoso baile; en la misma entidad se inaugura la biblioteca Miguel Hidalgo y Costilla en el Instituto Juárez. Las figuras de estos dos próceres y la del presidente Díaz forman una triada que constituía el eje de la historia nacional y sus efigies —pintadas, labradas o bordadas— se usan como elemento primordial durante las fiestas del Centenario.

Durante el Porfiriato, estas tres figuras son consideradas como los eslabones principales de la cadena histórica. En los últimos años del gobierno porfirista, Juárez es puesto en un alto pedestal como benemérito de la patria, dejando atrás las acusaciones de dictador incipiente. La publicación de *Juárez, su obra y su tiempo* en 1906, escrito por Justo Sierra para conmemorar el centenario del natalicio, pondría la primera piedra del monumento que es su figura en la actualidad.

La consagración del Impasible (1906 y 1876)

En 1906, la conmemoración del centenario del natalicio de Benito Juárez causa gran expectativa y emoción. Como sucederá cuatro años después con las fiestas del Centenario de la Independencia, se forma una comisión especial para organizar los festejos y coordinar las actividades. Clementina Díaz y de Ovando reseñará en "El Primer Centenario: 1906", artículo publicado en la *Revista de la Universidad de México*, las noticias trasmitidas por la prensa de la época y los eventos que tuvieron lugar. Los diarios liberales gastan ríos de tinta para enaltecer a don Benito Juárez como verdadero libertador de México, mientras que los periódicos más conservadores procuran ridiculizar la pompa de los festejos.

La comisión lanza un concurso arquitectónico y otro literario para rendir homenaje al Hijo de Guelatao con un monumento y una pieza de poesía, respectivamente; acuña 4,000 medallas conmemorativas y en las escuelas públicas se ensaya el Himno a Juárez con letra de Luis Jiménez y música de Julio Ramírez Tello. En un impulso patriótico, algunos particulares adornan e iluminan sus casas. El 21 de marzo, una comitiva sale de la Plaza de la Constitución en dirección al Panteón de San Fernando para dejar ofrendas florales; luego se develan placas conmemorativas en la Casa de Moneda y en el Salón de Embajadores de Palacio Nacional; en la tarde se ofrecen funciones teatrales y espectáculos de acróbatas; mientras que en la noche se lleva a cabo una serenata frente a Palacio Nacional que culmina con cohetones y salvas.

En el Teatro Arbeu se prepara una velada especial en honor a Juárez. El general Díaz preside la función y la dota de mayor solemnidad. Los miembros de la familia Juárez asisten como invitados de honor al acto. Los músicos del Conservatorio

Nacional entonan diversas piezas musicales, se entregan diplomas y reconocimientos a los ganadores del concurso literario, y Justo Sierra pronuncia un discurso que provoca aplausos y vítores. Las últimas palabras del secretario de Instrucción Pública y Bellas Artes —publicadas días después en *El Mundo Ilustrado*— revelan la mirada con la cual se tratará el recuerdo de Juárez a partir de entonces:

> Todos estamos contigo, el día que el Pacificador, el gran adversario de tus postreros días de lucha, llevó reverente a tu mausoleo la corona del recuerdo nacional, todo lo pasado quedó en la sombra y surgió definitivamente al sol tu ideal y tu gloria. Sea ella el símbolo de unión y de concordia; sea un ara en que fraternicemos los mejicanos. Todavía será turbada la paz del reposo augusto, que ganaste bien, perenne batallador; pero no podrá nadie arrancar tu nombre del alma del pueblo, ni remover tus huesos en tu sepulcro; para llegar a ellos será necesario antes hacer pedazos la sagrada bandera de la República que te envuelve y te guarda.

Sierra se refiere a don Porfirio como *el Pacificador* y es que Díaz ha implementado una política de mediación para unir facciones, toma como estandarte las figuras de los héroes de todos los bandos para hacerse de la simpatía de diversos sectores. Utiliza la Rotonda de los Hombres Ilustres para saldar cuentas con los muertos y dotar a su gobierno de una base heroica que le confiriera legitimidad. Para Porfirio Díaz, los muertos deben recibir el trato de caballeros que merecen, y aun cuando muchos de quienes reposaban allí habían sido sus enemigos o detractores, él los incluye en el círculo de prohombres de México y se instituye que se les rindan los honores debidos.

Y es que los rondines del dios Marte por el país han traído consigo numerosos actos heroicos que encienden una flama patriótica en los corazones de los mexicanos. Desde la época de Santa Anna quedó manifiesto que era necesario crear un panteón nacional, como el de Francia, para rendir homenaje a los hombres distinguidos de México.

La iniciativa de honrar *post mortem* a los mexicanos que dieran prestigio a la Patria es de Sebastián Lerdo de Tejada. Durante su periodo presidencial se inaugura la Rotonda para distinguir con honor a los hombres y las mujeres sobresalientes en las artes, la política y, sobre todo, en el campo de batalla. La Rotonda quedó inaugurada el 21 de marzo de 1876, cuando fue sepultado el coronel Pedro Letechipía Cuéllar. Este militar, oriundo de Zacatecas, había combatido contra el imperio de Maximiliano y en marzo del año de su muerte estaba al mando de cien hombres que formaban la escolta del tren que corría de Veracruz a la Ciudad de México. El 19, el convoy fue asaltado por un grupo de rebeldes del movimiento del Plan de Tuxtepec. Letechipía perdió la vida en la batalla sostenida en la estación Rinconada, en Puebla. El presidente Lerdo ordenó que se le diera un sepulcro de honor en la Rotonda y él mismo asistió al funeral. También ordenó que a la esposa del militar, Josefa Cedeño, se le otorgara una pensión de 6,000 pesos.

Pareciera que la musa Clío es afecta a las travesuras y disfruta de la ironía pues, aunque Lerdo inaugura la Rotonda en el Panteón de Dolores, rindiendo tributo a quien combatió a los tuxtepecanos de Díaz, aquel nunca se imaginó que el líder de ese movimiento le otorgaría —precisamente a él— un lugar en el aro; y es que, tras ser derrotado por Porfirio Díaz y sus seguidores, salió de México rumbo a Estados Unidos, donde permaneció exiliado durante trece años. Por boca del sobrino tataranieto homónimo de Sebastián Lerdo de Tejada, quien me lo confió en una charla, sé que al salir de México el ex presidente Lerdo dijo que no regresaba al país ni muerto. Sin embargo, su deseo no se cumplió. A su muerte, en 1889, sus restos son traídos desde Nueva York y sepultados con la dignidad de Héroe Nacional en la Rotonda. El círculo patriótico va completándose en aquellos años con las figuras más sobresalientes de la historia de México: los generales que sirvieron en la guerra contra los franceses y los eruditos que sustentaron la reforma liberal encabezada por Juárez.

Los generales Sóstenes Rocha, Felipe Berriozábal y Mariano Escobedo, entre otros hombres de armas, junto con intelectuales como Guillermo Prieto, Melchor Ocampo e Ignacio Luis Vallarta ocupan sus tumbas de honor en el Panteón de Dolores. Porfirio Díaz, contemporáneo de ellos, compartió con los militares tanto la gloria como la enemistad en el campo de batalla, y con los letrados, la ideología liberal que los había primero unido bajo la dirección de Juárez y luego separado de ella. Incluso Vallarta, quien trata —igual que él— de quedarse con la presidencia, halla su merecido lugar en aquel círculo. Como presidente, Díaz se reconcilia con cada uno al ofrecerles un sepulcro de honor.

El hombre que dotará de mayor legitimidad al gobierno de Díaz es aquel que había sido su mentor en Oaxaca, su comandante en jefe y luego, su opositor en la campaña electoral: Benito Juárez. Como un distinguido preámbulo a las fiestas del Centenario de la Independencia, cuatro años antes, Porfirio Díaz encabeza, pues, los festejos oficiales del centenario del natalicio de Benito Juárez. Héctor Cuauhtémoc Hernández Silva señalará en un artículo de *Los mil rostros de Juárez y del liberalismo mexicano* que son estos festejos los que convierten a Juárez en el personaje glorioso y de naturaleza casi divina que es hoy. Los poetas de entonces escriben y declaman loas, panegíricos y demás muestras líricas de devoción en ceremonias, inauguraciones y veladas en honor al hijo de Guelatao. Su efigie —esculpida o dibujada— llega a parques, escuelas y glorietas; su nombre toma posesión de avenidas, calles, bibliotecas y edificios; su integridad se convierte en modelo a seguir para los mexicanos; porque festejar a Juárez es celebrar al Estado liberal mexicano, cuyo heredero es Porfirio Díaz.

Con la figura de El Impasible queda completa la tríada que formaría el eje de la historia nacional. Hidalgo-Juárez-Díaz eran los símbolos de los tres momentos que forjaron al país. La figura de Juárez, como encarnación de la República y la Reforma es uno de los pilares del Porfiriato, que se proclama su fidedigno heredero. Por ello, en los festejos del Centenario de la Independencia, la efigie de Benito Juárez ocupa un lugar preponderante tanto en los actos oficiales como en las representaciones patrióticas populares. En septiembre de 1910, uno de los eventos más importantes es la inauguración del monumento a Juárez.

Limantour es quien sugiere la Alameda como el lugar apropiado para situar el monumento dedicado al Benemérito de las Américas, para lo cual, el quiosco morisco que allí se encuentra debe ser trasladado a Santa María la Ribera, donde permanece en la actualidad. Se utilizan alrededor de 1,400 toneladas de mármol y la voz popular lo llama "Hemiciclo a Juárez" por su disposición arquitectónica. Díaz conoce muy bien el valor político y simbólico que se les puede dar a las ceremonias cívicas. Recordemos que, para dar el lustre que merece la entrada de Juárez a la Ciudad de México, en 1867, es el propio Porfirio quien se encarga de ordenar que se elabore una gran bandera mexicana y se la coloque en Palacio Nacional, y que es también él quien hace los arreglos para que la inauguración no se realice sino hasta el momento en que el propio Juárez, como encarnación de la República y jefe máximo de la nación, pueda encargarse de presidir la ceremonia pública. Con esa misma conciencia de la trascendencia que tienen para la historia y para la consolidación de su gobierno los ritos patrios, el día 18 Díaz conduce la inauguración del cenotafio y deposita una corona con la bandera nacional en el centro; los representantes norteamericanos Curtis Guild y Henri Lane Wilson hacen lo mismo y luego aclaman a México, a Juárez y a Díaz.

Limando asperezas (1909-1910)

Los festejos del Centenario de la Independencia brindan el marco ideal para restablecer la amistad entre México y las potencias extranjeras que han sido enemigas de la soberanía nacional en el pasado. En la época de Juárez, el funesto antagonista de México es Francia, y como muestra de la buena voluntad del gobierno francés —ahora republicano— para con nuestro país, el delegado Paul Lefaivre devuelve a Porfirio Díaz, el mismo día que se inauguró el monumento a Juárez, las llaves de la ciudad de

México que el general Elias Forey envió a Napoleón III al ocuparla en junio de 1863.

Es así que, como parte de los festejos, se realiza también una política de recuperación de objetos histórica y simbólicamente importantes para México. José Luis Martínez refiere en la introducción que preparó para la reimpresión de la *Antología del Centenario* que este regalo lleva una "punta de ironía", pues aquellas llaves son entregadas por los conservadores a una monarquía y ahora el gobierno republicano francés las devolvía a los herederos del partido liberal. De tal manera que, el 18 de septiembre de 1910, tanto México como Francia honraron al hombre que encarnó la defensa contra la Segunda Intervención Francesa.

Ya he mencionado que España ocupa un lugar privilegiado entre los invitados internacionales y asimismo rinde diversos homenajes a nuestro país. Una de las ceremonias más especiales es la entrega del uniforme militar de José María Morelos y Pavón al gobierno mexicano. Dichas prendas fueron tomadas como botín de guerra y enviadas a España por el virrey Calleja. El rey Alfonso XIII decide devolverlas a México con motivo del Centenario de la Independencia para sellar así la amistad entre ambos países y dejar atrás los rencores.

De este modo la conmemoración alcanza uno de sus propósitos fundamentales: normalizar las relaciones con los países que México ha tenido conflictos en el siglo XIX: con España por la independencia; con Estados Unidos por la invasión de 1847, y con Francia por la Intervención que empezó en 1862.

Era difícil olvidar que uno de los episodios de más negra memoria de la historia nacional ocurrió el 15 de septiembre de 1847, descrito por Carlos María de Bustamante como "el más triste de su vida", cuando ve la bandera americana izada en Palacio Nacional, durante la ocupación norteamericana. Aquella tarde, la bandera de las barras y las estrellas ondeó sobre suelo mexicano. El recuerdo de tan doloroso suceso no puede quedar fuera de los festejos del Centenario y, por ello, el 8 de septiembre, Porfirio Díaz preside el homenaje a los Niños Héroes en

Chapultepec. El general Díaz llega acompañado de su gabinete, los jefes del ejército, los embajadores y las delegaciones extranjeras. Además de diferentes piezas musicales, se declaman poemas y discursos en honor a los jóvenes caídos en aquel episodio. Para finalizar, los asistentes depositan coronas y arreglos florales. El primero en colocar la suya es el presidente.

Estados Unidos es uno de los invitados internacionales que participa con mayor frecuencia en los eventos del mes patrio. Además del embajador Lane Wilson que reside en México, el gobierno norteamericano manda a Curtis Guild como enviado especial. La relación entre nuestro país y el vecino del norte ha sido tensa a lo largo del siglo XIX. El punto crítico es la guerra que ambos países sostuvieron a mediados de siglo. A pesar de ello, el gobierno norteamericano no realiza ningún acto o ceremonia a manera de desagravio por la ocupación de la ciudad en 1847. Sin embargo, la colonia estadounidense en México obsequió la estatua de Washington, que se colocó en la esquina de las calles Londres y Dinamarca, en la colonia Juárez.

Las relaciones entre México y Estados Unidos eran cordiales pero tirantes. Un último capítulo de acercamiento pleno es el encuentro entre Porfirio Díaz y el presidente William Howard Taft, que sirve para estrechar el lazo con el país vecino y asegurar su presencia en los festejos del Centenario, evitando así cualquier suspicacia surgida de la invitación a otros países con los que México pudiese entablar relación comercial, como señalé, con Japón, además de Alemania, Gran Bretaña y Francia. Porque Estados Unidos, fiel a su doctrina Monroe, se considera el socio único y privilegiado de México.

En octubre de 1909, el presidente de Estados Unidos, William H.Taft, y el general Porfirio Díaz se encuentran en una histórica entrevista. El mandatario norteamericano realiza una extensa gira en la que tiene planeado recorrer veinte estados de la Unión Americana, desde la costa del Pacífico, el Golfo de México y hasta la costa del Atlántico. Taft anunció que se detendría en El Paso y el secretario de Relaciones Exteriores, Ignacio Mariscal, considera oportuno que ambos presidentes se saluden en aquella ciudad fronteriza. La organización de la entrevista se hace con toda formalidad. En México, la noticia y los preparativos son seguidos de cerca por la prensa. El general Díaz solicita al Congreso de la Unión el permiso necesario para salir por unas horas del país y encontrarse con Taft en Texas. Es el primer viaje de un presidente mexicano en funciones al país vecino.

Don Porfirio aborda el vagón presidencial y se dirige a Chihuahua. Ahí, Jesús Moreno Baca, un estudiante notable y gran orador en tiempos en que, gracias al gobernador Enrique Creel, se reordenó y mejoró la enseñanza y se brindó mejor capacitación a los maestros, da un discurso el 14 de octubre de 1909 en la ceremonia de recepción al presidente Porfirio Díaz en su camino a la frontera para la entrevista con el presidente estadounidense William H. Taft. Su discurso fue escrito por Severo I. Aguirre, reputado maestro y destacado poeta, quien había publicado un libro titulado *El hospital Porfirio Díaz. A ligeros rasgos*. Resulta tan emotiva la interpretación oratoria del pequeño Jesús Moreno Baca, que el gobernador Creel le concede una pensión para iniciar sus estudios universitarios en la Ciudad de México, donde más tarde formaría parte del grupo de los Siete Sabios, junto con Manuel Gómez Morín, Vicente Lombardo Toledano, Alfonso Caso, Antonio Castro Leal, Teófilo Olea y Leyva y Alberto Vázquez del Mercado.

Todos ellos, para cuando formaron el grupo, eran jóvenes de entre 16 y 17 años, estudiantes de Derecho de la antigua Facultad Nacional de Jurisprudencia, ubicada en las calles de San Ildefonso y Guatemala en la Ciudad de México en 1915, año en que ingresaron a esta escuela, y tuvieron como maestros a José Vasconcelos y a Antonio Caso, centros de gravedad en torno a los cuales se aglutinaron. Moreno Baca es el último al que faltaba, ya en nuestros días, dar el pleno reconocimiento para identificarlo como parte de esa camarilla simiente de hombres que le dieron, junto a muchos otros grupos de entusiastas renovadores, un rostro pleno de vitalidad a la cultura nacional después de la Revolución. Una tarea que realizará el notario Ángel Gilberto Adame en *El séptimo sabio. Vida y derrota de Jesús Moreno Baca*.

En las estaciones del ferrocarril la gente recibe a Porfirio Díaz con flores, arcos triunfales y letreros que ostentan "paz, orden y progreso". Las multitudes lo aclaman y le muestran su afecto. El 15 de octubre —tras tres días de viaje—, Díaz y su comitiva llegan a Ciudad Juárez. Poco después se dirige a la avenida del Comercio acompañado por el general Juan Navarro, comandante de la guarnición de Ciudad Juárez. Ahí el ejército desfila frente a la aduana.

En dicha ciudad, el presidente pone la primera piedra del monumento consagrado al Benemérito de las Américas, de quien la urbe toma su nombre para dejar el que tenía antes: Paso del Norte. Esta ciudad goza de un auge económico e industrial tanto por las bondades del gobierno porfirista como por su ubicación fronteriza. Las calles están iluminadas con alumbrado eléctrico, hay tranvías, líneas telegráficas y telefónicas, y ya se ha vuelto costumbre la circulación de automóviles.

Al día siguiente, el 16 de octubre, tuvo lugar la entrevista. Es el acontecimiento con mayor cobertura periodística en la historia de aquella ciudad y en ambos lados de la frontera; las descripciones del encuentro circulan a lo largo de todo el territorio de los dos países. Díaz cruza la frontera y a las 11:30 de la mañana es recibido en El Paso por el secretario de Guerra, Mr. Dickinson, quien le comentó:

> Usted es el primer jefe del Ejecutivo de una nación que cruza nuestras fronteras. En este acto está Usted dando no solamente al pueblo de su país y al nuestro, sino a los pueblos del mundo, la gran manifestación de las cordiales relaciones existentes entre las dos vecinas repúblicas hermanas y de vuestro sincero y gran deseo de hacerlas eternas.

Después, Díaz es conducido ante el presidente norteamericano en el Edificio de la Cámara de Comercio y luego del intercambio de saludos y muestras de admiración recíprocas, pasan a un salón privado para la entrevista. A petición de Taft, el gobernador de Chihuahua, Enrique Creel, es el intérprete de don Porfirio, aunque el protocolo indique que el coronel Pablo Escandón debe realizar esa función. La reunión dura pocos minutos y poco se sabe de los temas que tocan, pues el contenido de la charla no se difunde.

Durante la gestión diplomática ambas naciones acuerdan que no habría "conversación política internacional". El secretario Mariscal informa en una carta al representante de México en Washington, Francisco León de la Barra, que: "El señor presidente de la República está enteramente conforme en que la entrevista asuma solamente carácter amistoso y cordial y en ningún caso se traten en ella cuestiones internacionales". Sin embargo y a pesar de la falta de evidencia sobre las cuestiones tocadas en la entrevista, algunos historiadores han especulado al respecto.

Hay algunos asuntos que, posiblemente, Taft desea tratar con Díaz pues, de no hacerlo, pueden lastimar la relación entre ambas repúblicas. El primero de ellos se relaciona con prorrogar el arrendamiento de la Bahía de la Magdalena en Baja California Sur, donde la marina norteamericana realizaba prácticas de artillería. El gobierno mexicano no renovó el permiso y la suspensión de los ejercicios de tiro quedó acordada de manera definitiva antes de la entrevista de los mandatarios. El segundo punto es la simpatía surgida entre México y Japón; este último comienza por entonces a perfilarse como el rival más importante de Estados Unidos en el Pacífico y, al parecer, los norteamericanos desean que México permanezca como su socio exclusivo.

El regreso a la capital tiene el carácter de una espontánea fiesta nacional. En las poblaciones por donde pasa el convoy del presidente, es recibido con demostraciones de afecto. En la *Crónica ilustrada de la recepción presidencial*, formada por Agustín Schiaffino, los recortes de periódicos de la época relatan que, al llegar a la Ciudad de México, ésta se encontraba

...engalanada como en los grandes días nacionales, presentaba un aspecto hermosísimo. En la explanada de Carlos IV, la Alameda y el Jardín de Guardiola, músicas militares ejecutaron el Himno Nacional, al paso del Sr. Gral. Díaz y en la noche en la gran Plaza de la Constitución, se dio una serenata monstruo, en señal de regocijo público, quemándose al terminar, vistosos fuegos de artificio.

Pero tales muestras de regocijo quedan opacadas por el esplendor de las fiestas del Centenario del año siguiente.

FINAL DE FIESTA (1897-1908-1910)

Los festejos del Centenario llegan a su fin y, según el subsecretario Núñez, las fiestas dejan la enseñanza de "que se fatiga uno mucho más paseando que trabajando", y es que desde el 10 de septiembre ya le escribe a Limantour que las mañanas se ocupaban en inauguraciones, por la tarde se daba audiencia en las Secretarías y se firmaban acuerdos y ya en la noche, asistían a recepciones o cenas de gala. Otro personaje de la época que también se fatigó mucho fue Federico Gamboa, quien en *Mi diario* relata que "dormía poco y mal" por el exceso de trabajo, incluso llega a decir a algunos de sus allegados que "No hay ser humano que salga indemne de un régimen de sesenta banquetes en treinta días, así se defienda de ellos como yo me defendí".

Porfirio Díaz, quien ha cumplido 80 años en esos días, parece ser el menos fatigado. El 19 de octubre de 1910, Núñez le cuenta a Limantour que:

> Durante las fiestas, era notable el contraste que presentaban el presidente de la República y [Don Ramón Corral]: mientras el presidente parecía vigorosísimo, no obstante sus ochenta años, Corral tenía el aspecto de un valetudinario, de igual o poca menor edad que el General Díaz, y no sería remoto que este último sobreviviera a Don Ramón.

Desde 1906, Ramón Corral, ex gobernador de Sonora, ocupa la vicepresidencia. La creación de este cargo se ha hecho necesaria debido a la avanzada edad de Díaz. Sin embargo, Paul Garner apunta en la biografía política que escribió sobre Díaz,

104

que éste nunca aceptó la necesidad de un vicepresidente, por lo que margina a Corral de las decisiones políticas. Por las cartas de Núñez sabemos que, a diferencia del vigoroso octogenario, la salud del vicepresidente decae con rapidez; desde mediados de septiembre enferma de tal manera que ya no asiste a los festejos centenarios y, aún más, tiene que irse a descansar a Tehuacán en los meses siguientes. Díaz era fuerte como un roble.

Tal es su fortaleza que en julio de ese año se reeligió en la presidencia para el periodo 1910-1916. Dos años atrás, el presidente Díaz concede una entrevista al periodista James Creelman, en la que asegura que México está listo para la verdadera democracia y que ve con buenos ojos el surgimiento de partidos políticos de oposición que contiendan por la presidencia. Ralph Roeder asegura que la entrevista tuvo efecto por dos razones; la primera es que concede a la prensa norteamericana declaraciones "muy francas", atención que no tiene con la prensa nacional; y segundo, anuncia el retiro de Díaz para dar paso a una época democrática libre.

En los *Apuntes sobre mi vida pública*, Limantour refiere que el texto de la entrevista se dio a conocer una mañana del mes de marzo de 1908 y las declaraciones causaron tal impresión que se tomaron por falsas en un primer momento. Pero pronto se supo que, en efecto, el presidente Díaz se había entrevistado con el periodista norteamericano y había dado tales declaraciones. Al respecto, Limantour dice que:

Los ministros, yo inclusive, y todas las personas que rodeaban de cerca al presidente, excepto su secretario particular, ignorábamos el hecho, y tuvimos igual sorpresa al conocerlo por los periódicos. ¿Cómo es que el general Díaz nada me hubiese dicho, antes o poco tiempo después de la entrevista acerca de ese acto que fue seguramente uno de los más importantes de su vida política, cuando me tuvo siempre al corriente de cosas de igual índole, y hasta de las decepciones e inquietudes que probablemente lo indujeron a conceder o a promover la entrevista famosa? No me puedo contestar satisfactoriamente la pregunta.

Es cierto que no existe la prueba de otra versión que, sin embargo, me aventuro a exponer. En efecto, resulta altamente improbable que Díaz no hubiera mencionado a Limantour siquiera algo sobre la entrevista y aunque, como dije, carecemos de evidencia que apoye esta idea, no me parece descabellado pensar que el encuentro con Creelman haya sido en realidad una petición del propio Limantour. ¿Su objetivo? Tranquilizar los mercados dañados por la crisis de 1907, el año anterior, y dar una prueba que resonara a nivel internacional de la capacidad institucional de México. Pero el resultado no fue el esperado.

En la entrevista, don Porfirio defiende su régimen argumentando los efectos benéficos y progresistas de su gobierno. Al hacer un análisis del Porfiriato salta a la vista el carácter paradójico de éste, pues el gobierno del caudillo que luchó contra la flagrante violación del sufragio popular y la reelección de Juárez y Lerdo, al pasar los años padece los mismos vicios de aquellos regímenes y se le imputan los mismos cargos. Tal contradicción no pasa inadvertida a los intelectuales de la época; Emilio Rabasa, uno de los mayores jurisconsultos constitucionales, señala que ni Juárez, ni Lerdo, ni Díaz, eran los responsables de la violación del voto.

El verdadero autor de tal fechoría era la Constitución liberal creada en 1857, que otorgaba el sufragio universal a un pueblo sin educación, incapaz de ejercer sus derechos con la debida responsabilidad y que, por tanto, nulificaba la raíz de la democracia. Como el voto era un mandato constitucional pero imposible en la realidad, el gobierno en turno —ya juarista, lerdista o porfirista— había tenido que "guardar las formas" y "conducir" a los ciudadanos a las casillas: para hacer la elección era ineludible recurrir al fraude electoral. Es decir, que para llevar a cabo la ley como indicaba la Constitución había que quebrantar la Constitución.

Sin embargo, después de varios periodos presidenciales, Díaz anuncia que ha llegado el momento de que los mexicanos ejerzan la verdadera democracia. Esas palabras hicieron eco en la mente de un hacendado empresario de Coahuila, Francisco I.

Madero, quien escribe *La sucesión presidencial*, un controvertido libro que además de ensalzar los logros del gobierno de don Porfirio señala la necesidad de consumar los deseos de Díaz relacionados con el establecimiento de partidos de oposición. Más aún, Madero elige la misma divisa que Díaz años atrás: *Sufragio efectivo, no reelección.*

Durante 1909, Madero realiza una gira electoral por diversos estados de la República y asiste a la fundación de clubes antirreeleccionistas. A pesar de la presión que los gobiernos porfiristas locales le imprimen a su campaña y del encarcelamiento de sus seguidores, Madero confía en la libertad de expresión como escudo contra el autoritarismo. En junio de 1910, poco antes de que se lleven a cabo las elecciones, Díaz ordena la aprehensión de Madero y éste es encarcelado en San Luis Potosí. Una vez más, el fraude electoral tiene lugar en la República y don Porfirio resulta elegido para el siguiente periodo presidencial. Mientras Madero está arraigado en San Luis —puesto que, en atención a su cuna, se le permite ser prisionero no tras los barrotes sino tener por cárcel toda la ciudad, lo cual facilitará más tarde su fuga—, se llevan a cabo las Fiestas del Centenario, que no estuvieron exentas de demostraciones a favor del opositor apresado.

Gamboa relata en su diario que durante la ceremonia del Grito, un grupo de gente apareció por la calle de Plateros abriéndose paso hacia el Zócalo, al ritmo de cohetones y vivas junto a un retrato de Francisco I. Madero enmarcado con los colores patrios. Karl Bunz, el representante de Alemania, quien disfrutaba de la ceremonia junto al subsecretario de Relaciones Exteriores, le pregunta "¿Qué gritan?", y Gamboa responde que eran vivas a los héroes fallecidos y al presidente. Bunz vuelve a cuestionar: "¿Y el retrato de quién es?", sin dudar, el interlocutor contesta que del general Díaz. Bunz escudriña el retrato e inquiere: "¿Con barbas?", "Sí, le mentí con aplomo" —apunta Gamboa— "las gastó de joven y el retrato es antiguo".

Por su parte, el subsecretario de Hacienda narra sobre el mismo hecho que:

El día 15 en la noche, después de la ceremonia del grito, un grupo de individuos que llevaba en alto un retrato de Hidalgo, cuando a merced de este retrato pudo abrirse paso entre la multitud, de repente lo cambió por uno de Madero, seguramente para vitorearlo; pero parece, por la versión más generalizada, que el pueblo al conocer el retrato de Madero, lo destruyó, obligando a los manifestantes a desunirse. Otros dicen que no fue destruido el retrato y que la policía de a caballo disolvió a los del grupo.

Núñez le informa a Limantour sobre otros acontecimientos contrarios a Díaz y a favor de Madero que tienen lugar durante los festejos del Centenario; los mismos que, ¿recuerda el lector?, hicieron creer a Rubén Darío "con un egocentrismo muy explicable" —en palabras de Alfonso Reyes— "ser el origen de sucesos que venían germinando ya de tiempo atrás y que obedecieron a causas más complejas y más vitales":

El domingo 11 se juntaron los antirreeleccionistas y demás de esa camada en el Café Colón, dizque para ir a tributar un homenaje a los héroes, llevarles flores y para hacer una manifestación frente a la Cámara de Diputados con motivo del ocurso que han elevado ante esa Asamblea pidiendo se declaren nulas las elecciones efectuadas en julio último. El señor presidente había ordenado que se procurara no tuviera lugar esa manifestación [...], el caso es que siempre se reunieron los manifestantes en Colón y que allí tuvo que ir un Oficial superior de la policía [...] a disolverlos, lo que probablemente estuvo convenido entre el Jefe de la Policía y los manifestantes, pues Usted comprende muy bien que al disolverlos en cualquier forma, que como es natural tenía que ser violenta, esto llamaría la atención de los Delegados Extranjeros, que precisamente tendrían que pasar por allí, pues las ceremonias de la mañana tendrían lugar en la calzada de la Reforma. El hecho es que si fueron disueltos en el Café Colón, en cambio siguieron en las calles, pues fueron a la de Cadena, en donde apedrearon la casa del Señor presidente rompiendo los vidrios de algunos balcones. Con este motivo se aprehendieron varios individuos [...]

Por último, en los estados de Puebla y de Tlaxcala, la misma noche, los obreros en buen número hicieron un motín destruyendo los adornos y cometiendo otros atentados. Parece que fueron aprehendidos, entre todos, 56 individuos, y de ellos, un cabecilla. Todos instigados por Madero, naturalmente. El cabecilla será consignado a la autoridad judicial, y los demás enviados a Quintana Roo a los cuerpos de operarios, para que permanezcan ahí indefinidamente.

Si bien en todo el año de 1910 surgen llamadas de atención relacionadas con el malestar social y político, Porfirio Díaz no considera ninguna relevante o cuando menos alarmante. Quizá valora con el mismo rasero los acontecimientos de 1910 y los ocurridos en 1897, cuando Arnulfo Arroyo —a quien se le recuerda oficialmente como "estudiante fallido, ebrio consuetudinario"— atenta contra el presidente durante los festejos de independencia de ese año. Aunque para algunos obra atendiendo a intereses superiores, la prensa consigna que Arroyo actúa en un "momento de locura", pues ataca al mandatario "con una piedra y apenas lo hizo trastabillar". A pesar de la aparente nula amenaza, Arroyo es asesinado en la inspección de policía la noche del 16 al 17 de septiembre de ese 1897.

La advertencia más significativa en 1910 es la circulación del Plan de San Luis donde se da cita el movimiento revolucionario: 20 de noviembre a las seis de la tarde en todo el país. Dos días antes, en Puebla, al tratar de capturar a los hermanos Serdán, sucede una balacera en la que pierde la vida Aquiles, acribillado por la policía. Sin embargo, la vida cotidiana continúa sin sobresaltos y el 1 de diciembre tiene lugar la octava toma de posesión de Porfirio Díaz como presidente de la República con Ramón Corral en la vicepresidencia.

Cualquiera que sea la época o el sistema de gobierno, las alarmas sociales —aunque sean cada vez más cruentas y frecuentes— penetran con dificultad en los grupos concentrados de poder. Quizá porque la vida diaria no se altera de manera definitiva y los signos de la convulsión que se gesta se identifican más tarde. En tanto eso ocurre el ánimo en el ejercicio del poder sigue firme al interior de la clase gobernante. Así se mantuvieron tanto Díaz como los gobernadores y otros miembros de la élite: en una firmeza donde toda crítica tenía una respuesta. La ingratitud es la más socorrida de éstas, y en el caso del Porfiriato, esa ingratitud se sintetiza en una pregunta: ¿cómo, después de treinta años de paz, nadie era capaz de reconocer el sacrificio personal de Díaz? Un Díaz que parece no tener otros recursos para responder a sus críticos que los argumentos de una traición que florecía o, a veces más mesuradamente, de una incomprensión generalizada.

Todo tiene explicación. A cualquier cuestionamiento, en esa circunstancia, se encontraba una respuesta inmediata, porque la adulación en su fase final encuentra motivos para explicarlo todo. Y así Porfirio Díaz se fue quedando solo. Las visiones de la realidad de esos días eran autorreferenciales: se citaban unos a otros y usaban los mismos argumentos derivados de lo que consideraban la única explicación válida: la ingratitud generalizada de un pueblo que había conocido paz y progreso continuado por primera vez por más de treinta ños en el convulsionado territorio que fue México durante todo el siglo XIX.

La obra, la paz sostenida, y el autor, Porfirio Díaz, empezaban a ser incompatibles. Con excepción de Limantour, Justo Sierra y Federico Gamboa —estos últimos dos a quienes recordamos más como escritores que como miembros del gabinete de Díaz y que han sido, en realidad, los únicos funcionarios de su nivel que permanecen en las páginas de los libros de historia mexicana—, pocos secretarios de Estado tienen un reconocimiento personal más allá del institucional. La mayoría eran creación de Díaz y su pertenencia al gabinete presidencial había sido definida más por lealtad que por eficacia. No es el caso de Justo Sierra, quien asume la subsecretaría de Instrucción Púbica en 1901 al regreso de un viaje a España donde asistió a una reunión de especialistas en educación. Su propósito era llevar a cabo una profunda reforma educativa más que una mera iniciativa sustentada en el poder presidencial.

El primer paso fue convocar a un congreso de especialistas donde se discutirían los fundamentos de la educación básica, enfatizando su utilidad en el combate contra el alcoholismo y la gratuidad en algunas carreras profesionales con vocación social. Meses después fue aprobada por la Cámara de Diputados una ley que instauró la escuela primaria con carácter laico, obligatorio y gratuito y de manera muy clara definió las etapas que deberían cubrirse desde la educación básica hasta la profesional, así como la escuela normal que formará a los maestros. Justo Sierra planteó muy claramente una visión integral de la educación que incorporara las ciencias, las humanidades y las bellas artes. Se enfatizó igualmente la educación artística profesional en todas sus ramas, incluso con un programa de becas al extranjero, del que se beneficiaron, entre otras posteriores figuras de la cultura nacional, Julio Ruelas, Diego Rivera, Manuel M. Ponce y Roberto Montenegro. Fue un esfuerzo muy completo con la finalidad de desarrollar la sensibilidad del educando al mismo tiempo de abrir el horizonte a la cultura universal con múltiples eventos culturales para el público en general.

A partir de las acciones de Sierra, el número de escuelas primarias creció sustancialmente y, finalmente, abrió la sesión del Congreso de 1904 anunciando la renovación de los planes de estudio, antes de la celebración patria. El 1 de julio de 1905 toma protesta como secretario de Instrucción Pública y Bellas Artes. Concluye su discurso diciendo: "el remate de nuestra constitución escolar sería forzosamente la creación de la Universidad Nacional penetrada del espíritu moderno". Esto se hizo realidad el 22 de septiembre de 1910 durante las fiestas del Centenario, en una ceremonia que convocó a académicos de todo el mundo, con la presencia de Porfirio Díaz. Tres años antes se había aprobado el plan de estudios de Medicina y de Jurisprudencia y el Consejo Superior aprobó en 1908 la Ley de Educación Primaria para el Distrito y territorios federales: educación nacional, gratuita y obligatoria de 6 a 14 años, de carácter integral (moral, intelectual, física y artística), so pena de arresto de padres o tutores de familia,

En abril de 1911, cuando Díaz forma su gobierno para el siguiente periodo en el poder, sin saber que unas semanas después iniciaría su exilio, Justo Sierra renuncia a su cargo junto con la mayoría del gabinete. El encargado de pedirle la renuncia fue Limantour, lo que lo aleja de uno de sus grandes aliados políticos y quien le había facilitado los recursos para su reforma educativa. Las palabras finales que pronuncia frente a quien fue su gran amigo y compañero de gobierno, se refieren a que él sólo recibía y acataba las órdenes del presidente Díaz. Lo sucedería en el cargo Jorge Vera Estañol, a quien Madero, en el mes de diciembre de ese mismo año, pidió su renuncia. Vera Estañol regresó dos años después con Victoriano Huerta como uno de los cinco secretarios de su gobierno. En cambio, en noviembre de 1911, el presidente Madero le había pedido a Sierra regresar al ministerio, pero éste se negó. Sin embargo, aceptó ir a España como su embajador. Fue en aquel país, en Madrid, en 1912, donde encontró la muerte. En México, sus restos fueron recibidos en medio de un amplio homenaje nacional.

Sin duda alguna la política educativa llevada a cabo por Justo Sierra durante el gobierno de Díaz dio las bases para el posterior programa vasconcelista, apoyado por el presidente Álvaro Obregón. Treinta y seis años después de su muerte, los restos de Justo Sierra fueron trasladados a la Rotonda de los Hombres Ilustres.

El gabinete era la parte operativa del gobierno de Díaz; estaba constituido por hacendados importantes y funcionarios experimentados, personas respetables a los ojos públicos. De pocos se conocía algún escándalo personal o mal manejo de recursos públicos. Incluso se puede argumentar que a la caída del régimen no aparecen "ocultamientos" en el manejo público en beneficio de alguno de ellos. Esta argumentación se fortalece si reflexionamos que, de haber existido desviación de recursos a los bolsillos de algunos, la principal bandera revolucionaria habría sido justamente ese abuso y corrupción. En algo tan sonado como los gastos de las fiestas del centenario, las cuentas habían sido transparentemente entregadas con todo detalle en el Congreso Federal un mes antes de la caída de Porfirio Díaz y no surgió, en ningún momento, por parte de los sucesivos personajes que asumieron el poder, duda respecto a la aplicación del dinero. Pero en ese momento, ante la contingencia del desorden social y la violencia, ese gabinete no pudo mantener en pie al régimen.

La última noche de los festejos del Centenario fue la del 6 de octubre de 1910, cuando se lleva a cabo la ceremonia dedicada a los próceres de la Patria. En el patio principal de Palacio Nacional se erigió un monumento, ideado por el arquitecto Federico Mariscal, que sirvió para depositar temporalmente las cenizas y los restos de los héroes de la Independencia. Contra toda la previsión que se tuvo en cada evento y cada obra, la que debería ser la culminación celebratoria no se llevó a cabo en la fecha prevista: 30 de septiembre.

El arco efímero, como se le llamó al evento, reunió a su alrededor a los personajes del pasado y a los protagonistas de aquella época: amigos y futuros enemigos, unos junto a otros. A la ceremonia asistieron, además del presidente Díaz, las altas esferas militares, eclesiásticas y económicas. Pero como si de una premonición se tratara, ese mismo día Madero proclama el Plan de San Luis para convocar al pueblo a las armas. Aquellos cuyo ardor patriótico los colmara de deseos para defender a la patria de la tiranía debían comenzar la batalla el 20 de noviembre, al atardecer. En aquella fecha, hoy de asueto nacional, Porfirio Díaz durmió tranquilo. Algunas alarmas habían empezado a manifestarse, pero ninguna que interrumpiera el sueño del militar que podía dormir al sonido de las balas en el campo de batalla desde su juventud.

El sueño de los meses posteriores tampoco tiene sobresaltos, aunque la presencia pública del presidente es muy escasa. Sin embargo, las ciudades continúan su agitada vida y la del campo empieza a serlo, no por convivencia de lo rural con la urbe sino porque empiezan a asomarse aislados brotes de descontento e incluso de violencia en poblados lejanos unos de otros, especialmente en el norte del país y en los estados de Morelos y Puebla, cercanos a la capital.

Desde la perspectiva de Díaz, lo que más importaba era que la conmemoración que daba cuenta de treinta años de paz y construcción nacional hubiera sido reconocida en todo el mundo. No en balde más de treinta países —casi la mitad de las que conformaban el orbe en ese momento— estuvieron representados y habían asistido cada día de septiembre a una inauguración —o a varias, de las 1,408 que contenía el programa de celebraciones—, o a algún banquete donde brindaban todos por la eterna figura del general Porfirio Díaz. La prensa internacional lo consignaba, las declaraciones del representante americano aseguraban la paz mexicana y la opinión de mexicanos ligados al poder lo aseguraba. Había quedado de manifiesto, el país tenía un camino: principios, ideas y obras. No sólo las capitales se habían beneficiado, sino una infinidad de comunidades. Se había cuidado de que los críticos no sólo mencionaran que los festejos habían sido un baile. Las obras sociales, escuelas, bibliotecas, hospitales, edificios públicos, eran para traer bienestar a los hijos y nietos de aquellos hombres que, buscando la emancipación, decidieron separarse de España y al hacerlo habían encontrado un camino pedregoso, lleno de decepción. Sin embargo, en México se gestaba una revolución y en Europa sólo los pesimistas veían la guerra en puerta.

La dictadura de Díaz está acorde con el mundo del siglo XIX, pero esa época está a punto de llegar a su fin. Resulta una de las máximas paradojas de este periodo que aunque Porfirio preparó a México para entrar con paso firme a la modernidad, él ya no tiene cabida en el nuevo orden del mundo, ni él ni los grandes hombres del siglo decimonónico como el zar Nicolás II de Rusia o el káiser Guillermo II, entre otros líderes de las dinastías europeas tendrán lugar en el siglo XX.

Si bien tanto los gobiernos de Europa —como el ruso en 1913— como el de México se preocuparon por ordenar y modernizar a sus naciones, sacrificaron la modernidad política, cerraron la puerta a las libertades, a la elección libre y al reparto de las riquezas. Finalmente, la modernidad política terminó por colarse y dinamitó las bases de esos gobiernos del siglo XIX.

En México, la celebración del Centenario festejaba no sólo a la patria en su aniversario, sino que era una pieza clave en el rompecabezas del entramado porfirista: se trató de una alabanza al régimen que había traído paz, prosperidad y renombre a México. Pero la fiesta también se convirtió en el broche de oro para cerrar un ciclo, en la despedida a una época que no volvería jamás.

III

LOS IMPULSOS REVOLUCIONARIOS Y LOS ESTERTORES DEL PORFIRISMO

Horas de calma (1911)

El domingo 1 de enero de 1911, *El Imparcial* dedica sus notas principales a anunciar a Rafael López como ganador de La Flor Natural, el premio de honor de los Juegos Florales celebrados con motivo de las fiestas del Centenario. Su poema "La leyenda de los volcanes", que presentó a concurso con el lema *Por la Patria y por la Gloria*, fue elegido por un jurado integrado por Manuel Puga y Acal, Julio Zárate, Francisco Sosa, Efrén Rebolledo y José Peón del Valle. Además de la noticia sobre el triunfo del poeta —dos veces vicepresidente del Ateneo y cuya "Oda a Juárez" había sido declamada en la conmemoración del Centenario de El Impasible; y de quien José Luis Martínez afirmará: "en su curiosidad estética o en su atención a lo nacional [se observaban] las marcas ateneístas"—, *El imparcial* comenta algunos pormenores sobre el Canal de Panamá y notifica la trágica muerte de dos aviadores americanos.

El año parece iniciar sin sobresaltos. Sobre las mesas del café, el público lee en el diario los parabienes que almacenes y tiendas como El Buen Tono y la Sedería y Corsetería Francesa publican para felicitar a lectores y clientes. Hay, sin embargo, una sección cuya mera presencia no deja de ser inquietante: "Las últimas noticias de la sedición". Aun así, la prensa se encarga de hacer de la nota un manifiesto de que el orden continúa al informar que las comunicaciones entre Chihuahua y Pedernales se han reestablecido y Ciudad Juárez se encuentra tranquila, "sin que los sediciosos se hayan asomado a las goteras". Un mes antes, el primero de diciembre de 1910, inicio del año político, Porfirio Díaz y Ramón Corral habían tomado posesión de la presidencia y la vicepresidencia para los siguientes seis años. De haberse cumplido este último periodo de mandato, Porfirio Díaz lo habría terminado con 86 años cumplidos y el joven Corral con 62.

La mecha se enciende (1910)

Vayamos un poco más atrás de la alborada de 1911 y de esa —que habrá de ser la última, aunque don Porfirio aún no lo imagine— toma de posesión. En la Ciudad de México se supo, a principios de noviembre de 1910, que un grupo de texanos linchó a Antonio Rodríguez, mexicano de veinte años acusado de asesinar a Mrs. Lem Henderson en su rancho, cerca de San Antonio. La turba enardecida lo sacó de la prisión de Rock Springs y a las afueras del pueblo lo amarró a un árbol y le prendió fuego. Al conocerse la noticia en la capital mexicana se desata la violencia. Un grupo de estudiantes, indignados por el linchamiento de Rodríguez, apedrea las oficinas del periódico *The Mexican Herald* así como varios comercios norteamericanos. Algunos de ellos fueron arrestados por la policía.

Al día siguiente, 9 de noviembre, en el patio central de la Escuela de Ingenieros se congrega un grupo de alumnos de varias escuelas que solicitan la libertad para los detenidos de la tarde anterior. Al llegar a la Inspección General de Policía, una comisión se entrevista con el inspector Acosta y los estudiantes declaran que su protesta era pacífica pero la muchedumbre se les había unido causando los destrozos al *Mexican Herald*. Ellos, por el contrario, lograron evitar que el gentío desempedrara la calle de San Diego para seguir arrojando piedras al edificio.

Según Félix Díaz —sobrino del presidente y jefe de la policía—, los estudiantes son culpables de los siguientes delitos: agresiones a los gendarmes, robo de objetos propiedad de la nación, daños a propiedad ajena y no tener permiso para organizar su manifestación. Sin embargo, el jefe de la policía les dice que si el gobernador, Guillermo de Landa y Escandón, les concede la libertad, él los dejará ir con gusto. El gobernador, a su vez, informa a los estudiantes que el gobierno mexicano ya presentó la queja correspondiente ante las autoridades norteamericanas y tendrán que esperar hasta la tarde para ver su solicitud resuelta. Sin embargo, en las notas diarias de Alfonso Taracena, éste apunta que aunque los estudiantes han prometido un buen comportamiento "pasaron por una casa comercial y despedazaron una bandera yanqui".

El gobernador otorga la libertad provisional a los detenidos pero, por la noche, diferentes grupillos de estudiantes aparecen por la ciudad lanzando gritos y deteniendo el paso de carruajes y tranvías. Luego, en la calle de San Francisco, los manifestantes rompen cristales de casas comerciales y embisten con una lluvia de piedras a la policía montada que trata de disolver al grupo. Los manifestantes avanzan por las calles 5 de Mayo, Motolinía y 16 de Septiembre y cada negocio y tienda norteamericana es atacada con violencia. En la cantina *The Aztec* —continúa Taracena—, "varios gringos contestaron con energía, mas los manifestantes se lanzaron contra ellos entablándose una lucha a puñetazos hasta que intervino la policía".

Luego, la multitud acomete contra las oficinas del diario *El Imparcial*. Primero lapidan la fachada, rompiendo todos los vidrios; luego, entre crujidos y voces las puertas ceden y el gentío accede al interior destruyendo todo lo que encuentra a su paso. Los mismos ejemplares del periódico se usan para alimentar el fuego y quemar el edificio que alberga a la prensa oficial. El incendio se propaga rápidamente y ante el ardor de las llamas el furor de los vándalos se acrecienta. La policía llega con una cuadrilla de bomberos y sólo entonces la multitud —enardecida por la furia de las llamas, de la revuelta, de las rencillas no saldadas con el siempre complejo vecino del norte y, sin duda, por un malestar social que empieza a hacerse visible—, se dispersa dejando al descubierto el cadáver de un hombre. Además de esta baja, el saldo de aquel alboroto se reporta en muchos gendarmes, estudiantes y un gringo heridos y 21 aprehensiones. Para mantener el orden, varios pelotones de policías quedan a cargo de patrullar la ciudad. En Guadalajara, Chihuahua, Xalapa, Morelia, Oaxaca, San Luis Potosí y Tlaxcala también hay ataques en contra de casas de residentes norteamericanos o bien de casas comerciales que tienen el mismo fin que las de la capital. No importa lo que busque aparentar la prensa, es evidente que el país está agitado. ¿Dónde están las risas y el gozo de septiembre? Los fuegos de artificio son transformados en las llamas fratricidas que México parecía haber dejado atrás hace mucho tiempo. El noviembre del año del centenario es un dolor de cabeza para el gobierno porfirista.

Quebraduras internas (1910)

En esos días, una de las mayores preocupaciones del presidente es que el ministro de Hacienda, José Yves Limantour, continúa su viaje por Europa. Desde julio se encuentra en el Viejo Continente con la misión de convertir la deuda de 1899 del 5% al 4%, pero su estadía se ha alargado por diversos motivos, entre ellos el ya citado estado de salud de su esposa. Díaz trató en innumerables ocasiones de convencer a Limantour de no ausentarse durante las fiestas del Centenario, pero al sopesar la importancia de hablar personalmente con los banqueros y mejorar las condiciones crediticias para México, el viaje se advertía imperioso. Eso no quita que don Porfirio sostenga el dedo en el renglón y le pida a Limantour volver para la toma de posesión del periodo presidencial 1910-1916.

Como para llevar al límite la paciencia del octogenario, Limantour comunica a Díaz por medio de un telegrama que no podrá volver a México para el primero de diciembre. El enojo del presidente es intenso. El 2 de noviembre, el fiel subsecretario de Hacienda, Roberto Núñez, le informa a Limantour "por alambre", como llama a los telegramas:

Presidente profundamente disgustado al conocer telegrama de usted. Me dijo que si usted no viene también él pedirá licencia y que le sorprende mucho que en los momentos solemnes en que va a tomar posesión nuevamente del Gobierno sus amigos lo abandonen. No puede conformarse con que usted no esté aquí el 1° de diciembre y espera que acatando sus deseos se embarque usted noviembre 12 o antes si es posible, aunque vuelva usted a esa pocos días después de la inauguración del nuevo Gobierno.

Pero Limantour no asiste a la toma de posesión y permanece en Europa, ya que su misión aún no está completa. El mismo Limantour relata en sus *Apuntes sobre mi vida pública* las malas condiciones en que se encuentra la Bolsa debido a la escasez de dinero y a la pérdida de las cosechas en Francia, motivos por los que no puede terminar la negociación de la deuda. Alude también al frágil estado de salud de María Cañas, su esposa, y la prohibición de los médicos para viajar. Pronto, las noticias sobre los brotes revolucionarios llegan a Europa y dificultan aún más la misión del ministro, pues la pérdida de la estabilidad es un elemento en contra para otorgar beneficios financieros a México.

Antes de la tempestad

Incluso apenas doce días antes de la toma de posesión, la paz pública se ha visto trastocada por los acontecimientos violentos ocurridos en Puebla el 18 de noviembre: el jefe de la policía tiene noticia de que en casa del conocido antirreeleccionista Aquiles Serdán se han reunido una gran cantidad de armas y parque con la finalidad de sumarse al movimiento revolucionario proclamado por Francisco I. Madero en el Plan de San Luis, que declara el principio de no reelección como ley suprema, califica de nulas las elecciones y por tanto desconoce al gobierno. Madero está siguiendo el mismo camino que recorrió Díaz, primero en la revolución de la Noria contra Juárez y luego en la revuelta de Tuxtepec para deponer a Lerdo.

La autoridad local se disponía a efectuar un cateo en el domicilio, pero los agentes fueron recibidos a balazos, por lo que dos columnas sitiaron la casa y abrieron fuego hasta derribar el zaguán y capturar a los rebeldes. Algunos jefes y soldados resultaron muertos o heridos, mientras que sólo dos de los dieciocho ocupantes de la casa de la familia Serdán sobreviven. El plan de los atrincherados era resistir hasta que otros sublevados atendieran el llamado a la revolución. Pero en Puebla claman en el desierto, nadie más se sumó a la sedición.

El 20 de noviembre, día señalado para que el pueblo mexicano se levante en armas según el Plan de San Luis, la capital permanece tranquila. Como muestra de la confianza que tiene en el *statu quo*, el presidente y su familia desayunan en el lujoso Hotel Genève de la Ciudad de México, que si hoy es ancla de la memoria, en ese momento es vanguardia y modernidad. No en balde el sitio se jacta de servir el primer sándwich en México. Tras pagar treinta pesos con veinticinco centavos por la cuenta signando un cheque, el mandatario vuelve a sus labores y, como de costumbre, despacha la correspondencia con ayuda de su secretario particular Rafael Chousal, quien clasifica las misivas y cablegramas, le da el resumen de cada uno y toma nota a lápiz de la respuesta que Díaz da a cada asunto. Daniel Cosío Villegas afirmará que Chousal conoció —debido al oficio que desempeñaba— todos los secretos menores de Díaz y yo diría que también los mayores. Desde 1880, Chousal había obtenido un empleo en el Ministerio de Fomento. Cuando Díaz asume la titularidad de ese ministerio detecta y valora la discreción de Chousal —un rasgo de su personalidad al que muy probablemente se deba el que su nombre no se asocie de manera tan evidente, como sí los de Limantour o Corral, al régimen—, y lo designa titular de la Secretaría Particular. Desde entonces, Chousal permanece a su lado hasta las sublevaciones de 1910 y, aun en medio de las turbulencias, trata de quedarse con su presidente, a lo que Díaz se niega, insistiéndole en que parta antes.

Mientras fue su secretario particular, Chousal se convirtió en el puente entre Porfirio Díaz y los ministros, gobernadores, diputados e, incluso, con la prensa. Bien sabido es que Díaz nombra personalmente a los miembros de las cámaras y de los puestos clave en el gobierno, y en su defecto "da su recomendación" a los gobernadores para que éstos elijan "correctamente" a los diputados y senadores. Rafael Chousal envía en mayo de 1888 una carta a Juan de la Luz Enríquez en la que, además de anexar la lista de diputados, senadores y suplentes, recuenta el pensamiento político de Díaz. A través de su secretario particular, Díaz le recuerda a Enríquez que "no siempre se puede lo que desea y que con estos [con los diputados y senadores] hay que hacer como con el caramelo que se deja chupar sin que se deje afianzar mordida".

Son muchos los que le escriben directamente solicitando su intercesión o que proponga al presidente algún asunto. Díaz recibe un gran número de cartas, telegramas, impresos y aun fotografías enviados desde pueblos, rancherías y ciudades. Su correspondencia puede consultarse en el archivo que conserva la Universidad Iberoamericana de la Ciudad de México. Aunque Chousal hace las veces de filtro, Díaz está muy bien enterado de todo lo que ocurre en el país. La correspondencia existente muestra que recibía hasta las cartas de los asuntos "menos" importantes y a todas les daba respuesta. Entre los mensajes —abundantes en solicitudes de audiencia o de favores, documentos de procesos jurídicos, recomendaciones, agradecimientos, cartas de los secretarios de Estado, embajadores y de la jerarquía eclesiástica— sobresalen aquellos que le envían los gobernadores de los estados y los comunicados remitidos por espías que lo mantienen informado tanto de los acontecimientos de la administración pública como de los sucesos cotidianos. De tal manera que don Porfirio sabe incluso el nombre de los delincuentes de menor categoría, así como de las fechorías que cometen. Paul Garner afirmará que "el estilo político de Díaz tenía una sutil combinación, por un lado, de compromiso, negociación y adulación, y, por el otro, el cultivo de la lealtad y la deferencia". Con sus cartas inflamaba el patriotismo de sus interlocutores; era, además, el Díaz cercano, fraternal y amistoso, incluso paternal, no sólo como parte de las convenciones sociales, sino como una estrategia para mantener, a través de esa deferencia, el agrado de sus corresponsales. Mantenía la idea de "ser amigo de todos y enemigo de nadie por chico que sea" pues, como él mismo decía "el cilencio [*sic*] no compromete a nada ni a nadie agrava"

Manuel Márquez Sterling, el diplomático cubano que acompañó a Francisco I. Madero durante la Decena Trágica, escribe —a propósito de unas "impresiones" publicadas en La Habana y que envía a Díaz luego de haberse entrevistado con él— lo siguiente que me permito transcribir de forma íntegra por ser un ejemplo de primera mano de la atención que Díaz ponía a su correspondencia:

> Publiqué mis "impresiones" en la Habana y las remití a Porfirio cosidas a una carta respetuosa. El Dictador contestaba al instante las cartas que a centenares recibía; y era siempre "estimado amigo" el corresponsal, como quiera que se llamara, dentro del país, y "estimado señor" el de fuera. La secretaría particular, jamás dormida en los laureles de Puebla y de Tecoac, despachaba a diario toneladas de respuestas amables que, paciente, suscribía Porfirio de su puño y letra; y en una de ellas, para un "estimado señor" de tantos, me dio las gracias por el artículo zarandeado y prometió leerle "detenidamente", mi "afectísimo servidor". En México, los autógrafos de *Don Porfirio* —por Don Porfirio lo conoce todo el mundo— eran distribuidos en ediciones matutinas; y desde el encopetado magnate hasta el peón humilde, a todos envanecía, e igualaba, la cubierta rectangular del monograma de oro, el pliego color de rosa, el reglamentario "estimado amigo" y la firma auténtica de trazo fuerte y rúbrica española.

Así pues, mientras Díaz ocupa aquel domingo 20 de noviembre en las tareas de rutina, en la orilla americana del Río Bravo, Francisco I. Madero espera en vano a que su tío Catarino Benavides le envíe como refuerzos 200 hombres. Como no hay noticia de ningún levantamiento, él mismo regresa a San Antonio, Texas, para olvidar el intento de movimiento armado. En los días posteriores vuelve la aparente calma. El episodio de Puebla ha atemorizado de tal modo a los habitantes de las ciudades que aun los más entusiastas antirreeleccionistas no se suman a la revuelta por temor a ser acribillados por la policía. Además, en las zonas urbanas la red de espionaje porfirista descubre pronto las conspiraciones maderistas y hace fracasar cualquier conato de rebelión. Sin embargo, en las áreas rurales el llamado a las armas encuentra buena acogida al unirse a otros reclamos sociales como el reparto justo de tierras.

La insurrección tiene adeptos en la sierra de Chihuahua, donde sí ocurre un levantamiento puntual. El ranchero Pascual Orozco recibe dinero y armas de Abraham González, un antirreeleccionista amigo de Madero. En uno de los apartados que Eduardo Blanquel escribirá para la enciclopedia Salvat de *Historia de México* —prontuario magnífico de entre los que sobre el tema se han realizado y que han servido para acercar la historia al gran público con artículos de primer nivel—, se apunta que el anhelo de Orozco por mejorar su propia condición es lo que en verdad lo impulsa, pues la oligarquía local —encabezada por la familia Terrazas— ha coartado para entonces sus ambiciones políticas. El gobernador y las autoridades locales están ligados al clan dominante, por lo que no queda otro camino que "repeler con la fuerza justa a esa brutal fuerza causa de tanto mal y de tanta injusticia".

EL POLVORÍN ESTALLA (1910-1911)

A pesar del miedo y las amenazas, poco a poco los grupos rebeldes van tomando las armas y comienzan a movilizarse. Lo que en noviembre parecía un fracaso, el mes siguiente comienza a convertirse en un movimiento generalizado. Además de Chihuahua, hay levantamientos en Durango, Coahuila, Guanajuato, Nuevo León, Sonora, Sinaloa, San Luis Potosí y Zacatecas. Los rebeldes forman guerrillas que atacan poblados y haciendas; destruyen líneas telegráficas, alumbrado público, incendian oficinas de gobierno o saquean almacenes y bodegas. Sus actividades son impredecibles y por ello ni la policía ni el ejército pueden combatirlos de manera eficaz. Los insurrectos siguen las estrategias de resistencia que los soldados republicanos utilizaron para hostigar a los franceses en la época de la Intervención, cuando Díaz había destacado como guerrillero.

Daniel Cosío Villegas señalará, en el segundo tomo, dedicado a la vida política del Porfiriato, de la *Historia Moderna de México*, que el llamado de Madero tiene una repercusión inmediata que no se ha sabido apreciar. Además de los estados antes mencionados, en Yucatán, Campeche y Tabasco también hay brotes rebeldes que van cobrando fuerza al correr de los meses. En Veracruz, los rebeldes llegan a controlar Tuxpan, Acayucan, San Juan y Minatitlán. El ejército federal y los rurales los combaten con poco éxito, pues aun cuando logran dispersarlos, éstos pronto vuelven a organizarse y a atacar nuevos blancos.

En Europa, Limantour trata de minimizar los daños a la reputación de México, ocasionados por las noticias alarmantes que llegan por medio de periódicos y revistas norteamericanas, que aseguran que la revuelta maderista es de tal magnitud que pone en peligro incluso al gigante americano. Las autoridades mexicanas apelan al gobierno norteamericano para que vigile y prohiba el paso de pertrechos y hombres armados desde Estados Unidos a nuestro país. En repetidas ocasiones el gobierno norteamericano reitera la profunda amistad que une a ambas naciones y el principio de neutralidad que debe seguirse en casos como éste. Sin embargo, las autoridades poco hacen para aprehender a Francisco I. Madero, quien se mueve por los estados de la Unión Americana, cruza la frontera con México y reorganiza sus fuerzas en uno y otro país.

En 1911, señala Roberta Lajous, la inversión extranjera en México se estima en 3,400 millones de pesos, de los cuales Estados Unidos participa con 1,200 millones; Gran Bretaña con casi 1,000; Francia con 908 millones; Alemania con 66 millones y Holanda con 53 millones; el resto provenía de otros países europeos. Por otro lado:

1. Porfirio Díaz con los héroes de la carbonera: Luis Pérez Figueroa, Félix Díaz y Manuel González, entre 1872 y 1875.

CRUCES Y CAMPA   MEXICO.

2. Sebastián Lerdo de Tejada, entre 1872 y 1875.

3. Ferrocarril detenido en el puente Dos Ríos del Ferrocarril Nacional Mexicano, 1890.

4. Compuerta del Canal del Desagüe, 1910.

5. Porfirio Díaz dirigiéndose a la Cámara de Diputados en 1909.

6. Subsecretario de Relaciones Exteriores, Federico Gamboa, 1904.

7. Embajadores de diferentes países enviados para las fiestas del Centenario, 1910.

8. Porfirio Díaz en la inauguración del Hemiciclo a Juárez, 18 de septiembre de 1910.

9. Niños leen
El Imparcial
junto a retrato
de Porfirio Díaz,
1910.

10. Porfirio Díaz y el vicepresidente Ramón Corral en el Bosque
de Chapultepec, en una de las celebraciones del Centenario, 1910.

11. Porfirio Díaz y su gabinete, 1910.

12. Díaz en un carruaje rumbo a la inauguración de la Columna de la Independencia, 16 de septiembre de 1910.

13. Porfirio Díaz y su familia en las fiestas del Centenario, 1910.

14. Manifestación de los Partidos Nacional Antirreeleccionista y Nacional Democrático, 5 de mayo de 1910.

15. Porfirio Díaz firma un documento en la ceremonia de la primera piedra del Palacio Legislativo, 1910.

16. Gobernador del Distrito Federal, Guillermo de Landa y Escandón, 1905.

17. General Bernardo Reyes en 1890.

18. Díaz y Reyes conversando en 1902.

19. Gobernador de Veracruz, Teodoro Dehesa, en 1905.

20. Porfirio Díaz acompañado de Ramón Corral y Fernando Pimentel y Fagoaga en un banquete en 1910.

21. Militares custodian la casa de Porfirio Díaz en mayo de 1911.

22. Francisco Madero Padre y sus hijos Gustavo y Francisco, 1911.

23. Ernesto Madero en 1912.

24. Despedida de Porfirio Díaz en el tren a Veracruz, 1911.

25. Porfirio Díaz es despedido en Veracruz, 31 de mayo de 1911.

entre 1892 y 1912, la exportación total de manufacturas de Estados Unidos a México creció 457% frente a un aumento de 208% de la de Alemania, 126% de la Gran Bretaña y 108% de la Francia, el total de las importaciones mexicanas procedentes de Estados Unidos sólo se incrementó de 26% al iniciarse el Porfiriato a 56% a su término. Las exportaciones mexicanas a Estados Unidos pasaron de 42% en 1877 a 76 en 1910 y 1911.

Además de asegurar a banqueros e inversionistas que el gobierno tiene todo bajo control, el ministro de Hacienda se encarga de comprar cartuchos para el Ejército "en fuertes cantidades" como él mismo refiere en sus *Apuntes*, por instrucción confidencial de Díaz. Finalmente, el primero de marzo de 1911, Limantour se embarca en Cherbourg, al norte de Francia, para regresar a México vía Nueva York. En México, durante los meses de enero y febrero de 1911 la ola revolucionaria se extiende, de tal manera que para marzo la situación es ya desesperada en muchos sitios. A principios de ese mes, el gobierno norteamericano moviliza 20,000 soldados a la frontera y barcos de guerra a los puertos para vigilar y asegurar que tanto sus ciudadanos como sus intereses estén a salvo. Es decir, el movimiento armado en México se vuelve un asunto de seguridad nacional para Estados Unidos.

Limantour asegura en sus memorias que la cercanía de las tropas norteamericanas dota de un "gran impulso moral" a los revolucionarios, a pesar de que habían sufrido algunos descalabros al enfrentarse con los militares enviados por Díaz. El ministro de Hacienda explica que no temía a la revolución, pues ésta "carecía de los elementos necesarios para derrocar a un gobierno prestigiado, poseedor de mucho dinero y sostenido por un ejército fiel", pero la amenaza de una intervención, que en cualquier momento puede hacerse realidad, le parece el verdadero peligro. Tengamos en cuenta que en la última década del siglo XIX el temor de una posible intervención norteamericana se intensificó, y que "la combinación de la victoria de Estados Unidos en la guerra con España en 1898 con la reinterpretación que hizo el gobierno estadounidense de la doctrina Monroe y las políticas intervencionistas aplicadas en Cuba, Panamá y Haití, confirmaron la muy real amenaza que cernía sobre la soberanía política de México". Al llegar a Nueva York, el ministro de Hacienda comienza a temer por la situación de México y tras informar al presidente, acepta reunirse con Francisco Madero padre, Gustavo Madero, y con el doctor Francisco Vázquez Gómez quienes han solicitado una cita con él.

NEGOCIACIONES POR EL REGRESO A LA ESTABILIDAD (1911)

En la reunión, llevada a cabo el 12 de marzo, los Madero le exponen las exigencias de los jefes del movimiento armado y sus propuestas para terminar con los levantamientos. Limantour transmite tales peticiones a don Porfirio por medio de un telegrama. Entre las solicitudes está la suspensión inmediata de hostilidades, el anuncio de que el gobierno inicia los arreglos de paz con los revolucionarios, la renuncia de Ramón Corral a la vicepresidencia y a la Secretaría de Gobernación, la libertad de todos los presos políticos y el cese de la persecución a la prensa. Al día siguiente de decretar la amnistía, afirman, los revolucionarios volverán a sus hogares pacíficamente. También se solicita la renuncia de los gobernadores de los estados de Sonora, Chihuahua, Coahuila, Zacatecas, Yucatán, Puebla, Guerrero, Hidalgo, Guanajuato y Estado de México; las legislaturas nombrarán un gobernador interino para cada estado, que cumpla dos condiciones: no haber tomado las armas y ser propuesto por el partido antirreeleccionista.

Los Madero y Vázquez Gómez también solicitan la renuncia de Díaz, pero Limantour considera indecoroso siquiera escuchar tal proposición y se niega a continuar la entrevista, una firmeza que impulsa a los interlocutores a retractarse y a aceptar sólo pedir la renuncia del vicepresidente y los gobernadores ya mencionados. En sus *Apuntes*, Limantour atrae el ojo de los lectores hacia un punto interesante sobre estas demandas:

Llama también la atención el desembarazo con que se habla en ellas de la renuncia de los Gobernadores de algunos estados, y del nombramiento de los Gobernadores interinos que las legislaturas *deberían* escogerlos entre los candidatos que propusiera el partido Antirreeleccionista. Esta idea de los Jefes maderistas, de sustituir el voto popular, o el de los Cuerpos Legislativos, por el de ellos mismos, para la designación de las personas llamadas a desempeñar cargos de elección popular según prescribe la Constitución, fue desde el principio hasta el fin de las pláticas habidas con los representantes de la Revolución, el escollo principal con que se tropezó para alcanzar un resultado satisfactorio.

Harto me esforcé en demostrar al doctor Vázquez Gómez en esa ocasión que la Revolución no hacía buen papel, sino que, al contrario, lo hacía muy censurable, exigiendo que se procediese en abierta oposición a las leyes constitucionales del país, cuando ella misma pretendía haberse erguido contra abusos semejantes atribuidos al Gobierno establecido.

Limantour recalca que esta charla no era una negociación de paz como tal, sino un acercamiento pacífico para intermediar por el regreso de la estabilidad y el cese de las hostilidades en el país.

Mientras tanto en México, Pablo Escandón, el gobernador de Morelos, confiesa a Díaz en ese mismo mes que no puede darle un parte favorable de la situación en el estado pues "las gavillas de revoltosos se multiplican y se fortifican: una cuenta ya con 500 hombres y hay dos de 200 cada una" y asaltan con frecuencia ranchos y haciendas. En dicho estado Emiliano Zapata y los hermanos Figueroa acumulan una victoria tras otra, sin que la policía pueda frenarlos. Victoriano Huerta, comandante en jefe de las fuerzas federales de Guerrero, es enviado a combatir a los zapatistas. Debido a la apremiante necesidad de enviar soldados a diferentes partes de la República, sólo se le asignan seiscientos hombres para ir a Cuernavaca y someter a los rebeldes. Pero —relata Michael C. Meyer en el retrato político que escribe sobre el militar— no tiene oportunidad de entablar batalla, pues es llamado de nuevo a la capital a principios de mayo.

Por otro lado, y también en los primeros meses del año de 1911, la revuelta de Orozco en Chihuahua sigue creciendo: en sus filas se han enrolado más de mil hombres, ya cobró ímpetu al infligir varias derrotas al ejército federal y orquesta un ataque a Ciudad Juárez, en la frontera con Estados Unidos. Muchos están convencidos de que el conflicto en esa parte del país —donde hace poco más de un año Díaz era ovacionado camino a su encuentro con Taft— dará el golpe de gracia al régimen. Cosío Villegas citará el testimonio de un extranjero que escribe una carta al presidente Díaz, firmado al calce solamente con la identificación de "un viejo amigo". En ella, confiesa que ha vivido en México durante cuarenta años y que los levantamientos son "el aviso más claro y patente del disgusto grandísimo que todo un pueblo siente, no en contra de usted... sino en contra del gobierno de algunos estados que, por inmorales, son verdaderamente odiados".

El caudillo amado (1876-1910)

La mayoría de la gente no ve en Porfirio Díaz al dictador cruel que los mantiene en la pobreza y el responsable de los abusos; acuden a él para que interceda en su favor ante las injusticias y la necesidad. Como describirán Enrique Krauze y Fausto Zerón-Medina en el tomo dedicado a Porfirio Díaz en *El Poder*, la figura presidencial es entonces objeto de culto cívico. Ya sea en los muros de oficinas públicas, en las casas de la colonia Santa María, en las vecindades y en los jacalitos más pobres, las familias atesoran un retrato de "El Caudillo", como suelen llamar al presidente debido a sus valientes hazañas durante la Segunda Intervención francesa.

Los niños pequeños —relatarán los dos historiadores— aprenden a admirar al "Héroe de la Paz", mientras que poetas, músicos y oradores proclaman sus glorias. Muchos de los libros escritos ya de agricultura, estadística o minería, están dedicados al presidente. La correspondencia de Díaz está repleta de testimonios que solicitan su ayuda para terminar con el abuso de autoridad y el despojo de tierras; solicitar un empleo, ayuda económica, o bien simplemente para felicitarlo o preguntar por su salud. Porfirio Díaz trata siempre de dar respuesta a las misivas y, en caso de que se soliciten una entrevista con él, las audiencias se conceden los lunes. Las peticiones de ayuda ante procesos judiciales son respondidas con la siguiente frase: "Ni debo, ni puedo", expresión con la que el presidente sugiere que el Ejecutivo no debe coaccionar al poder Judicial, pues la autonomía de éste es vital para el sistema republicano.

Y es que para que funcione la República y haya paz, el presidente Díaz debe hacer concesiones y, a pesar de las apariencias que señalarían lo contrario, ha tenido que otorgar parte del mando a los gobernadores y jefes políticos locales. Cuando Díaz llega al poder ha tenido que derrocar a las oligarquías políticas regionales y sustituir a esos funcionarios con partidarios de su régimen. Para asegurar la fidelidad de los "nuevos" representantes del gobierno, Díaz les otorga un control casi ilimitado de sus estados o zonas de influencia. Los grupos desplazados del poder optan por uno de dos caminos. El primero: congraciarse con las nuevas autoridades y atraerlas a su círculo de amigos. El segundo: la resistencia y el ataque discreto contra los intereses porfiristas.

Friedrich Katz explicará en su obra *De Díaz a Madero*, que en los últimos años del régimen Díaz trata de delimitar el alcance de las oligarquías regionales de tal manera que la alta esfera económica sea quien posea los escaños políticos. En consecuencia, los empleos y puestos gubernamentales que se otorgan como "premio" a las clases medias caen bajo el control de la oligarquía estatal causando resentimiento contra el general Díaz, pero sobre todo, oposición a las autoridades locales.

Hacia 1885, Porfirio Díaz había enviado al general Bernardo Reyes al norte como comandante militar. Su misión es someter a los latifundistas más poderosos —como los miembros de la familia Terrazas, Ignacio Pesqueira y José María Maytorena— a los designios de la autoridad federal. Al principio, Reyes tiene éxito, pero tras ser nombrado gobernador de Nuevo León en 1887, establece una alianza con los viejos círculos oligárquicos y se convierte en uno de los caudillos más importantes no sólo de la zona, sino de México.

Desde 1893 una publicación de Guadalajara se aventura a proponer a Bernardo Reyes como posible candidato a la presidencia de la República. Y, aunque la idea no prospera, queda en la mente de muchos de sus simpatizantes. Dos años después, comienza a hablarse de una reforma constitucional para crear el cargo de vicepresidente. Es claro que Díaz no va a abandonar el poder mientras esté vivo, así que elegir un sucesor para cuando el presidente se encamine al Hades, es una forma de asegurar la estabilidad política y no desencadenar una lucha entre caudillos.

Díaz atrae a Reyes a la Ciudad de México y lo nombra en 1900 titular de la Secretaría de Guerra y Marina y con ello su popularidad crece. La élite norteña, los militares y las clases medias ven en él al posible sucesor de don Porfirio. Además, el general Reyes era un consabido antagonista del grupo de los Científicos, es decir, el círculo más cercano al presidente, integrado por los hermanos Macedo, Rosendo Pineda, Francisco Bulnes y Justo Sierra, entre otros. Limantour es considerado el líder, aunque en realidad no se trata de un partido político ni de una asociación como tal.

Debido a la importancia de cada uno para el régimen, los dos posibles sucesores de Díaz son Bernardo Reyes por un lado, y José Yves Limantour por el otro. Cosío Villegas apuntará que, quizá por primera y única vez, don Porfirio cree necesario abandonar el poder; para ello, trata de reconciliar y fomentar la amistad entre el titular de Hacienda y el de Guerra. Martha Baranda afirma en el artículo "José Ives Limantour juzgado por figuras claves del Porfiriato" que en aquella época don Porfirio tiene la idea de retirarse temporalmente del gobierno y tomar un descanso en el extranjero; piensa que puede dejar a Limantour al mando y a Reyes apoyándolo en el frente militar. La fórmula Reyes-Limantour parece la ideal; el ministro de Hacienda representa los intereses económicos de la nación y el ministro de Guerra es el puente entre ellos y las aspiraciones de las clases medias y bajas. Hacia 1902, los opositores de ambos ministros no dejan de atacarlos y la gente comienza a tomar partido por uno u otro, dos años antes de las elecciones.

Pero, receloso de Reyes, el presidente opta por su política de "divide y vencerás". Los Científicos empiezan una campaña de desprestigio contra el candidato, mientras que sus adeptos, los reyistas, hacen lo propio contra Limantour. En la prensa empiezan a llenarse páginas enteras con artículos que desacreditan las acciones del ministro de Hacienda al frente de la secretaría y, por su parte, desde el despacho de Hacienda, los ataques adoptan la forma de recortes presupuestales en gastos de Guerra. El colmo sucede cuando Rodolfo Reyes, hijo del ministro, y sus amigos lanzan una cruzada contra la vida privada y la obra financiera de Limantour, por medio del periódico *La Protesta*.

Paul Garner explicará que los ataques mutuos no ocasionan sino que las reputaciones de ambos, Reyes y Limantour, se vean dañadas; al final, una doble ventaja para el presidente. De la fórmula Reyes-Limantour, Díaz elige a Díaz como su sucesor. Por último, en 1903, el ministro de Guerra declina —porque lo "renunciaron"—al cargo y es enviado de regreso a Nuevo León. A la caída del general, el periódico en cuestión publica: "De este conflicto ha resultado un herido, el general Reyes, y un muerto, el señor Limantour".

Las ambiciones políticas de Reyes vuelven a manifestarse en 1908 cuando da a conocer su esperanza de que el presidente lo incluya en su planilla como candidato a la vicepresidencia para las elecciones de 1910, pero don Porfirio no le otorga su venia.

Don Porfirio no es tan fuerte ya, puesto que eso no detiene a los partidarios de Reyes que establecen el Club Central Reyista y proponen al general la candidatura para la vicepresidencia. También en otros lados se mueven las aguas: los Científicos crean la Convención Nacional Reeleccionista y lanzan a Ramón Corral como su candidato. Pero a pesar de que cuenta con una gran popularidad y con seguidores entusiastas dispuestos a enfrentar a Díaz, Bernardo Reyes no se atreve a desafiarlo.

Desandando cualquier intención previa, el ex ministro de Guerra declara públicamente que es leal al presidente Díaz y que, como tal, apoya la designación de Corral. Con estrategia certera, Díaz se dedica a socavar la influencia de Reyes en el norte y a minar su popularidad a nivel nacional: un año después de esta declaración, el presidente nombra al general Gerónimo Treviño, enemigo de Reyes, comandante de la zona militar de Coahuila, Tamaulipas y Nuevo León, y lo envía a Europa a estudiar las tácticas militares alemanas. Reyes sabe que al alejarlo se le condena prácticamente a una ejecución política. Como es de esperar, sus seguidores se decepcionan pero la mecha está encendida, es preciso un cambio y pronto vuelcan su afecto hacia las propuestas de Francisco I. Madero quien, en 1909, se da a conocer en una campaña que emprende por diversas ciudades de la República con el lema "Sufragio efectivo, no reelección".

AMARGAS CUCHARADAS DE AZÚCAR (1910-1911)

Así que, mientras los mexicanos disfrutan las fiestas del Centenario de la Independencia —y Madero cumple su pena en San Luis Potosí—los dos hombres que son susceptibles de suceder al Héroe de la Paz se hallan cumpliendo cada uno una misión en Europa. A pesar de todo, para ambos la patria representa una prioridad. Cuando las noticias de los brotes revolucionarios se tornan continuas y crece la alarma entre los mexicanos en el extranjero, Reyes y Limantour se reúnen en París en varias ocasiones para charlar. Incluso Rodolfo, el hijo rebelde que tantos dolores de cabeza causó a Limantour con sus publicaciones burlonas en *La Protesta*, habla con el ministro de Hacienda para disculparse y explicar que ahora, una vez superadas sus locuras juveniles, desea reconciliarse con él y ponerse a las órdenes de Díaz.

Reyes busca hacerse de la confianza de Limantour y así ganarse otra vez la de Díaz. Igual que Limantour, el ex ministro de Guerra tiene miedo de que las revueltas maderistas originen una intervención armada por parte de los norteamericanos. Limantour informa a Díaz todas las impresiones que tiene de aquellas charlas: Reyes está preocupado por la desconfianza del presidente hacia él, por la "guerra" que le hacían los Científicos y por su regreso a México. Limantour le comunica al presidente que sospecha que Bernardo "en el fondo tiene la secreta esperanza de ser llamado para sofocar el movimiento revolucionario":

El Gral. Reyes ha estado procurando estrechar cada día más sus relaciones conmigo, y entiendo que al hacerlo lleva por mira granjearse de nuevo mi confianza y, por mi conducto, la de Ud.

No creo que haya tomado participación en los movimientos revolucionarios aconsejando a sus amigos que ayuden a los sediciosos.

Me parece muy impresionado por el peligro yankee, y aunque está lleno de rencor hacia algunas de las personas que rodean a Ud., condena vigorosamente a los que han acudido a la violencia para trastornar el país, dando con eso motivo a la intervención americana.

Sospecho que en el fondo tiene la secreta esperanza de ser llamado para sofocar el movimiento revolucionario, cosa que él considera relativamente fácil hacer, siempre que se dé alguna satisfacción a la opinión pública, alejando del poder a una que otra individualidad que le causa mucho escozor, y a las que atribuye el descontento de una gran parte de la población. [...]

Para él Madero no es más que un títere que hoy está manejado por los Flores Magón, Paulino Martínez y algunos jefecillos de partida que en su mayoría son simples bandidos. [...]

Yo por mi parte me he prestado a escuchar sus impresiones y sus dolencias. [...]

Me he cuidado naturalmente de no decirle nada que pueda hacerle suponer que pronto regresará al país; pero me he esforzado en convencerlo de la necesidad de que todos los mexicanos verdaderamente patriotas antepongan a sus rencores, a sus pasiones y hasta a sus simpatías, el deber de unirse al Gobierno en la lucha que sostiene con los criminales que están poniendo en peligro el bienestar y la seguridad del país.

En una palabra, mi táctica con Reyes ha consistido en poner las cosas en tal estado que Ud. pueda en cualquier momento sacar de ellas el partido que juzgue más a propósito, sin que para esto sea obstáculo el recuerdo de los acontecimientos pasados. Seré más explícito sobre este punto cuando pueda hablar con Ud.

Si me permití manifestar a Ud. por telégrafo que tal vez sería conveniente facilitar a Don Venustiano y a Guajardo el regreso a México, fue no sólo por complacer a Reyes, sino porque ignorando los datos que Ud. tenga sobre la actitud que han asumido esas personas con los revolucionarios, me he dejado guiar exclusivamente por la convicción de que en las actuales circunstancias debe usarse, a la vez que mucha severidad para los que se han levantado en armas, toda la diplomacia posible para evitar que rompan lanzas contra el Gobierno de una manera irremediable hombres de cierto prestigio y de algunos recursos, a quienes acaso todavía sea tiempo de atraer y de conquistar.

Un par de días después de su último encuentro con Reyes, Limantour se embarca de regreso a México y tras la entrevista con los Madero y Vázquez Gómez en Nueva York inicia su marcha a la capital mexicana. A mediados de marzo de 1911 y a pesar de los rumores sobre los levantamientos y los asaltos al ferrocarril, Limantour regresa a la Ciudad de México en tren y una vez que se encuentra junto al presidente, le ayuda a reorganizar el gabinete y a ejecutar una serie de reformas encaminadas a satisfacer las demandas sociales que han motivado los levantamientos armados, como la promulgación una ley de corte agrario para subsanar el despojo de tierras por medio del fraccionamiento de las grandes propiedades rurales, y otra para reorganizar la impartición de justicia.

Limantour lleva nueve meses fuera de México y aunque se mantuvo informado de los acontecimientos gracias al subsecretario de Hacienda Roberto Núñez, su brazo derecho, su círculo de amigos más cercanos, los Científicos, está fragmentado. La intriga ha ocasionado divisiones, y ha sido el mismo presidente Díaz el responsable. Desde 1909 existen dos opciones posibles para acompañar al presidente. Por un lado, los Científicos quieren a Ramón Corral como vicepresidente; y por otro, los opositores o anticientíficos desean lanzar a Teodoro Dehesa, gobernador de Veracruz y antiguo partidario del Plan de Tuxtepec. Al final, Díaz se decide por Corral, decisión que nunca le perdonarán los dehesistas.

Tras las elecciones de junio de 1910, los opositores de Corral acosan al presidente con publicaciones y habladurías sobre el "control" que ejercen los Científicos sobre el primer mandatario y éste, molesto por los comentarios, aleja a los miembros del gabinete poco a poco y —sin hacerles desaires evidentes— deja de consultarlos para la toma de decisiones. Limantour se queja en una carta fechada el 13 de septiembre de la estrategia que lleva Díaz para mantener a todos contentos:

> ya que va poniéndose más en claro todos los días la ambigüedad intencional de nuestra política y la firme resolución de quien la dirige, de seguir dando gotas de agua endulzada a todo el mundo para ganar tiempo, aunque sea a riesgo de que la multiplicidad y desorganización de los partidos políticos provoquen en el porvenir torrentes de bilis y quizás hasta sangre.

Así, cuando Limantour vuelve, encuentra a los miembros del gabinete desconcertados, desunidos y mal organizados. Sus antagonistas están molestos y cada vez con mayor fuerza sienten que no tienen el apoyo suficiente de Díaz. Lentamente, de aquel andar a cuentagotas, la política de enemistar a sus allegados deja sin partículas azucaradas a don Porfirio y las bases de amistad y lealtad que ha fraguado con tanta paciencia terminan por fracturarse.

Reestructuras en el gabinete (1910-1911)

Era una especie de costumbre que poco antes de cada toma de posesión de Díaz, los miembros del gabinete debían renunciar para que, una vez renovada la presidencia, don Porfirio hiciera los nombramientos correspondientes otra vez. Pero en la última reelección, aunque ha recibido las cartas de renuncia de los secretarios, Díaz permanece sin hacer movimientos. Limantour narra que sus colegas "atribuían la actitud pasiva del general Díaz, que no quiso hacer cambio alguno en su política hasta mi llegada a México, al temor de que los 'Científicos' al verse alejados del Gobierno, comenzaran a hostilizarlo aumentando así el descontento general".

Cuenta Taracena que desde la llegada de Limantour a la Ciudad de México se anuncia que el ministro "transformará la administración pública con los mejores elementos, sin distinción de ideas ni credos". Y es que al parecer el pueblo mexicano ha disminuido su confianza en el gobierno. Al conocer el estado del régimen, Limantour le pide a sus contrapartes que renuncien para formar un nuevo gabinete según los deseos del presidente. Los ministros separados del cargo —Rosendo Pineda, subsecretario de Gobernación pero encargado del despacho por la ausencia de Corral; Pablo Macedo, el otro subsecretario de Gobernación; Enrique Creel, secretario de Relaciones Exteriores; Olegario Molina, secretario de Fomento; Justino Fernández, secretario de Justicia; Leandro Fernández, titular de Comunicaciones, y Justo Sierra de Instrucción Pública— consideran que esta es una traición por parte de José Yves Limantour y no dejarán de atacarlo desde entonces. Sólo con un par de ellos se logrará reconciliar años después.

Únicamente dos elementos del antiguo gabinete permanecen en sus cargos: Limantour en Hacienda, por supuesto, y

Manuel González de Cosío en Guerra y Marina, pues sólo en él confiaba Díaz los asuntos militares. Para la cartera de Relaciones Exteriores se nombra a Francisco León de la Barra, quien ha ocupado anteriormente el cargo de Embajador de México en Estados Unidos; para Instrucción Pública y Bellas Artes elige a Jorge Vera Estañol; Manuel Marroquín en Fomento; Norberto Domínguez para Comunicaciones, y Demetrio Sodi para la Secretaría de Justicia. Al día siguiente de estos nombramientos, Madero establece su cuartel general en la Hacienda de Bustillos en Chihuahua, donde se le une Pancho Villa. Mientras las esferas del poder intentan reorganizarse en el sistema solar de don Porfirio, los revolucionarios van ganando terreno frente a los esfuerzos de los federales por mantenerlos a raya.

Abril es el mes más cruel (1865-1911)

El primero de abril, a las cinco de la tarde, se inaugura el nuevo edificio de la Cámara de Diputados y se realiza la solemne apertura del Congreso de la Unión. Porfirio Díaz sale de su casa en la calle de Cadena —hoy conocida como Venustiano Carranza— en el zócalo capitalino. Ricardo Orozco apunta en el artículo "Las últimas seducciones del poder" que una columna del batallón de zapadores forma una valla a lo largo de todo el camino, desde la puerta y hasta la escalinata del viejo Teatro Iturbide, convertido actualmente en la Cámara de Diputados. Aunque hay algunos curiosos afuera de su casa, el trayecto ya no está animado por vivas y flores como cuando, en septiembre, el carro donde iba se detuvo tres veces para sacar los ramilletes que el pueblo mexicano le lanzaba con entusiasmo.

Un toque marcial lo recibe al entrar y anuncia a los asistentes que el presidente se encuentra en el recinto. La comitiva formada por los diputados Juan Villarreal, Lorenzo Elízaga, Antonio de la Peña, Manuel Levy, Pedro Rendón y José Bribiesca, le da la bienvenida y, al entrar, el presidente es saludado con una lluvia de aplausos. Poco tarda la banda militar en entonar el Himno

Nacional para solemnizar aún más el acto. El líder de la Cámara, Fernando Duret, lo recibe en el estrado y tras un breve intercambio de palabras le cede la tribuna de honor para que él rinda su informe.

En el discurso, Díaz enlista los bienes y las bondades que el gobierno ha procurado para los mexicanos, tales como el saneamiento de las finanzas públicas, el ferrocarril, mejorías en salubridad, educación, justicia y comunicaciones; más tarde, sin rodeos, se refiere abiertamente a la revuelta y a los brotes de violencia y desorden suscitados en numerosos pueblos, señalando que, según los datos que proveía en su informe:

> podría deducirse que a pesar de la revuelta en mala hora promovida por algunos mexicanos lamentablemente equivocados o perversamente engañados, el país ha continuado hasta principios de este año su marcha ascendente hacia el progreso económico e intelectual; pero la verdad es que tal adelanto está comprometido por la situación política que ha venido desarrollándose estos últimos meses y que requiere de parte de los poderes públicos, de todas las autoridades y de la masa sensata de la nación, la más viva solicitud y el propósito firme de aplicar pronto y cada cual en su esfera, los remedios que sean más eficaces.

Es entonces que el presidente menciona un hecho que poco más de una semana antes dejó a muchos con la boca abierta: la destitución de los miembros científicos del gabinete. Sobre ello, con la voz firme a la que los oídos se hallan bien acostumbrados, afirma que "el cambio de ministerios que acaba de tener lugar, responde precisamente al deseo de llevar al terreno de la práctica una de las aspiraciones generales como es la renovación del poder político". Y cierra aquella idea diciendo que "se tomarán las providencias que demuestren la firme intención de satisfacer las quejas fundadas en contra de algunas autoridades, especialmente de aquellas que están en más íntimo contacto con el pueblo."

En este último discurso su antigua bandera de la no reelección vuelve a aparecer y dice, como se lo había sugerido al periodista norteamericano James Creelman en 1908, que está de acuerdo con la renovación periódica de los funcionarios, aun del cargo del Ejecutivo. Su reflexión termina haciendo una puntualización: ya que se habla de dicha legislación, también es necesario revisar las leyes electorales pues, en parte, los defectos de la primera pueden atribuirse a que es menester asegurar la participación de los ciudadanos para que voten con plena conciencia. Con ello, como al desliz, Díaz refuerza su idea de que si los mexicanos estuvieran listos para la verdadera democracia no hubiese sido necesaria su larga estadía al frente del Ejecutivo.

Francisco Bulnes citará unas palabras de don Porfirio sin mencionar en qué ocasión las dijo, pero que ilustran cómo ve al pueblo de su tiempo:

> los mexicanos están contentos con comer desordenadamente antojitos, levantarse tarde, ser empleados públicos con padrinos de influencia, asistir a su trabajo sin puntualidad, enfermarse con frecuencia y obtener licencias con goce de sueldo, no faltar a las corridas de toros, divertirse sin cesar, tener la decoración de las instituciones mejor que las instituciones sin decoración, casarse muy jóvenes y tener hijos a pasto, gastar más de lo que ganan y endrogarse con los usureros para hacer posadas y fiestas onomásticas. Los padres de familia que tienen muchos hijos son los más fieles servidores de gobierno por su miedo a la miseria; a eso es a lo que le tienen miedo los mexicanos de clases directivas: a la miseria, no a la opresión, no al servilismo, no a la tiranía; a la falta de pan, de casa y de vestido, a la dura necesidad de no comer o sacrificar su pereza.

Un duro juicio que también nos recuerda las palabras no menos ásperas que Carlota escribe desde Chapultepec, en enero 1865, a la emperatriz Eugenia hablando de "la nada mexicana":

> Creo que no nos faltan ni energía ni perseverancia, pero me pregunto si habrá alguna humana posibilidad de salir de las dificultades, si éstas siguen aumentando en esa forma [...].

Desde hace un mes estamos pasando por una fuerte crisis; si la soportamos victoriosamente tendrá un porvenir el imperio mexicano, de lo contrario no sé lo que habría de augurar. Durante los primeros seis meses, a todo el mundo le parecía encantador el nuevo gobierno, pero tocad alguna cosa, poned manos a la obra, y se os maldecirá. Es la nada que no quiere ser destronada. Vuestra majestad creería quizá, como yo, que la nada es una sustancia manejable, pero en este país al contrario, se tropieza uno con ella a cada paso y es granito, es más poderosa que el espíritu humano y solamente Dios podría doblegarla. Fue menos difícil erigir las pirámides de Egipto que vencer la nada mexicana.

Volviendo a las palabras que Bulnes atribuye a Díaz, sean o no ciertas, es un hecho que con el paso del tiempo, y con las prebendas que el presidente otorga a las oligarquías regionales, las clases medias son excluidas de los puestos públicos que con tanto ahínco buscaban obtener; a esto se suma que la crisis económica internacional de 1907 y la pérdida de las cosechas en el norte encarecen los alimentos. Así que muchos ya no sólo quedan sin padrino político, sino que muchos más están faltos de pan, de casa y de vestido. La clase media y las clases empobrecidas se unen en los pueblos y en las pequeñas ciudades, en el hambre y el descontento que terminan por borrar cualquier frontera social.

El gobierno porfirista había enviado al ejército a sofocar los levantamientos pero no lo logró. Esta institución se encuentra empobrecida debido a los constantes recortes presupuestales de que ha sido objeto, en buena parte resultado del enfrentamiento Limantour-Reyes. Además, Porfirio Díaz mantiene un ojo encima de los generales y miembros del ejército para evitar que se encumbren y se les ocurra encabezar asonadas y conspiraciones en su contra y, por otro lado, aunque la academia militar provee al gobierno de buenos oficiales, el reclutamiento general se hace por medio de la leva y los soldados están en malas condiciones.

Este ejército en conflicto se enfrenta a grupos rebeldes de todos tamaños atomizados en diferentes zonas del país. La mayoría pertenece a la clase trabajadora pero sabe manejar bien las armas —o los instrumentos de labranza con el mismo fin— y son auxiliados por los habitantes de los pueblos y las rancherías a los que pertenecen o donde han trabajado alguna vez como peones, además de que conocen bien las sierras y los montes que les ofrecen escondite. A diferencia de otros países de América Latina, México no contrata asesores militares extranjeros para enseñar tácticas modernas de combate. Así, ya fuera en ataque convencional o de guerrillas, los soldados federales llevan las de perder.

Hasta abril, Díaz mantiene dos estrategias para acabar con la rebelión. Por un lado, el ataque directo a los rebeldes por medio de las tropas y de cuadrillas de rurales que sí son una fuerza policíaca nacional bien organizada. Y por el otro, una serie de emisarios que tratan de negociar con los cabecillas la rendición pacífica y el retorno de la paz. Limantour refiere que incluso antes de que él se entreviste con los Madero y Vázquez Gómez en Nueva York: "ya se había procurado extinguir, por medio de inteligencias con los insurrectos, varios focos revolucionarios, y esas tentativas se efectuaron unas veces con expresa autorización del presidente y aun por su orden, y en otras sólo con su anuencia".

Entre estas gestiones se pueden nombrar las emprendidas por el ex gobernador de Chihuahua, José Sánchez; las de Íñigo Noriega y Ernesto Madero realizadas en febrero; la que de manera "semioficial" encomienda el presidente al gobernador del Distrito Federal, Guillermo de Landa y Escandón, para establecer comunicación con los rebeldes de Morelos y Guerrero. Óscar Braniff y Toribio Obregón obtienen del presidente salvoconductos especiales para que conferencien con los maderistas y les presenten las reformas anunciadas como conquistas de su movimiento. En opinión del ministro de Hacienda, "el solo hecho de iniciar negociaciones con los cabecillas revolucionarios, y sólo por ese hecho, se hacía perder al Gobierno prestigio y fuerza". De parecer semejante era el abuelo de Madero, don Evaristo, quien definió la iniciativa de su nieto como "una batalla entre un microbio y un elefante". Katz explicará que la indecisión del gobierno de Díaz y su incapacidad para terminar con la rebelión en Chihuahua provoca más levantamientos en otros estados.

El día 9 de ese mes, Díaz da a conocer a Limantour su deseo de entrevistarse personalmente con Ernesto Madero para compartirle ciertas ideas que podrían terminar con la crisis política y encargarle que se las transmita a su sobrino Francisco. Ya desde un par de meses antes, el 21 de enero de 1911, Salvador y Ernesto Madero habían escrito una carta a Díaz en la que se deslindan del movimiento emprendido por Francisco y le expresan al presidente su anhelo de que el orden se restablezca:

El Sr. Subsecretario de Hacienda, Lic. D. Roberto Núñez, y el Sr. D. Fernando Pimentel, nos han informado de los acuerdos que se sirvió Ud. tomar, referentes al pago y refrendo de los créditos bancarios de que disfrutan las negociaciones industriales en las cuales estamos interesados, así como los créditos personales nuestros.

Permítanos Ud., Señor presidente, hacerle presente nuestro agradecimiento por este acto de equidad y de justicia, que apreciamos en todo su valer.

Aprovechamos esta oportunidad para manifestar a Ud. una vez más con toda sinceridad y buena fe, lo mismo que en otras ocasiones hemos asegurado a Ud., esto es, que tanto mi señor padre D. Evaristo Madero, como mis diversos hermanos y yo, hemos sido, somos y seremos absolutamente ajenos a todo movimiento político, y que más que nadie, lamentamos con verdadera pesadumbre los recientes trastornos que han alterado el orden público.

Estamos ciertos, señor presidente, que la verdad se abrirá paso tarde o temprano, y Ud. quedará convencido de nuestra completa abstención en estos desgraciados y antipatrióticos sucesos, que tanto daño han traído a nuestro país.

Regresamos esta noche para la Ciudad de Monterrey, donde siempre nos será grato recibir y atender las muy respetables órdenes de Ud.

A pesar de las objeciones de Limantour, Díaz no cede en su intención de conversar con los Madero y al ministro no le queda otro camino que convocar por cable a don Ernesto quien, para acudir al encuentro, viaja de incógnito a la Ciudad de México. Tan sólo tres días después Limantour conduce personalmente a Ernesto Madero al cuarto de reposo del presidente. Tras exponer a don Ernesto algunas de sus ideas políticas y asegurarle que de no ser por las revueltas, la renovación del personal del gobierno ya se habría efectuado, Díaz le comenta:

deseo que lleve usted a su sobrino las seguridades que le doy de que entregaré el poder tan pronto como logre yo la pacificación del país, que es la obra a que los más sagrados deberes y mi dignidad personal me obligan a consagrarme, y que espero para evitar el cataclismo nacional que nos amenaza del Norte, me facilite la tarea, no poniéndome en el compromiso de sofocar por la fuerza la insurrección, sino al contrario, sometiéndose él y los demás jefes cuanto antes al Gobierno, en el que no tardarán en tomar toda la participación que la voluntad del pueblo quiera darles.

Al parecer, cuando Díaz expresa estas palabras la idea de la renuncia ya se gesta en su mente.

A lo largo de los días de abril, los rebeldes y los federales se disputan las ciudades. Los primeros las atacan y las toman uno o dos días y luego son recuperadas por los segundos, hasta que estos se marchan para batallar a otros revolucionarios. Al día siguiente de la entrevista con Ernesto Madero en Agua Prieta, Sonora, cae en manos de los rebeldes; el 17, los zapatistas ocupan la plaza de Izúcar de Matamoros. En la Ciudad de México, el día 21 —narra Taracena—, "un grupo de estudiantes de la Escuela de Agricultura de San Jacinto [...] organiza un mitin en la Alameda en el que lanzan vivas a Madero y piden la renuncia del general Díaz. La policía montada arremete contra ellos y desbarata el grupo". Al conocerse el contenido del informe presidencial, Francisco I. Madero declara que las promesas del general Díaz no ejercen influencia en los revolucionarios, que ya antes las habían escuchado.

Una semana después de rendido el informe presidencial, Ramón Corral obtiene permiso de la Cámara para salir del territorio nacional debido a su precaria salud. Mientras prepara los ajuares, se empieza a discutir en la Cámara la iniciativa de ley para la no reelección. Al mismo tiempo que los diputados proclaman sus discursos a favor o en contra de la reelección, Madero se instala en una casa de adobes frente a Ciudad Juárez y desde allí despacha su correspondencia y da órdenes a sus colaboradores —Pascual Orozco, Pancho Villa y José de la Cruz Blanco— para atacar la plaza.

EL PRIMER BASTIÓN REVOLUCIONARIO (1909-1911)

El primero de mayo cae la ciudad de Durango en manos del jefe maderista Domingo Arrieta. Es la primera capital de un estado en poder de los revolucionarios y con la noticia nuevamente un grupo de estudiantes salen a las calles de la Ciudad de México para vitorear a Madero y exigir la renuncia de Díaz; pero la policía montada arremete contra ellos para disolver la turba. Dos manifiestos firmados por los Restauradores de la Constitución empiezan a circular en la capital por aquellos días.

En ellos se hace un llamado para sumarse a los soldados mexicanos y a los jefes u oficiales que encabezan el movimiento que "busca un Gobierno justo que dé garantías a los ciudadanos, dignificación al obrero y respeto al nombre de México en su tierra y en la ajena". Ambos documentos argumentan que la tarea de defensa del país ha sido manipulada y obedece tan sólo a los intereses del gobierno en turno y para acabar con ello es necesario derrocar la tiranía de Porfirio Díaz. Los manifiestos cierran con las líneas: "no os odiamos, somos vuestros libertadores, pasaos a nuestras filas como lo han hecho multitud de camaradas".

El 3 de mayo, el licenciado Francisco Carvajal, comisionado por don Porfirio para dialogar con Francisco I. Madero, llega a Ciudad Juárez. Sin embargo, cinco días después el presidente anuncia que el diálogo ha fracasado debido a las exorbitantes demandas de los revolucionarios. Pronto, Pancho Villa y Pascual Orozco deciden atacar Ciudad Juárez, aun cuando Madero ha ordenado no abrir fuego, pues el daño a los residentes norteamericanos podía desatar una intervención armada por parte del gobierno estadounidense.

En medio de la refriega, Madero envía una carta al defensor de la plaza, el general Juan Navarro y le pide el cese al fuego para evitar problemas con los vecinos del Norte. Los federales suspenden el fuego pero los revolucionarios arrecian el ataque y al tomar por sorpresa a los militares los desalojan de los puestos que defienden. La batalla dura dos días y el 10 de mayo de 1911, ante la falta de hombres y municiones pactan la rendición ante las fuerzas revolucionarias.

Al día siguiente, mientras Madero está nombrando a los miembros de su gabinete —por considerarse presidente electo dado que el gobierno es ilegítimo, según el Plan de San Luis— se reúnen en la casa de Cadena número 8, el presidente *Díaz, su hijo, Limantour, el ministro de Guerra Manuel González de Cosío y el coronel Victoriano Huerta*. He aquí la reunión descrita por Taracena:

El presidente sufre un dolor de muelas, por lo que se le tiene vendada la cara desde la mandíbula hasta la cabeza. Parece que su mandíbula está fracturada, lo que le aumenta la sordera. Limantour interroga a Huerta qué opina de los últimos acontecimientos. Huerta acerca su rostro al oído del general Díaz y le grita colocando su mano junto al pabellón de la oreja: "El señor Limantour me pide mi opinión sobre los últimos acontecimientos, pero yo pregunto: ¿A qué acontecimientos se refiere?" "¿Cómo a qué acontecimientos?, pregunta Limantour. ¡Pues al decisivo, o sea la caída de Ciudad Juárez!" Para Huerta esto no es un acontecimiento decisivo y explica que, según su táctica en la guerra contra los mayas, si una columna es rechazada se envía otra y otra hasta desalojar la plaza y arrojar a los revolucionarios a los Estados Unidos, donde los capturan. Limantour alega la falta de elementos y pregunta a Huerta cuánto necesita. Huerta precisa que no se precisa mucho "para tan poca cosa". Pide caballos y Limantour observa que no los hay. Huerta alega que pueden ser requisados, y viendo que "el gabacho", como llama a Limantour, pregunta que de dónde, replica: *"¡Pues comenzaremos con los suyos, señor ministro!"*

Pero la toma de Ciudad Juárez no es "tan poca cosa". Apenas año y medio antes Díaz había viajado a esa ciudad para encontrarse con el presidente Taft, en medio de ovaciones y arcos florales. La prosperidad traída por su gobierno, junto al avance en la tecnología y las comunicaciones dotan a esa urbe de un cariz de modernidad que ni la capital metropolitana tiene. En octubre de 1909, Díaz entró a Ciudad Juárez como el Héroe de la Paz, el gran estadista que convirtió a México en una nación digna de ocupar un lugar en el concierto internacional y con esa calidad de hombre de Estado se entrevistó con el primer mandatario de los Estados Unidos. Ahora, la ciudad ultramoderna había sido el escenario de la batalla. Aquella plaza que el año anterior daba todas las certezas de progreso al gobierno porfirista, se alzaba ya como un peligroso punto de quiebre. Los mexicanos se enfrentaban a sus connacionales, como en aquellas guerras fratricidas del siglo anterior.

La renuncia (1911)

El 4 de mayo de 1911 Ramón Corral presenta a Díaz su renuncia. En ella, se hacen evidentes sus reticencias a ofrecer no sólo su dimisión, sino a que Díaz haga lo propio. Para nosotros es, también, otra confirmación más de que la idea de separarse de la presidencia estaba en la mente de Díaz desde un buen tiempo antes del 25 de mayo de ese año:

> Con la presente remito a Ud. mi renuncia, para ser presentada junto con la de Ud., como me lo induce a mi salida de esa Capital. No la había remitido antes, porque dos días después de llegar aquí me atacó la gripa y con la calentura he estado en la cama.

Ya he comunicado a Ud. diversas veces cuál es mi opinión sobre este asunto y parece pueril que insista en querer hacer escuchar mi desautorizada voz; pero el caso es tan grave y las circunstancias son tan solemnes para la Nación, que le ruego me dispense si, por última vez, le manifiesto que no creo que nuestra separación de los puestos que ocupamos sea el remedio que reclaman los males que afligen a la República.

Aparte de la significación que tiene la presentación de nuestras renuncias, exigidas por el enemigo armado, enemigo constitucionalmente y a iniciativa del Gobierno declarado fuera de la ley, y que lejos de ceder ante las concesiones que se le hacen, se envalentona y crece; hay que la separación de Ud. presenta una perspectiva de anarquía que hará más eminente el peligro del Norte.

En ningún caso los Madero podrán dominar la revuelta, porque su influencia no alcanzará sino a una pequeña parte de los grupos rebeldes, y aún contra la voluntad de dichos Señores, seguirá existiendo el motivo que se invoca para la intervención.

Este peligro, el verdadero y grande peligro, no creo que pueda conjurarse sino de dos maneras: O destruyendo los principales focos de la revuelta por medio de una acción militar rápida y eficaz, o por la actitud del Congreso de los Estados Unidos que, por un sentimiento de alta justificación, se oponga a los designios del Departamento de Estado.

Sin embargo, de todo lo dicho, si Ud. cree necesaria y patriótica su separación, después de ella no quiero yo ninguna investidura oficial, ningún puesto público, por elevados que sean, y por eso, a pesar de mis opiniones, le envío a Ud. mi renuncia para que sea presentada y aceptada a la vez que la de Ud., según convenimos.

En este caso, tan grave para el País, estoy seguro de que hará Ud. lo más conveniente, inspirado por su reconocido talento y su inquebrantable patriotismo.

Cuatro días después, el Cuerpo Obrero del Distrito Federal escribe una carta a Díaz en la que se lee:

Los infraescritos, Ciudadanos Mexicanos, mayores de edad, en pleno goce de sus derechos, factores importantes de la Industria Nacional, de la cual vivimos, y a la cual damos impulso por el medio único de nuestro trabajo personal que sostiene las precisas necesidades de la vida:

Ante Ud. venimos llenos de fe y de patriotismo, a comunicarle en nombre de toda la Nación porque es uno solo el sentimiento de los hijos de la Patria el que lo anima, a que renuncie Ud. el alto puesto de presidente Constitucional de la República, para que por este acto solemne se salve la Soberanía del país que está amenazado de inminente peligro; para salvarnos de los horrores de la Guerra y de la miseria en que ya vivimos, nosotros que desheredados de la fortuna, ya nos falta el pan para nuestros hijos; a nosotros los que enlutaron nuestros hogares con el dolor profundo de nuestras almas, llorando la pérdida de nuestros hermanos que ya no volveremos a ver jamás dejando en la orfandad a tantas viudas como huérfanos que por Ud. Señor presidente han caído en la más espantosa desgracia.

Basta de correr más sangre mexicana.

La Nación lo rechaza y debe U. acatar el mandato del Pueblo.

Retírese Ud. a la vida privada, y deje en paz a la Nación.

Es justicia Nacional la que pedimos el Cuerpo Obrero del Distrito Federal.

El 21 de mayo los maderistas toman posesión del Palacio de Gobierno de Ciudad Juárez y a las 10:30 de la noche, en la escalinata del edificio de la Aduana, se firma la paz. El documento contiene las cláusulas que exigen las renuncias de Díaz y Corral antes de final de mes y la ocupación provisional de la presidencia por el ministro de Relaciones Exteriores, Francisco León de la Barra; su principal tarea será convocar a elecciones para establecer un nuevo gobierno legítimo.

Desde el 24 de mayo de 1911 corre el rumor de que Porfirio Díaz presentará su renuncia ante la Cámara de Diputados. Ese día, las galeras del recinto están abarrotadas, la multitud asiste para enterarse de "la renuncia". Los asuntos de los ramos de

Fomento e Instrucción Pública se desahogaban cuando la voz de Adolfo León Osorio, un joven maderista, interrumpió la sesión: "¿Y la renuncia?", con lo que se arma un escándalo mayúsculo que obliga al diputado Saavedra a tocar la campanilla para llamar al orden, amenazando con suspender la sesión. El diputado Manuel Calero logra hacerse oír y avisa que la renuncia se presentará al día siguiente, pero el maderista insiste: ¡La renuncia hoy! ¡A la calle! ¡Viva Madero! ¡Abajo Díaz! Seguido de esta arenga improvisada un tumulto entra por la puerta de la Cámara, la policía trata de imponerse pistola en mano, pero el griterío atrae a más personas que se congregaron a las afueras del recinto parlamentario.

Algunos claman ¡A Cadena! y se encaminan hacia el domicilio particular de Díaz. En el camino, los manifestantes toman un retrato de Francisco I. Madero que encuentran en una tienda de marcos y lo pegan a un mástil para llevarlo como estandarte. Los gendarmes entran en acción y hacen que el gentío se desvíe por las calles de Isabel La Católica; las casas comerciales se aprestan a cerrar sus puertas y cubrir rápidamente sus vidrieras con tablones. Taracena hace el recuento pormenorizado de aquel día:

Las puertas de Palacio Nacional se cierran con los soldados sobre las armas. La primera sangre corre en las calles de Donceles, frente al Palacio de Comunicaciones, donde un piquete de la Gendarmería Montada, con el sable desenvainado y a todo correr de los caballos, arremete contra un grupo, emprendiéndola a sablazos y haciendo que la muchedumbre se disuelva después de dejar tiradas en el pavimento a dos señoras y a varios manifestantes.

Luego, los revoltosos arremeten contra las oficinas del periódico *El País*. El director apela al talante pacifista de Madero y solicita a los manifestantes rechazar la violencia, por lo que —medio convencidos—, se alejan sin dañar a los trabajadores del diario. Sin embargo, *El Imparcial* vuelve a ser víctima de la cólera popular. Recuerda Taracena que "ebrios de furor, no pudiendo incendiar el nuevo edificio de ese periódico, los manifestantes se dirigen al antiguo, a cuyas puertas amontonan palos y papeles y les prenden fuego". Los gendarmes dispersan con sus sables a la muchedumbre mientras los bomberos tratan de controlar el incendio. Tras conseguirlo, la muchedumbre aun reunida lanza piedras al edificio del "odiado órgano de la dictadura". Las procesiones y los arrebatos de violencia popular se suceden durante toda la noche. Hay soldados dispuestos en la azotea de Palacio Nacional que sueltan descargas de cuando en cuando contra la muchedumbre, y en el atrio de la Catedral se alista una fuerza que fusila "a cuantos transitan por la Plaza de la Constitución".

La mañana del 24 se había ordenado que un batallón se presentara en la casa del presidente Porfirio Díaz para resguardarla. Al acercarse la turba a la calle de Cadena, don Porfirio cree que van a vitorearlo, pero su esposa Carmelita lo saca del error. La gente enardecida gritaba insultos al mandatario. Escribe Taracena: "Don Porfirio está desolado". Cuenta el jefe del batallón, el subteniente Roberto F. Cejudo, que las cosas se extreman al punto de tener que "cargar armas", lo que en lugar de calmar a la multitud la irrita más. En su relato recuerda que estaba preparado para disparar salvas en lugar de balas, pero cuando los soldados apuntaron a las personas, éstas respondieron con una lluvia de piedras que descalabró a varios militares.

Al poco rato, un oficial le pide a Cejudo que se presente dentro de la casa pues el general Díaz quiere hablar con él. Con toda "rudeza" —sigue narrando el militar— don Porfirio le reclama que hubiese actuado en contra de sus órdenes de "no caer en provocaciones". Él argumenta que habían sido imprecados y que "por el honor militar no podía dejar que desarmaran a sus hombres y sólo por esa razón había tomado esa decisión". Díaz se da la vuelta sin decir palabra. Al salir del salón, los miembros del Estado Mayor presentes en la casa felicitan a Cejudo porque había cumplido su obligación. Todavía quedaban algunos seguidores de Díaz.

Ese mismo día 24, don Porfirio recibe una carta personal enviada por los agentes aduanales Cristlieb & Rübke en la que le comunican que, después de haber tenido conocimiento de sus intenciones de emprender un viaje a Europa, su Compañía de Hamburgo se pone a sus órdenes para transportarlos gratuitamente, así como asignarles a él y a su familia, los camarotes del capitán y segundo oficial. Tal carta es una prueba de que antes de que Ciudad Juárez cayera en manos de los revolucionarios, Díaz ya tenía pensado partir para Europa.

En la noche, el subteniente Cejudo recibe la orden del mayor Alvírez para dejar la seguridad de la casa a cargo de otro grupo y abordar el Ferrocarril Interoceánico. Al llegar a la estación de San Lorenzo, los soldados ven que dos trenes más se aproximan. En uno de ellos viaja el general Porfirio Díaz y su familia, escoltados por el escuadrón "Guardias de la Presidencia", y en otro viene el 11° Batallón. En ese momento —sigue relatando Cejudo— se da cuenta del grave punto que han alcanzado los acontecimientos, pues la comitiva se dirige a Veracruz para que el presidente se embarque a Europa. Además de los soldados comandados por Cejudo, la seguridad personal de Díaz y su familia queda bajo el resguardo del general Victoriano Huerta.

Apenas amanece, las manifestaciones populares vuelven a sentirse. Como el día anterior, la Cámara está repleta de gente que desea escuchar la renuncia de Díaz y de Corral. Tras la lectura de las cartas de ambos, los diputados aceptan de manera unánime la renuncia del vicepresidente; y con dos votos en contra, la del presidente. En una cuartilla, el hombre que decidió el destino de México por treinta años había escrito:

El Pueblo mexicano, ese pueblo que tan generosamente me ha colmado de honores, que me proclamó su caudillo durante la guerra Intervención, que me secundó patrióticamente en todas las obras emprendidas para impulsar la industria y el comercio de la República, ese pueblo, señores diputados, se ha insurreccionado en bandas milenarias armadas, manifestando que mi presencia en el ejercicio del Supremo Poder Ejecutivo es causa de su insurrección.

No conozco hecho alguno imputable a mí que motivara ese fenómeno social; pero permitiendo, sin conceder, que pueda ser un culpable inconsciente, esa posibilidad hace de mi persona la menos a propósito para racionar y decir sobre mi propia culpabilidad.

En tal concepto, respetando, como siempre he respetado la voluntad del pueblo, y de conformidad con el artículo 82 de la Constitución Federal vengo ante la Suprema Representación de la Nación a dimitir sin reserva el encargo de presidente Constitucional de la República, con que me honró el pueblo nacional; y lo hago con tanta más razón, cuando que para retenerlo sería necesario seguir derramando sangre mexicana, abatiendo el crédito de la Nación, derrochando sus riquezas, segando sus fuentes y exponiendo su política a conflictos internacionales.

Espero, señores diputados, que calmadas las pasiones que acompañan a toda revolución, un estudio más concienzudo y comprobado haga surgir en la conciencia nacional un juicio correcto que me permita morir, llevando en el fondo de mi alma una justa correspondencia de la estimación que en toda mi vida he consagrado y consagraré a mis compatriotas.

Entre los documentos del expediente personal de Porfirio Díaz, resguardado en el Archivo de Historia de la Secretaría de la Defensa Nacional, hay una carta que éste escribe a los generales, jefes, oficiales y tropa del ejército mexicano el 26 de mayo de 1911:

Al presentar mi renuncia de presidente Constitucional de la República ante la Cámara de Diputados, al realizar este acto solemne y trascendental en nuestra historia en beneficio de la tranquilidad del País, profundamente agitado desde hace algunos meses, debo dirigirme a vosotros, mis compañeros de armas, para haceros presente, ante la Nación entera, mi profundo reconocimiento como Jefe Supremo del Gobierno por vuestra fidelidad acendrada, por vuestro heroísmo, por vuestros peligros y trabajos, que os han llevado tantas veces al sacrificio, cumpliendo así con un santo deber, en las horas amargas de prueba y sufrimiento.

La lealtad que tanto os enaltece no es una sorpresa para mí. Entre vosotros encuentro a muchos Jefes que a mi lado supieron defender la integridad y el decoro nacional, en guerra extranjera, entre vosotros se distinguen los alumnos de nuestras escuelas militares que fomenté con tanto interés y vi desarrollar con tanto amor; en vuestras filas están nuestros humildes soldados, tan valientes, tan sufridos en medio de toda privación, tan subordinados siempre, dispuestos a derramar su noble sangre por la Patria, por su bandera y por todo lo que es legítimo y noble; pero necesario es ya poner fin a la guerra fratricida que nos divide, nos convierte en enemigos, siendo todos mexicanos, nos debilita y nos expone a todos los ultrajes y peligros.

No tengo derecho a pedir nuevos sacrificios, no debo consentir en que se pierdan por la defensa de la legalidad, mayor número de vidas y propiedades; pero sí me creo autorizado a esperar: que prestaréis al secretario de Relaciones Exteriores, llamado por la ley a sucederme, todo el apoyo y fidelidad que a mi Gobierno, entretanto la Nación hace saber su voluntad en las nuevas elecciones.

Al obrar así daréis una nueva prueba de virtud militar, y la historia, al recoger en sus páginas serenas, los acontecimientos actuales para analizarlos y valorarlos imparcialmente, tendrá para vosotros una frase de admiración y un ejemplo que ofrecer a los soldados del porvenir.

Vuestro antiguo Caudillo os dice adiós y os estrecha las manos. En ellas entrega en gran parte, la dignidad y el decoro de la República, seguro de que sabréis conservar depósito tan sagrado, en medio de las desventuras y males presentes.

Don Porfirio deja de ser presidente pero sigue siendo militar y como tal tiene que subordinarse a la autoridad del general de división Manuel González de Cosío, ministro de Guerra y Marina. Así pues, además de presentar su renuncia ante el Poder Legislativo, Díaz dirige una carta al ministro de Guerra en la que solicita le concedan licencia para ausentarse del país sin precisar por cuánto tiempo. Del despacho de Guerra se le otorga la licencia indefinida para permanecer en Europa, pero sin goce de haber, es decir, sin sueldo ni pensión.

El jueves 25 de mayo por la noche, don Porfirio manda llamar al canónigo Gerardo María Herrera para que lo confiese: "No sea que vaya a morir tronado en el camino a Veracruz". Ese mismo día, zarpa del puerto de Tampico el vapor *Capitán A. F. Lucas* con el primer cargamento de petróleo mexicano, propiedad de la Standard Oil Company of California, enviado al exterior. Lleva 30,262 barriles de petróleo consignados al puerto de Sabinas, Texas. De esta manera, se inicia la exportación sistemática de crudo mexicano. Por su parte, Díaz y su familia —su queridísima Carmelita, su hijo Porfirio y la esposa de éste, Luisa Raygosa, y los pequeños de este matrimonio— abandonan la casa de Cadena número 8 y son conducidos a la estación de ferrocarriles de San Lázaro. Así, abrumados por los últimos acontecimientos, Díaz y Carmelita abordan el Mercedes negro que se dirige a donde hoy se encuentra la terminal Buenavista del tren suburbano.

Están allá todos los objetos personales del general, entre ellos, los ocho baúles que guardan sus archivos. Allí los espera Victoriano Huerta y un gran número de personas que desean despedirse del mandatario. Y es que para muchos es difícil de creer que el hombre que ha gobernado México por más de tres décadas renuncie a su cargo. El subteniente Cejudo, uno de ellos, escribe: "Yo, no podía creer esto, pues recordaba que desde pequeño sólo había sido él, Porfirio Díaz, el presidente de la República, y no podía caberme en la cabeza que pudiera ser otro, y que renunciara de una manera tan rápida a su alto puesto".

En San Lázaro, Díaz estrecha en sus brazos a cada uno con mucho cariño expresándoles palabras de gratitud y aliento para el porvenir. Del único del que no se despide —según Eduardo Villagrán— fue del general José González Salas, a quien Díaz le reprochó: "No señor general, a usted no lo puedo abrazar porque la única espina que llevo en el alma de los hijos del Colegio Militar, es la de usted, quien valiéndose del cargo que tenía en la Secretaría de Guerra... le comunicaba a los señores Madero, las órdenes de movilización de tropas".

Amada, la hija favorita de Díaz, dicen algunos, y su esposo Nacho de la Torre también se despiden del padre, del ahora ex presidente de México, y aun cuando el tren ya ha emprendido su marcha permanecen unos minutos más en el andén.

La vanguardia del convoy va resguardada por el coronel Joaquín Chicharro y la retaguardia por Victoriano Huerta. Marchan a velocidad moderada y a pocos kilómetros de Tepeyahualco, en Puebla, el relinchar de los caballos, el zumbido de las balas y una gritería trastocan la calma de la madrugada. Los escoltas piensan inevitablemente que se trata de un atentando contra Díaz, pero son sólo unos bandoleros que, sin saber quién va a bordo, buscan asaltar el tren. Los guardias bajan de los vagones y persiguen a los malhechores. Tras tomar varios prisioneros, los conducen a un jacal donde les quitan las armas y una caja con 10,000 pesos.

Ya fuera de peligro y con la situación controlada, Díaz manda llamar a Cejudo y Alvírez para que le den el parte de lo acontecido. Don Porfirio le recuerda a Cejudo lo que le había dicho en la Ciudad de México y le ordena que "ponga en libertad inmediatamente a esos muchachos para que se vayan a donde quieran y denles algo de dinero del que se les recogió". Pero, antes de soltarlos, los soldados descargaron un poco de su ira por atacar el tren presidencial y les propinan algunos golpes. El convoy reanuda su marcha y sin más contratiempos llegan a Veracruz al anochecer.

Carlos Tello contará en *El exilio: un retrato de familia* que los Díaz fueron recibidos por John P. Brody, encargado de dirigir las obras en el puerto, por instrucciones del petrolero inglés lord Cowdray. Peter Calvert encontrará documentación que revela que la colonia inglesa estaba muy preocupada por la seguridad de Porfirio Díaz. Los ingleses temen que, incluso, pueda ser víctima de un atentado camino a la costa o el puerto. Michael C. Meyer referirá que además de Cowdray, otros ingleses como el primer secretario Thomas Beumont Hohler y el presidente de la compañía de los Ferrocarriles Nacionales, E. N. Brown, ayudan a planear el traslado de la familia Díaz.

La recepción en Veracruz es hostil en la estación Terminal: se escuchan algunos vivas dedicados a Madero y a la Revolución; y se sabe de la aprehensión de un sujeto que llevaba dos bombas de pólvora para hacerlas explotar frente a don Porfirio. La familia Díaz permanece cinco días en el puerto. Al día siguiente de su llegada, el sábado 27, Teodoro Dehesa visita a los Díaz y luego don Porfirio pasa el resto de la tarde sólo con sus familiares. Pero cada día de esos cinco, aun hasta el final, atiende a algunas personas que quieren saludarlo, muchachas de las familias "decentes", miembros del gobierno o periodistas.

Quizás, al pasar aquellos días en Veracruz, don Porfirio recuerde que cuando era un guerrillero republicano, fue capturado y remitido a la cárcel de San Juan de Ulúa. A pesar de la vigilancia, logró escabullirse hasta un punto del recinto que daba directamente al mar y, sin pensarlo mucho, se tiró al agua. Atravesó a nado más o menos un kilómetro hasta la orilla. Eugenio Martínez Núñez en *Los Mártires de San Juan de Ulúa* afirmará que se salvó casi de milagro de "ser devorado por los tiburones que pululaban entre el puerto y la fortaleza". Quizá don Porfirio también esté pensando ahora en los presos de las huelgas de Cananea y Río Blanco que fueron remitidos allí después de enfrentarse a la policía en 1906 y 1907.

Por fin llega el 31 de mayo, el día definitivo para partir rumbo al exilio. Un batallón de zapadores se forma afuera de la casa donde los hospeda John P. Brody y presentan sus armas al general Díaz que se despide del comandante de su escolta, Victoriano Huerta, con un abrazo. Al pasar frente a las tropas, a pesar del intento por disimularlo, tiene los ojos arrasados en lágrimas mientras lo sostiene el brazo de su esposa doña Carmen Romero Rubio. En la tarde, después de almorzar, la familia Díaz aborda en el muelle el vapor correo *Ypiranga*. En el puente, se despide del general Fernando González, del coronel Armando I. Santacruz y de Roberto Núñez, el hombre de confianza de Limantour.

Se oye a la banda del puerto tocar el Himno Nacional y mientras sacude el cielo el tronar de 21 cañonazos desde San Juan de Ulúa, algunos soldados lloran también recordando las gloriosas épocas de Díaz. "El General Díaz siempre fue muy querido y respetado" —nos dice Cejudo—. "*¡Cuántas veces no lo vimos llegar a la hora del 'Rancho', sentándose entre nosotros a compartir como cualquier compañero nuestra pobre comida! Siempre de buen humor, teniendo para todos alguna palabra de afectos*".

En el malecón, frente al edificio de Faros, se prepara todo para hacer honores a don Porfirio. Estos tendrán que corresponder a su calidad de general de división y ya no a la de presidente, puesto que no lo es más. Será la única vez que no se le rindan como presidente de la República. Sin embargo, aunque ya no le correspondían, se da la orden de despedirlo con la más alta dignidad y la ceremonia corresponde, finalmente, a la que se ofrecería al titular del Ejecutivo.

El batallón que montó la última guardia está integrado por una compañía del Batallón de Zapadores y otras dos del Batallón 11°, mientras sus bandas de guerra tocan la marcha de honor y los otros presentan armas. Éste es el ambiente militar favorito del general Díaz, al punto que le apodaban "las costureras del presidente". Este cuerpo de soldados tiene una mascota: un perro callejero que responde al nombre de "Calzones". Apostado en primera fila, al ver pasar al matrimonio Díaz, suelta un aullido tan triste como la mirada de los soldados que despiden al viejo general de las guerras de Intervención.

IV

LA VIDA DE PORFIRIO DÍAZ EN EL VIEJO MUNDO

De Veracruz a La Habana (1911)

El 1 de junio de 1911, el periódico *La Iberia* publica una nota sobre el último día del general Díaz en Veracruz. Ese 31 de mayo, además de los cañonazos, el general Victoriano Huerta tomó la palabra y, según la opinión del diario, "en muy sentidas frases" dio la despedida al "caudillo glorioso". Don Porfirio se había tomado el tiempo para despedirse personalmente de los soldados de la Guardia Presidencial y con gentileza se detuvo también a recibir los fragantes ramos de flores que las distinguidas señoritas de la sociedad veracruzana le iban ofreciendo. *El Correo Español*, por su parte, reporta que Díaz responde a las palabras del general Huerta diciendo: "Si emocionados están ustedes, más lo estoy yo. Recomiendo muy encarecidamente al Ejército la obediencia, la más absoluta subordinación, para que así sea el respeto de su patria. [...] Yo me voy, aunque temporalmente, pero mi corazón se queda con ustedes".

Frase significativa por la que sabemos que, al partir, Díaz no imaginó que nunca, ni en vida ni aun después de muerto, regresaría a tierra mexicana. En efecto, como le había dicho Justo Sierra en 1906, en ocasión de una fiesta que se le ofreció en la hacienda de Sodzil, en Yucatán, el general Porfirio Díaz se pensaba más cerca de entrar "al periodo de los monumentos y las estatuas", de empezar la "vida de mármol y de bronce" de los héroes de la patria, que de tener que iniciar un viaje de hijo pródigo.

Otro campechano, el poeta y académico de la lengua Joaquín Blengio, muerto en 1901, escribió en un soneto —una de tantas obras que se le dedicaron a Porfirio Díaz:

Con la sangre del pueblo de Quirino
en el libro eterno consignó Viriato
su nombre, y el de sus hechos el relato
que canta Iberia en plectro diamantino.

Escrito está en el monte Palatino
el denuedo inmortal de Cincinato,
y aun el verde laurel de Pisistrato
descuella en el Eurotas cristalino.

Ven, tú también, invicto oaxaqueño,
que libras a tu patria de opresores,
a recoger las flores de sus valles:

guárdalas bien con religioso empeño,
que sólo tienen tan hermosas flores
Busaco, San Quintín, Roncesvalles.

La Iberia cierra su nota pidiendo "que la Providencia guíe al barco que conduce a tan preciado pasajero; que pronto vuelva a esta patria tan amada el preclaro ciudadano que consagró su vida a defenderla y engrandecerla"; mientras que *El Correo Español* prefiere hacerlo citando las últimas palabras que Díaz dirigió a quienes se congregaron en el muelle para verlo y ovacionarlo por última vez:

Veracruzanos:
Al abandonar este rincón querido del suelo mejicano, llevo la inmensa satisfacción de haber recibido hospitalidad de este noble pueblo, y esto me satisface notablemente, porque he sido su representante ante el Congreso de la Unión. Al retirarme de vosotros,

guardo este recuerdo en lo más íntimo de mi corazón y no se apartará de él mientras yo viva.

También ese 1 de junio, *El Imparcial* publica una larguísima nota en la que da cuenta de quienes integran la comitiva que marcha con don Porfirio hacia el exilio: su esposa Carmelita; su hijo, el coronel Porfirio Díaz; la esposa de éste, Luisa Raigoza de Díaz, y los hijos de ambos; sus cuñadas, María Luisa Romero Rubio de Teresa y Sofía Romero Rubio de Elízaga —a quien acompaña su esposo, el licenciado Lorenzo—; y los sobrinos del general. Además de la familia, algunos amigos cercanos —entre los que se encuentran el general Fernando González, hijo del expresidente Manuel González, los diputados Armando Santacruz e Ignacio Muñoz y dos hacendados colimenses, Carlos Rodríguez Robles e Higinio Álvarez— hacen las veces de escolta para acompañarlos hasta La Habana, donde el *Ypiranga* fondeará por un corto periodo.

Tras zarpar de Veracruz, antes del amanecer, el *Ypiranga* se dirige a la bahía de La Habana a donde llega a las seis y media de la tarde del 3 de junio y ancla por unas horas. Casi de inmediato, algunos "cubanos prominentes", los representantes de las naciones extranjeras y otros curiosos se acercan al vapor alemán en remolcadores, botes y lanchas para saludar a Porfirio Díaz. Pero sólo un puñado de ellos fue autorizado para abordar el vapor.

Entre ellos se encontraban el embajador americano John B. Jackson, José Godoy, encargado de la legación de México en Cuba, y Dámaso Pasalodos, quien lleva el encargo de transmitirle los saludos del general José Miguel Gómez y Gómez, segundo presidente de la República de Cuba, que se ve impedido a hacerlo personalmente ya que asistía, por esos momentos, a la boda de su hija mayor, Manuela con el teniente coronel Julio Morales Coello, jefe de la marina cubana. Díaz y su familia son invitados por el mandatario cubano para asistir a la celebración, pero el general prefiere no desembarcar y mejor recibir a los visitantes en popa. Sostiene con ellos una conversación que durará alrededor de media hora y, al anochecer, los visitantes se retiran. Ningún miembro de la familia Díaz pisa Cuba y, en la madrugada del día siguiente, el *Ypiranga*, de la Hamburg-Amerika Linie, emprende la marcha para alcanzar las costas europeas, luego de un trayecto de poco más de dos semanas.

EL NUEVO PACIFICADOR DE MÉXICO (1911)

En otra más de las paradojas de la historia, el mismo día que Porfirio abandona las aguas de La Habana, el 4 de junio de 1911, Bernardo Reyes parte a México desde Cuba. Quizá, en su fuero interno, don Porfirio piensa en Reyes quien, después de hacer las paces con Limantour en París y autorizado por Díaz, había terminado su misión en Europa y partido hacia América. ¿Habrá influido en la decisión de Díaz de no descender del *Ypiranga*, la perspectiva de encontrarse con el regiomontano en la isla? La musa Clío gusta retorcer los acontecimientos con ironía: para volver a América, Reyes había abordado en Europa el vapor que realizaba los viajes trasatlánticos, el *Ypiranga*, el mismo barco que, luego de tocar Cuba, seguiría hacia Veracruz donde el Díaz que va al exilio lo abordaría. ¿Y habrá también influido en la decisión que tomó Bernardo Reyes de desembarcar y permanecer en Cuba —en lugar de seguir el camino hacia Veracruz— la perspectiva de encontrarse ahí con el ex presidente? Quizá uno y otro evitan, a propósito, un posible encuentro.

Lo cierto es que Bernardo Reyes sabe que, al caer el régimen de Díaz, él ya no tiene lugar en el antiguo gabinete y si opta por permanecer en Cuba esperando el telegrama que le ordene volver a México, es probable que lo haga tratando de otorgarse a sí mismo el tiempo y la distancia para medir mejor su decisión. No se acerca al *Ypiranga* con la comitiva que va a saludar a Díaz, pero también es cierto que desde que tiene noticia de los movimientos rebeldes, Reyes no ha deseado otra cosa sino volver para apoyar a las huestes del gobierno a sofocar los alzamientos revolucionarios.

Sabe también que, antes de la caída, el gobierno porfirista —para ese entonces Díaz y Limantour, único hombre de confianza que quedó después de trasquilar el gabinete— lo mantuvo cerca de México pero sin permitirle pisar el suelo patrio pues, al parecer de estos últimos, su presencia en lugar de contribuir al restablecimiento de la paz, podría complicar aún más la situación, pues sus seguidores, los reyistas, aletargados por su ausencia, podrían ahora espabilarse y lanzarlo contra el gobierno. Así, en los duros meses de abril y mayo, cuando los triunfos revolucionarios asestaban golpes mortales a las autoridades porfiristas en muchas ciudades y pueblos, el general Bernardo Reyes no pudo encabezar ningún movimiento contra los rebeldes; pero una vez que Díaz abandona la silla presidencial ya no tiene impedimento para volver a México.

Algunos de sus antiguos partidarios confían en que el regreso de Reyes será benéfico para la nación. La misma prensa —a la par que publica las sentidas reseñas sobre la partida de Díaz— expone artículos en los que mira con buenos ojos la vuelta del ex gobernador de Nuevo León. En la misma plana de un diario que se conduele por la ausencia del Pacificador, pueden leerse notas sobre el regreso del general Reyes, pintado también en todos los tonos: desde desterrado político, pasando por caudillo antimaderista, hasta nuevo pacificador del país. Su regreso es una esperanza para recobrar el orden tambaleante. Porque la paz, esa que había empalagado a algunos de tanto estar presente en la vida diaria, empieza a hacer mucha falta. La gente no entiende por qué, si se cumplió una de las principales demandas de los revolucionarios que triunfaron en Ciudad Juárez, la renuncia del presidente Díaz, ni siquiera con su partida se ha logrado que disminuyan los asaltos y la violencia en las ciudades.

Recordemos el malestar con que Ramón López Velarde se expresa de Zapata, pues, si bien es cierto que, como escribirá José Luis Martínez, "su ideología 'revolucionaria' de aquellos años se ajustaba a los ideales maderistas de confianza en las virtudes del sufragio libre y en la limpieza moral de los gobernantes" y no entiende lo que las reivindicaciones de Villa y Zapata exigen, pues sólo puede ver "la imagen de los saqueos y las depredaciones", lo cierto es que ese sentimiento, esa percepción de que "el bandolerismo de las hordas inhumanas corroe el organismo social", que expresa López Velarde está presente, sin distinción, en buena parte de la sociedad mexicana.

No se trata de falsas nostalgias ni de dejarse envolver por la dudosa bruma que lleva a sublimar el tiempo pasado, pero habremos de reflexionar que la caída del régimen de Díaz es también el derrumbe de una forma de organización, de un mundo regido por valores específicos y, por consecuencia, de una idea de cultura. Al final, el Porfiriato resguardaba importantes valores culturales que dejaron de tener alcance con la Revolución. Incluso, si se me permite volver a la metáfora de Luis Medina Peña, porque todo se organizaba en un sistema solar en cuyo centro regía Porfirio Díaz. Se reprochó que era una cultura aristocrática pero, si se lo piensa bien, que los jóvenes de las clases media y alta, por ejemplo, tuvieran instrucción musical no sólo como parte de su formación, sino como el ejercicio de una actividad lúdica y social, daba a la gente el conocimiento necesario para apreciarla, sinónimo de disfrutarla. También en el campo, terreno natural de la música y la poesía, se estaba en constante cercanía con éstas, que no son otra cosa sino la materia prima de la canción popular. ¿No ocurrió, en tiempos recientes, que la canción cardenche —transmitida por tradición oral— se nos diluía? Lo mismo puede decirse de la poesía, a la que tanto se le criticó después recitarse de memoria. ¿Pero no era la memoria una forma de preservarla y de hacerla presencia cotidiana en la vida de la gente, lo mismo del elegante señor que del cantor popular? Hoy sólo algunos poetas se adiestran en la homérica capacidad de la memoria, en el empeño por conocer y mantener la larga tradición cultural que nos antecede. Esto, la destrucción de una forma de cultura, es en parte lo que lamentaba López Velarde. Y esto, insisto, lo dijo sin queja, porque en ese mismo ejercicio de crítica justa también es necesario reflexionar en torno a los nuevos valores culturales que la Revolución trajo consigo y que originaron, con el nacionalismo, una de las épocas más vitales y fecundas de la cultura mexicana.

Mas volvamos a la familia Díaz. Mientras comienza su exilio, el tren y los batallones que los habían escoltado al puerto regresan a la Ciudad de México. En el camino, el convoy es atacado nuevamente por asaltantes que abren fuego contra los vagones. El tren detiene la marcha por temor a que los forajidos hayan quitado algunos rieles o destruido algún puente. Los soldados reciben la orden de disparar en la dirección de donde vienen los balazos de los bandidos y estos últimos, al darse cuenta de que las fuerzas federales responden decididamente el ataque, hacen alto y se alejan. El saldo: algunas ventanas rotas y dos soldados heridos de muerte.

La cuarta plana del diario *La Iberia* dedica sus columnas a informar sobre el regreso del general Reyes y a desmentir los rumores provocados por las declaraciones de su hijo, el licenciado Rodolfo Reyes, de las que se infería que Madero había procurado que se retardara el regreso del militar. Según *La Iberia*, Madero no tenía nada que temer, pues si bien Reyes contaba con muchos adeptos, el ex ministro de Guerra siempre dio muestras de subordinación y patriotismo. La misma columna señala:

> Los temores de que el General Bernardo Reyes levante una nueva revolución aparecen pueriles, puesto que en su larga vida militar ha dado siempre pruebas de fidelidad al Gobierno legítimamente constituido, y si sus tendencias hubieran sido revolucionarias, oportunidad sobrada tuvo para rebelarse en tiempos no remotos.

Las notas del diario cierran con la idea de que su regreso será benéfico tanto para el restablecimiento de la paz como para la lucha electoral, pues si participase en las siguientes elecciones, se tendría en él a un candidato ajeno a la revuelta, lo que además permitiría a Madero cumplir con su promesa de elecciones libres y limpias.

Tan sólo cuatro días después de que la muchedumbre despidió con honores al Héroe de la Intervención, el malecón vuelve a colmarse de gente que vitoreaba y saludaba alegremente ya no al general que se iba hacia Cuba, sino al que llegaba de La Habana. Reyes llega a Veracruz en el vapor alemán *Bismark* y, según *El País*, "fue objeto de una calurosa y espontánea manifestación de simpatía". Desde un balcón del Hotel Diligencias, donde se hospeda, dirige algunas frases al pueblo asegurándoles que ha vuelto decidido a "entregar su corazón a la patria" y a ponerse al servicio del gobierno constituido. Junto a Reyes estaban su hijo Rodolfo, miembros del partido antirreeleccionista, el gobernador Dehesa y algunos representantes de la Gran Logia Masónica. El improvisado discurso concluye con el pueblo lanzando vivas a Madero y a Reyes. En sus primeras declaraciones, Bernardo Reyes denuesta la anarquía y señala que se debe aplicar la Constitución de 1857 para resolver los conflictos por los que pasa México, cuyo origen es, en su percepción, indudablemente político.

El Imparcial considera que con la llegada de Reyes a México empieza la campaña presidencial y, aunque aún no se habla de aceptar la candidatura, es bastante claro que sus antiguos partidarios, así como los elementos porfiristas que quedan, lo ven como su favorito para contender por el puesto del Ejecutivo. Así, mientras Reyes entra a las costas mexicanas y Madero viaja desde el norte hacia la Ciudad de México, Porfirio Díaz abandona la bahía de La Habana con dirección al puerto de El Havre, en el noroeste de Francia.

EL HÉROE DE LA PAZ VS. EL APÓSTOL DE LA DEMOCRACIA
(1911-1912)

Francisco I. Madero toma camino hacia la capital y pasa por diversas ciudades. En el Hotel Torreón, los vecinos y las autoridades de aquella ciudad lo obsequian con un suntuoso banquete. En Zacatecas y Aguascalientes es recibido con simpatía; las señoras le lanzan ramilletes de flores, los niños cantan el Himno Nacional y los revolucionarios lanzan tiros al aire o cohetones que le dan al arribo un tono festivo. Apenas un año y medio antes, las mismas muestras de afecto habían estado reservadas para don Porfirio, quien con el afán de encontrarse con el presidente Taft, había pasado por casi las mismas ciudades de ida y vuelta.

¿Cómo es que el pueblo que seis meses antes había portado con cariño la efigie de Porfirio Díaz en los múltiples artículos fabricados para el Centenario, ahora lo repudie y, por el contrario, se incline ante aquel hombre del que se burlaron por "espiritista"? López Velarde escribirá en "Ayer y hoy" —a propósito del cambio que se operará, en 1912, en algunos maderistas (maderistas extraviados los llama él), que "para hacer patente su enojo contra Madero, no hallan otro medio que declararse porfiristas póstumos"— estas palabras que nos recuerdan cuán cíclico es el proceder humano:

Es curioso observar cómo las multitudes que ayer gritaban "mueras" al general Díaz hoy prorrumpen en vítores en su honor.

Nosotros, lo declaramos con sinceridad y franqueza, lamentamos esa volubilidad del público.

[...] quienes se declaran hoy porfiristas habiendo sido, hace pocos meses, antirreeleccionistas, demuestran carecer de convicciones y proceden únicamente por impulsos de sentimiento...

El periódico *La Patria*, por su parte, publica un artículo en el que declara lo siguiente: "Porfirio Díaz ha muerto. Ha caído en la fosa que su favoritos le habían abierto desde 1896", porque en efecto, al tratar de aglutinar bajo su cobijo a todos los hombres importantes de la nación, Porfirio Díaz los había atraído hacia su seno, alejándolos entre sí, dividiéndolos entre ellos y, al final, casi todos lo abandonaron.

El 7 de junio de 1911 un temblor de gran intensidad —entre 7.7 y 7.8 (Mw)— y con epicentro en la costa de Michoacán despierta a los capitalinos. El sismo dura un minuto con 17 segundos y, según el diario *El Tiempo*, "fue un sacudimiento sin precedente; nadie, ni los más viejos habitantes del Distrito Federal, recuerdan seguramente haber presenciado fenómeno semejante". Algunos edificios y casas se derrumban, como el quinto piso del predio que ocupa el periódico *El Imparcial* (y que tiempo después sería el Hotel Regis). También el cuartel de artillería de San Cosme se viene abajo y, al desplomarse, sepulta a la tropa que se halla durmiendo en el interior. El presidente interino Francisco León de la Barra dirige en persona las obras de salvamento para remover los escombros y rescatar a los heridos.

Unas horas más tarde, Francisco I. Madero llega a la Ciudad de México. Ni el susto del temblor evita que las calles se llenen de gente de todas las clases sociales; balcones, azoteas y hasta los quicios de las puertas se atestan de mirones que desean poner los ojos, aunque sea por un segundo, sobre el líder de la revolución que ha terminado con el gobierno de Díaz. Tranvías, coches y taxis detienen su marcha porque la aglomeración que vitorea a Madero impide el flujo vehicular. El temblor que precede su llegada parece una premonición, un aviso de la Providencia de que el antiguo orden se derrumba. Lo que pocos pensaron es que quizá se trataba del presagio funesto de otra guerra fratricida que nuevamente dividirá a los mexicanos. Poco más de un año después de este movimiento de tierra al que se llamó popularmente "el temblor maderista", López Velarde hará la reseña de otro temblor, ocurrido éste a las 7:20 de la mañana del 19 de noviembre de 1912 —apenas unos tres meses antes del asesinato de Madero—, de 7 grados y con epicentro en la Falla de Acambay, en el Estado de México. En palabras del poeta jerezano, "vino a suavizar el enojo en que se consumen casi todos los habitantes de esta Ciudad de los Palacios, con la cuestión política. [...] ¡Cuántas cóleras se mitigaron con el brinquito de la costra sobre la que nos dormimos incautamente!".

Pero volvamos al sismo de año anterior, 1911. Por medio de marconigramas que son enviados desde Atlantic City al buque en el que viaja, don Porfirio tiene noticia de los sucesos de México. *El País* reporta que:

El General Díaz esperó hasta muy tarde las últimas noticias, que leyó con muchísimo interés. Mostró profunda pena por lo ocurrido en el Cuartel de Artillería, donde tantos hombres perecieron, y pidió se haga presente al pueblo mejicano su simpatía. Manifestó que esperaba que el número de muertos fuera menor del que señalan las primeras noticias. Respecto de la entrada del señor Madero, no aventuró opinión alguna. El General Díaz ha mejorado de salud, va contento y el barco marcha con buen tiempo en su travesía.

Mientras Madero se acomoda en la capital mexicana, Bernardo Reyes está cada vez más próximo a entrar en ella (arriba a la ciudad el 9 de junio, dos días después del temblor y de la entrada triunfal de Madero); en altamar, Díaz trata de sobreponerse al dolor que le provoca la infección bucal que tiene, y la redacción de *La Patria* se lamenta e insiste en su metáfora sobre la muerte de Díaz, a quien considera no sólo enterrado, sino que:

Dentro de esa fosa, quedan sepultados todos los méritos del joven que en sus amores y delirios por el engrandecimiento de la patria, se enlistó con entusiasmo y valentía para defender la hermosa bandera de Ayutla.

Quedan sepultados los esfuerzos y glorias conquistadas en la pugna de tres años terminada gloriosamente en Calpulalpan y que hizo indestructible a la Reforma.

También queda sepultado en ella, el galardón obtenido en la colina de Guadalupe y en los valuartes [*sic*] de San Javier y Santa Inés. Así mismo, la memoria de las azafias [*sic*] de Miahuatlán y la Carbonera, del 2 de abril y la toma de México.

Aun han cabido en esa fosa, los esfuerzos y las labores para asegurar al país un progreso efectivo, y un impulso vivo y poderoso de confianza para el futuro nacional. Todo esto y más, queda cubierto con los escombros de una revolución intestina, que no ha tenido ninguna página de verdadero esplendor guerrero.

Mientras la tierra mexicana se sacude, el *Ypiranga* recorre el trayecto hacia Europa sin contratiempos. La mar se mantiene siempre en calma, como si estuviera bien dispuesta a llevar hasta Francia a aquel hombre que no abandonó la popa del barco mientras su mirada alcanzó las costas de Veracruz. Cuando joven y republicano, Porfirio escapó de sus captores imperialistas para no ser llevado a las cárceles francesas como prisionero de guerra. Poco más de cuatro décadas después, ahora con los años a cuestas y las manos entorpecidas por la edad, el antiguo soldado de la intervención se dirige a Francia para cumplir una última condena: el exilio. A diferencia del mar, la tierra en la que había reinado el Héroe de la Paz con mano de hierro en guante de terciopelo, quedaba agitada, y pronto la sangre volvería a regar su suelo; incluyendo la del Apóstol de la Democracia.

En el Viejo Mundo

La calma marítima termina en cuanto pisan tierra. Al llegar a La Coruña, en Galicia, una manifestación organizada por los miembros de Solidaridad Obrera sorprende a la familia Díaz. Los agitadores distribuyen panfletos y pliegos en los que llaman al ex presidente de México "monstruo" con "instintos de chacal" y "engendro de todas las maldades" y lo acusan de haber hecho "sufrir al pueblo el más horrible de los suplicios" pues —aseguran los reclamantes— "mandaba inyectar el virus de la tuberculosis a los prisioneros de las cárceles". La intención de los manifestantes es que por medio de su escrito el pueblo coruñés conozca bien "la negra obra" del huésped que está por alojar.

Manuel F. Trasierra, encargado de la Legación de México en la Coruña, envía a México un reporte —conservado en el acervo del Archivo Histórico diplomático de la Secretaría de Relaciones Exteriores—en el que detalla cómo intervino ante el gobernador civil y el comandante de Marina del puerto para que no se realizara la manifestación que el Comité de la Federación de la Solidaridad Obrera de Galicia tenía planeada, junto con los cohetes de silbido que iban a lanzar al barco. Y aunque el gobernador civil convenció al líder del Comité de no realizar la manifestación, los panfletos ya circulaban de mano en mano. Al fondear el *Ypiranga*, el "perfecto servicio de vigilancia" permitió sólo a algunas personas abordar el vapor.

Trasierra narra que el coronel Porfirio Díaz le presenta a su padre y la esposa de éste —doña Carmelita—, y él a su vez, anuncia al gobernador civil, al comandante de Marina y al director de Sanidad Marítima; en nombre de la colonia mexicana y del suyo propio saluda respetuosamente al general Díaz. Media hora después las autoridades españolas se retiran y poco antes de la media noche también el representante mexicano abandona el *Ypiranga*, debido a que el vapor saldrá nuevamente a altamar en la madrugada y el temporal arrecia. Trasierra, atento a prever las posibles vicisitudes que Porfirio Díaz pueda encontrar a su paso, telegrafía de inmediato a los colegas consulares mexicanos que radican en los puertos donde hará escala el *Ypiranga*, para que se mantengan alertas ante la llegada del ex presidente Díaz y no sólo coarten cualquier tentativa de agresión, como ocurrió en Galicia, sino para que se le brinde la acogida que merece.

La familia Díaz sigue su viaje. No es el mal sabor de boca que deja la parada en tierra gallega la que los impele a continuar, sino el propósito de alcanzar El Havre, la tierra prometida, lo antes posible. El 15 de junio llegan a Vigo, uno de los puertos de pesca más importantes del mundo, aun en la actualidad. Son muchas las manos amigas que se extienden hacia don Porfirio en el exilio. Todas, en mayor o menor medida, tratan de aligerar la desgracia del hombre que ha caído en ella. Sin embargo, son más las manos que, aun habiendo recibido alguna ayuda en el pasado del todavía presidente Díaz, se cierran en puño violento o muestran el dorso de la indiferencia. Una de las ayudas amigas viene de José María Gómez de la Torre, director del Banco de Santander, quien el 17 de junio le escribe a don Porfirio Díaz para informarle que "en este banco tiene usted abierto un crédito de 1,500,000 francos de orden del Banco de Londres y México, que ponemos a su disposición".

El encargado de la Legación de México en España, J. A. Béistegui, envía una carta reservada a México el 21 de junio en la que cuenta que el *Ypiranga* arribó a Santander donde, a diferencia de la Coruña, "se le tributó un cariñosísimo y entusiasta recibimiento". El señor Béistegui tiene también oportunidad de saludar a Díaz, igual que muchos comerciantes y hombres de negocios españoles, antiguos conocidos del general exiliado. Por su parte, el Marqués de Polavieja le da la bienvenida en nombre propio y de parte del rey de España, Alfonso XIII, el monarca a quien tocaría vivir momentos difíciles con las movilizaciones de sindicatos, huelgas, actos de terrorismo y atentados anarquistas; que mantuvo la neutralidad de España durante la Primera Guerra y que, en 1923, aceptó el golpe de Estado del general Primo de Rivera, un acto que terminó perjudicando a la monarquía. Para cuando el rey le retiró su confianza al general golpista, hacia 1930, era demasiado tarde: las elecciones municipales de abril de 1931 representaron una castigo para Alfonso XIII que, dos días después de los comicios con los que se proclamó la República, abandonó el país para fallecer diez años después, arruinado y en el exilio. Se dice que su esposa —la reina Victoria Eugenia, nieta de la reina Victoria I de Inglaterra— definió de esta forma el sentimiento del rey al verse obligado a abandonar su tierra: "Alfonso amaba profundamente a los españoles y se sentía como un enamorado al que su novia abandona sin ninguna razón".

Pero para el tiempo en el que estamos, ni Polavieja, ni Díaz, ni Alfonso XIII saben que el monarca y el ex mandatario compartirán un destino. Pocas horas después, la familia Díaz abandona la Madre Patria para dirigirse a Plymouth, en Inglaterra. Cinco días después, el 20 de junio de 1911, arriban finalmente a El Havre, en Francia, en cuyo puerto se iza, generosa, la bandera de México al tiempo que los Díaz son gratamente sorprendidos por la banda del barco, que entona el Himno Nacional Mexicano. Nada debió tener sabor tan dulce como ese gesto de cobijo, de cercanía con el terruño, estando en el exilio. Poder sentir, aunque por un breve instante, que la tierra propia, la que lo vio nacer, lo alimentó, le ofrendó el amor y los triunfos estaba, de alguna forma, presente. Quizá tampoco haya nada que deje, después de pasado el primer gusto a miel, un sabor más amargo. Algunas caras conocidas esperan a los viajantes; en la dársena están Sebastián Mier, ministro plenipotenciario de México en

Francia, Miguel Béistegui, ministro en Londres, y Federico Gamboa, quien no había presenciado los últimos días del régimen de Díaz, pues había salido poco después de la celebración del Centenario, en enero de 1911, como embajador especial para agradecer la presencia de España en las fiestas, y permanecido después como ministro plenipotenciario en Bélgica y Holanda. Además, esperan a don Porfirio otros miembros de las legaciones mexicanas en Europa como el cónsul general Vega Limón, el cónsul en El Havre, el señor Altamirano, el señor Blázquez, secretario de la legación en Noruega y el comandante González Salas. Entre los amigos mexicanos está la señora Barrón de Rincón Gallardo. Luis Riba, Miguel Yturbe y Bernardo Mier aguardan a la familia Díaz acompañados de sus esposas.

Además, en representación de las autoridades francesas de la ciudad de El Havre están el señor Meslay, el señor Genestal y el agente general de la Compañía Hamburguesa. El general Díaz los recibe en el salón principal del barco y les agradece las muestras de simpatía recurriendo, seguramente, a todo su aplomo para mantener su habitual seriedad en un momento tan emotivo. La familia Díaz puede, por fin, gozar de un breve descanso en tierra firme en el Hotel Frascati y tras la sesión de abrazos y del consuelo de ver a los amigos en tierra ajena, abordan todos juntos el tren de las ocho cuarenta para, tres horas después, llegar a la estación de Saint-Lazare en la Ciudad Luz.

LA LLEGADA A PARÍS: RECONOCIENDO EL NUEVO TERRENO (1911-1914)

Porfirio Díaz pisa París, junto con su esposa Carmelita, el 21 de junio de 1911. Como se sabe, su primera noche en esa ciudad la pasa como huésped en la casa de su amigo Eustaquio Escandón, en el número 30 de la avenida Victor Hugo. Después, el matrimonio se instala en el Hotel Astoria, sobre la avenida Marceau. Desde las habitaciones que ocupan —una *suite*, del 102 al 120—se puede mirar la plaza de *L'Etoile*, la emblemática plaza parisina donde se erige el Arco del Triunfo, construido por orden de Napoleón para conmemorar la victoria de la batalla de Austerlitz, y que actualmente es la Plaza Charles de Gaulle. Con los Díaz viven Juana Serrano y Nicanora Cedillo, quienes desde muchos años atrás atienden al matrimonio y que accedieron a acompañar al viejo general hasta el otro lado del Atlántico en un gesto de lealtad y afecto. También un camarero español, Antonio Viveros, les presta sus servicios.

En México, la vida de Díaz aún sigue siendo motivo de interés. *El Imparcial* informa que el 23 de junio, un día después de la coronación de Jorge V en la Abadía de Westminster y tan sólo dos días después de haber llegado, el ex mandatario de México es presentado en el Palacio de las Tullerías al presidente de la República Francesa, M. Armand Fallières. Sebastián Mier, en su papel de ministro plenipotenciario, hace las presentaciones debidas. Fallières y Díaz conversan durante un cuarto de hora sobre la enfermedad del ex presidente y otros temas por completo ajenos a la política. Luego, Fallierès parte para Rouen para presenciar la segunda serie de fiestas militares y Díaz se dirige a su alojamiento.

Desde su llegada a París en 1911 y hasta principios de 1914, el Astoria se convierte en la residencia permanente de los Díaz en aquella ciudad. El general paga 4,500 francos al mes por las habitaciones que ocupa —una renta módica en comparación con la vida de lujo que tenían en aquella época otros mexicanos que también vivían en aquella ciudad—. Aunque el Astoria se convierte en su residencia en París, la familia Díaz no se queda allí todo el año. Sobrio en sus costumbres desde sus años en el campo de batalla, don Porfirio vive con comodidad, pero sin grandes lujos. Su peculio consiste en el sueldo que recibió como general del ejército mexicano, cantidad que conserva como acciones en uno de los bancos más importantes de México, y en la liquidación de sus bienes.

Al salir rumbo al exilio, solicita al banco que estos ahorros le sean entregados; una suma que asciende a unos 500,000 pesos, cantidad considerable pero de ningún modo exorbitante. A este monto se suma el dinero obtenido, como dije, por la venta de algunas propiedades, entre ellas unos terrenos cercanos a Acayucan, en Veracruz. Además, debe considerarse que Carmelita contaba con su propia fortuna personal, heredada de su padre Manuel Romero Rubio, y la que en realidad le permitió pasar dos décadas de exilio en Europa y luego, a su regreso a México en 1945, sobrellevar modestamente la vejez en su casa de la colonia Roma en la Ciudad de México. Recordemos que ya desde 1908 —tiempo en que se supo de un importante descubrimiento de petróleo en Dos Bocas, en la Faja de Oro, al sur de Tampico y el norte de Veracruz, donde se encontraba el yacimiento petrolífero San Diego, de Pearson, y el mismo año que México recibió los primeros pagos de dos centavos por barril de petróleo con los que se contribuyó a la estabilidad económica—, Carmen Romero Rubio había heredado ya el patrimonio de su madre, lo que equilibraba las finanzas familiares.

La familia del ex presidente de México vive sin lujos pero decorosamente y, a diferencia de otras familias mexicanas que moraron en palacetes y residencias propias en Europa, los Díaz, después de ocupar las cómodas habitaciones del Astoria, rentan un departamento integrado por un recibidor, una sala, un comedor, dos baños y cuatro recámaras, donde viven junto con el personal de servicio que los acompaña. Al departamento lo adornan algunos de los muebles personales de los que habían llevado a Chapultepec, y otros provenientes de la casa de Cadena. Mientras tanto, tras la partida de Díaz, el dinero con que cuenta el gobierno mexicano, como señala Ricardo García Granados, es de más de 60 millones de pesos en oro que el ex presidente deja, contantes y sonantes, divididos de la siguiente forma: 32 millones en la propia Tesorería de la Nación, 20 millones en poder de la Comisión Monetaria y el resto en distintas instituciones bancarias; un hecho inaudito no sólo en las finanzas de México, sino de América y del mundo.

Durante los años del exilio, los Díaz son constantes en sus costumbres y pronto se adaptan a los horarios y hábitos parisinos. Practicando la consigna de "a la tierra que fueres", desayunan a las ocho de la mañana, comen a la una de la tarde y cenan a las nueve de la noche para cerrar el día que prácticamente nunca se extiende más allá de las diez. La disciplina y la serenidad del viejo Díaz le dan orden a la vida doméstica, que transcurre, en ese 1911, sin sobresaltos. También reciben a otros miembros de la familia que, ocasionalmente, pasan con ellos algunas semanas lo mismo en la Ciudad Luz —donde permanecen hasta el término de la primavera—, o en las residencias veraniegas de alquiler, en su destino preferido, el Golfo de Gascuña, donde acostumbran reunirse con otras familias mexicanas radicadas en Europa. La mesa de don Porfirio y de Carmelita, modesta pero bien sazonada, es siempre familiar: José de Teresa, Eustaquio Escandón o Sebastián Mier son los *habitués* que comparten el pan con Díaz en el exilio.

Debo decir que la caída del Héroe de la Paz no puso en peligro a la clase más encumbrada durante el Porfiriato, al menos no en 1911, familias que permanecieron en México y enfrentaron dificultades sólo hasta un par de años después. Las más adineradas tenían, desde mucho tiempo antes de la caída de Díaz, propiedades en Europa (sobre todo en París), donde radicaban gran parte del año. El propio Limantour poseía un predio en la capital francesa que lo proveía de rentas, las cuales, muy seguramente, fueron parte de su sustento durante el largo periodo que permaneció en el Viejo Continente mientras en México se celebraba el Centenario. Es decir, estas familias con las que los Díaz se reunían cada cierto tiempo, no estaban en ese momento en el exilio con Díaz; no habían salido huyendo —sí lo harían más tarde, a la caída de Huerta del poder—, sino que pasaban, como habitualmente lo hacían, un tiempo en Europa donde tenían casa. Recordemos que ya Rubén Darío, al partir en el barco que lo llevaría a las celebraciones del Centenario, señaló que muchos mexicanos regresaron de Europa para la conmemoración.

El año en que Díaz salió de México, 1911, y el de su muerte, 1915, son dos muy distintos. Europa misma tiene un rostro cuando acoge a Díaz en el exilio y otro cuando lo recibe en el sepulcro. El primer año es el escenario de un tiempo despreocupado de paz y crecimiento en el mundo, de lo que Europa es la máxima expresión. A pesar del agotamiento natural de siglos en el poder del Imperio Otomano y su incapacidad para renovarse y entender la fragilidad de su variedad territorial que comprendía una buena parte del mundo —desde Armenia hasta Grecia, abarcando todo Oriente medio—, el sultán Mohamed V vive en Constantinopla, en la misma corte de *Las mil y una noches* en la que habían morado sus 45 antecesores desde la derrota de Constantino XII, el último emperador de Bizancio. Los Habsburgo, por su parte, gobiernan desde territorio europeo hasta los Balcanes sin medir todavía, con precisión, el polvorín que está a punto de estallarles entre las manos. Pocos imaginarían que el orden monárquico del *ancien régime* está por terminar. "Está usted conociendo en mí al último monarca de la vieja Europa", dirá de sí mismo, con gran visión de estadista, el emperador Francisco José.

En el caso del imperio alemán, la ambición y soberbia para gobernar el mundo se encarna en el esplendor del káiser Guillermo II. Su necesidad de disponer de una parte de la riqueza colonial en África y lograr la supremacía de los mares provoca la Paz Armada: una guerra armamentista —al uso de la posterior Guerra Fría— que puso a competir al imperio británico con el imperio alemán en la construcción desenfrenada de buques de guerra que desviaron la atención de otros problemas más urgentes y fueron los primeros peldaños para avanzar hacia la Gran Guerra. Alemania compite, en realidad, en todo. El ímpetu del káiser por "hacer más" da también como resultado un ejemplar sistema educativo politécnico que pronto representa una importante ventaja competitiva. La educación fortalece a una nación en pleno ascenso a la que el resto de las superpotencias ven con creciente desconfianza. Para Europa, el avance alemán tiene, en ese sentido, una explicación muy clara: el tipo de escuela de que se han dotado, alejándose —como Amos Comenius— del modelo clásico y proponiendo —como A. H. Francke— un modelo de escuela técnica "para atender a las necesidades de la vida". En poco tiempo se abren escuelas de matemáticas y de mecánica con orientación tecnológica para niños y jóvenes, aplicando una línea de pensamiento muy distinta a la de, por ejemplo, la enseñanza inglesa, caracterizada por ofrecer una educación moral muy pronunciada en oposición a una escasa formación científica, lo cual significó también el inicio de la polémica anticlásica y antihistoricista de la segunda mitad del siglo XIX. El káiser Guillermo II lo veía con claridad: "yo no quiero escuelas que produzcan ciudadanos griegos o ciudadanos romanos; quiero escuelas que produzcan eficientes ciudadanos alemanes".

Para 1870, en Prusia, el total de escuelas de arquitectura, minería, agricultura, navegación y comercio era de más de 361, y en estas últimas se enseñaba también idiomas, contabilidad y derecho mercantil. Como señalará Carlo M. Cipolla, había escuelas para la industria textil donde se enseñaba, además, química y 265 escuelas industriales de mecánica. Sajonia tenía 76 centros de enseñanza técnica y en Dresde estaba uno de los mejores politécnicos de Europa. Esta expansión educativa llevó al senador y economista italiano Gerolamo Boccardo, impresionado por el avance del sistema educativo y en especial de los estudios técnicos alemanes, a afirmar:

En el mundo civil no existe y tal vez no ha existido nunca el ejemplo de un pueblo en el que todas las instituciones relacionadas con la educación nacional y sobre todo con la enseñanza técnica presenten una conexión tan estrecha, una armonía tan sabiamente establecida, una coordinación tan profunda como las que admiramos en las instituciones germánicas. Los alemanes han comprendido antes y mejor que nadie que sería inútil pretender vivificar y perfeccionar una enseñanza superior eficaz sin haber creado antes una organización fecunda y vigorosa de los estudios medios, y que igualmente éstos no pueden florecer si no reposan sobre la base firme de un buen régimen de escuelas elementales. Los grandes progresos que ha producido la enseñanza técnica alemana tan perfeccionada no tienen más de treinta años.

Me parece, además, que fue en muy buena medida este progreso educativo proyectado de manera tan integral lo que ayudó a la rápida recuperación alemana luego de las ominosas condiciones que impuso al país el Tratado de Versalles.

En el caso ruso, Nicolás II reina en un imperio con altos índices de crecimiento económico, que no se volverán a alcanzar sino hasta la década de los treinta, confirmando la predicción de Tocqueville en el sentido de que serán dos países occidentales los que gobernarán el siguiente siglo, es decir el XX: la Unión Soviética y Estados Unidos. Como afirma Douglas Smith:

En los albores del siglo XX Rusia avanzaba hacia la modernidad. En las dos décadas anteriores a la Primera Guerra Mundial el país registró cifras de crecimiento industrial excepcionales, superando las de Estados Unidos, Alemania y Gran Bretaña. En tiempos del ministro de finanzas Serguéi Witte la industria, la minería y los ferrocarriles rusos recibieron ingentes inversiones nacionales y extranjeras. Entre 1850 y 1905 Rusia pasó de tener alrededor de 1400 kilómetros de vías férreas a contar con unos 64.000. El sector petrolero se desarrolló hasta ser comparable al de Estados Unidos, y Rusia superó a Francia en la producción de acero. A comienzos de la década de 1880 San Petersburgo y Moscú estaban conectadas por la línea telefónica más larga del mundo. Los primeros cines se inauguraron en Rusia en 1903, el mismo año que en San Petersburgo tenía ya tres mil farolas eléctricas. En 1914 Rusia se había convertido en la quinta potencia industrial del mundo. El ritmo con que crecían la economía y el poder del país, y lo que prometía alcanzar en el futuro, hicieron que las demás potencias miraran a Rusia con una mezcla de asombro, envidia y miedo.

La paz y la dinastía del zar sufren, sin embargo, un descalabro cuando por primera vez el pueblo se enfrenta, en 1905, al ejército en el llamado "Domingo Sangriento". Son los incipientes síntomas del descontento social, desencadenado por las derrotas que los japoneses les infligieron diez años antes, en 1895, pero que aún están muy lejos de echar alguna sombra sobre el radiante sol que baña Europa; sobre todo Biarritz, Aix-en Provence y Montecarlo, donde la gente despreocupada y devota del futuro promisorio disfruta de las maravillas del progreso.

Inglaterra y Francia, por su parte, son los centros del mundo. No sólo Europa sigue sus modas: los ojos de todos los países se vuelven hacia estas naciones como la referencia cultural obligada. La sobriedad de la corte victoriana marca pautas de conducta públicas que impiden mostrar toda su riqueza y efecto civilizador. Las alegrías y los desenfrenos de los contemporáneos ingleses de Porfirio Díaz suceden a puerta cerrada, como efecto natural de un contexto moralista representado por el eterno atuendo negro de la reina Victoria, asumido por su viudez prematura, que sin embargo no impide a su corte —con discreción— y a su propia familia —en primer lugar al eterno Príncipe de Gales, que en 1901 finalmente llegó al trono como Eduardo VII— ser un modelo de elegancia y buen vivir. París representa, en todo su esplendor, la alegría de vivir de esos años. Su moda, su arte, su *glamour* son el modelo de diversión y refinamiento para todos: determinan los usos y las costumbres lo mismo de las elites latinoamericanas, asiáticas y del mundo colonizado africano, que de las cortes europeas. Los maharajás de la India adoptan incluso las modas inglesas y aparecen en retratos de la época vestidos como lords ingleses y añaden a sus títulos principescos el de *Lord* y *Sir*. Las sociedades tienen, para ese entonces, el modelo el francés como la cumbre del buen vivir. Su lengua, incluso, es la que comunicaba a enemigos acérrimos, la lengua franca de la política y la diplomacia, de los amplios salones donde se define la política del mundo; pero es también la que se usa en las cartas de amor, el lenguaje refinado y sensible para tocar las cosas del alma en el gabinete íntimo que sólo atañe a dos.

A esas tierras llegó Porfirio Díaz pocos meses después de abordar el *Ypiranga* en Veracruz. Seguramente tampoco él sabe, aun cuando es hábil para olfatear el aire que anuncia la guerra, que pisa un continente a punto de convulsionar; y que esa sacudida estremecerá tan violentamente al resto del globo que cambiará, para siempre, todo su rostro. No lo ve —como prácticamente nadie lo hace— porque hasta entonces sólo era visible el franco crecimiento, el desarrollo de la cultura, el interés de expansión de los imperios. Él, por otro lado, aun cuando llega a la meca del buen vivir, tiene otras preocupaciones: había abandonado su patria sin tener deseos ni de dejar la presidencia, ni de abandonar el suelo natal. Eso era claro. Ahora se daba cuenta de que la oportunidad para dejar el poder al final de las celebraciones del Centenario, cuando se habría retirado en la cumbre del reconocimiento —mexicano e internacional— se le había ido. Pero tampoco es que se resigne a la muerte.

Visita a Los Inválidos (1911)

Pocas semanas después de su llegada a París, los Díaz viajan brevemente a Suiza. Allí, don Porfirio permanece alrededor de una semana al cuidado de un especialista en enfermedades bucales y es dado de alta. Por fin, Díaz puede olvidarse de la infección y el dolor que lo han molestado desde antes de que los revolucionarios tomaran Ciudad Juárez. La familia marcha entonces a descansar en Nauheim, Alemania, antes de volver a París.

El 20 de julio, Porfirio Díaz, acompañado de algunos amigos cercanos como don Guillermo de Landa y Escandón, Pablo y Eustaquio Escandón, Sebastián Mier y de su hijo Porfirio, entre otros, visita la tumba de Napoleón Bonaparte en Los Inválidos. Para llegar a la explanada debe cruzar el Sena por el Puente Alexander, construido para celebrar la alianza de Francia y Rusia y cuya primera piedra fue colocada por el zar Nicolás II en 1896. Ve, seguramente, en uno de los pilares que rematan al puente, la pequeña estatuilla de Niké —la Victoria Alada— en la palma de la mano de Palas Atenea y no puede dejar de pensar en la monumental figura que, idéntica a la que tiene ahora ante la mirada, corona la Columna de la Independencia. Esa de la que él, el jueves 2 de enero de 1902, colocó la primera piedra. Memorioso, vuelve a oír las salvas del cañón saludándolo, el Himno Nacional y la voz de Juan de Dios Peza dando lectura al poema que preparó para la ceremonia, antes de que él pusiera el acta en un hueco de la roca y la sellara con la mezcla de cemento. Del poema de Peza, cito algunos fragmentos:

Y este sol enguirnalda el monumento
que México alza a su mayor conquista
y al que dan forma, vida y pensamiento,
la inspiración y el genio del artista.

El hombre superior que nada arredra
y que "héroe de la paz" llama la historia,
su nombre inscribe en la primera piedra:
¡así lo está también en nuestra gloria!

La obra a que el arte su grandeza imprime,
dignifica una causa y una idea;
que de la Patria ante el amor sublime
altar de unión para sus hijos sea.

Al llegar a Los Inválidos lo siguen los recuerdos. Allí recibe las muestras de admiración y afecto de antiguos conocidos, militares que cuarenta años antes había combatido con afán durante la intervención francesa del Segundo Imperio. Díaz es recibido por el general Gustave Niox. Ambos se habían visto por primera vez cuando los franceses llegaron a México, en 1862, portando los blasones y las intenciones imperiales de Maximiliano. Están presentes también oficiales franceses que prestaron servicio durante aquel conflicto. Juntos, pero ahora con estimación y nostalgia, rememoran algunos episodios de aquella guerra que los enfrentó.

El general Díaz narra a los asistentes los hechos ocurridos en la batalla de Miahuatlán, Oaxaca, el 3 de octubre de 1866, en la cual el comandante francés Henri Testard encontró la muerte luego de batirse con brío contra los republicanos de México. Del parte que envía al general Alejandro García, destaco los siguientes fragmentos:

Como a las tres de la tarde del tres del corriente, se avistó al enemigo avanzando a paso veloz sobre Miahuatlán. Resolví salir inmediatamente a su encuentro y, dejando al Gral. Ramos con la caballería para que lo detuviera por algunos momentos, dispuse que ocupara en el acto la infantería una altura que me pareció ventajosa y poco después rompió sus fuegos sobre nosotros el enemigo. La columna del enemigo se componía de 1300 hombres de las tres armas, de los que 200 eran de caballería con dos piezas de montaña. El fuego del enemigo fue contestado vigorosamente por nuestros tiradores y, al caer el sol, observando que el enemigo no emprendía un ataque general, y encontrándome muy escaso de parque, me decidí a atacarlo, con cuyo fin organicé mis columnas, descendiendo de las alturas que ocupaba sobre la línea del enemigo.

Al atravesar el río que separaba nuestras posiciones, se introdujo el desorden en el campo del enemigo y, al atacarlo, sus batallones emprendieron la fuga —aunque se formaron pequeños grupos que hicieron alguna resistencia—, perseguidos por nuestra caballería. Pronto cayeron en nuestro poder, así como los muertos y heridos que se hallaban en el campo de batalla. Capturamos todas las armas, dos piezas de artillería, unas 50 mulas cargadas de parque y otros pertrechos de guerra; también más de 400 prisioneros de guerra. En el campo había más de 80 muertos. De los franceses no escapó ni uno sólo. La mayor parte de ellos fueron muertos o prisioneros, incluso su Jefe Testard.

Porfirio Díaz, como comandante del Ejército de Oriente, se había ganado, como dije antes, la admiración y el respeto de los oficiales franceses debido a la caballerosidad con la que trataba a los soldados enemigos. En la invitación que le hace al general Carlos Ornoz para capitular en Oaxaca le escribe:

> Acabo de llegar a esta ciudad, en la que con sentimiento he notado los efectos que sin razón ni humanidad ha causado y siguen causando la artillería de usted y también tengo noticia de que aquélla padece algunos otros males. No puedo ser indiferente a ellos, y para evitárselos, invito a usted a una capitulación racional. [...]
>
> Por lo que respecta a la fuerza extranjera que se halla a las órdenes de usted, aceptada mi invitación, podrá marchar libremente al punto que para el interior o exterior de la República elija.

Tras la muerte de Testard, Díaz ordenó que su cadáver fuera enterrado con honores en la cañada de los Nogales y más tarde, por conducto de Aquiles Bazaine, envió su espada a la familia.

Niox le dirigió unas palabras a Díaz sobre la paz y la prosperidad que el mexicano había procurado para su pueblo. El diario *Le Nouveau Monde* reportó que Niox recordó para los asistentes que hace algunos años, Díaz:

> presidiendo la inauguración del osario y monumento franco-mexicano erigido en el Panteón Municipal de la ciudad de Puebla, en términos muy elevados, vos habéis rendido el mismo homenaje a los soldados muertos en defensa de vuestra patria y aquellos [franceses] que habían muerto en defensa del pabellón que les había sido confiado. Estas palabras no las olvidaremos nunca, y nosotros os saludamos respetuosamente, mi general.

Después de las salutaciones y los intercambios de este emotivo encuentro, la comitiva se dirige a la cripta de Los Inválidos, donde un oficial condecorado le entrega al general Porfirio Díaz las llaves para que sea él mismo quien abra la puerta, un gesto inusitado que quizá nunca se haya vuelto a repetir. Al entrar, Díaz inclina la cabeza un momento en señal de reverencia e inmediatamente después Niox le ofrece la espada que Napoleón llevaba en Austerlitz. Díaz, asombrado, no atina sino a decir que es indigno de semejante grande honor, pero el militar francés insiste y añade en el mejor español con que cuenta: "No podía estar en mejores manos", y así, por unos minutos, la espada de Napoleón se posó en las titubeantes manos emocionadas de don Porfirio. La impresión que causa a Díaz recibir la espada que utilizó el Corso en la batalla donde demostró su genio táctico, en 1805, es tremenda. El viejo Díaz, consciente de que está ante un pedazo de la historia universal, besa la espalda con fervor, sosteniéndola con reverencia antes de devolverla.

Nunca se habría imaginado que los mismos franceses que lo capturaron y encerraron en la prisión de San Juan de Ulúa, un día lo recibirían con tales honores —honores de los que había sido desposeído en su propia patria— en uno de los monumentos más importantes de París. Ese día, la solemnidad del edificio de Los Inválidos servía de escenario para las muestras de respeto y admiración que se brindaban unos a otros aquellos soldados que, poco menos de medio siglo antes, habían enfrentado con bravura en los paisajes agrestes de México.

LOS COMPATRIOTAS VISITAN A DÍAZ (1911)

En París, un modesto exempleado del Museo del Louvre, disfrazado de personal de mantenimiento, descuelga de su sitio a la *Mona Lisa*. Quita el marco y se guarda la tela para salir del Museo. El robo de la *Mona Lisa* causa estupor. Es el 21 de agosto de 1911. Algunos acusan a Picasso y a Apollinaire que, seguidores del movimiento futurista, planteaban quemar los museos para abrir el arte a los nuevos tiempos creativos planteados por Marinetti. El Louvre tuvo asistencia récord porque la gente quería ver el "hueco" dejado por la emblemática pintura. La *Mona Lisa* se recuperaría más de dos años después y el ladrón, el modesto Vincenzo Peruggia, recibiría una condena de poco más de un año de prisión.

Por aquellos días, tras la visita a Los Inválidos, el matrimonio Díaz parte nuevamente a Alemania con la intención de tomar un descanso, esta vez en Ems, y ahí pasan el cumpleaños de don Porfirio. El mismo 15 de septiembre reciben la noticia de que un grupo de mexicanos, estacionados frente a las costas de Portugal, deseosos de volverlo a ver y felicitarlo por su aniversario, cruzaron el Atlántico para visitarlo. Cada uno se ha pagado el viaje con sus propios recursos y para un buen número de ellos es su primera salida de México: tanta debió ser la nostalgia por un mundo recién perdido y tan grande su deseo de que Díaz vuelva y no se olvide de la patria mexicana, que la comitiva se esfuerza todo lo que sus posibilidades le permiten para hacerle sentir su apoyo al viejo general.

Díaz, en respuesta al entrañable gesto y para honrar a los compatriotas que se han tomado la molestia de desplazarse para visitarlo, vuelve a París y se entrevista con ellos el 4 de octubre. Fernando Blumenkron escribe sus impresiones del viaje y de las entrevistas con el expresidente de México en París en un libro por demás interesante titulado *Porfirio Díaz en el destierro*. Este confeso admirador de Díaz refiere que ya cerca del mes de septiembre los antiguos Círculos de Amigos de Porfirio Díaz, algunas comisiones estatales y otros grupos que cada año acudían a la Ciudad de México para felicitar a don Porfirio por su natalicio, se encontraron con la interrogante de qué hacer aquel año en el que "el festejado" no estaba en el país, y así fue como unos cuantos "peregrinos románticos" —como los llama el mismo Blumenkron— deciden seguir al *Ypiranga* hasta el Viejo Mundo.

Apenas toman la decisión, los organizadores publican un aviso en los periódicos para anunciar la "Excursión mexicana a Europa para felicitar al general Porfirio Díaz el 15 de septiembre próximo", con un costo de 650 pesos de plata mexicana. Los excursionistas partirían el 27 de agosto de 1911 en el vapor *Buenos Aires* y pasarían por algunas ciudades como La Habana, Nueva York, Cádiz, Sevilla, Madrid, París, Schwyz y Lucerna. He a`quí una transcripción de la nota:

Saldrá de Veracruz en el hermoso vapor "Buenos Aires", de la Compañía Trasatlántica Española, el día 27 del actual. Vapor, ferrocarril,

hotel, asistencia, etc., en primera clase, por 45 días, $650.00 PLATA
MEXICANA, tocando Habana, New York, Cádiz, Sevilla, Madrid,
París, Suiza, y Lucerna. Boletos buenos por un año para el regreso.
Pídanse informes a la Junta Organizadora: Apartado 1949. México
D.F. [...]

Porque la acción de felicitar exige en el felicitado un estado de
felicidad

Las burlas llueven a cántaros pues es una época en la que, como
hemos visto con las reflexiones de López Velarde, el público
cambia de opinión según se orienten los vientos y en ese momento todos se cambian la chaqueta de paño porfirista por una
de casimir maderista.

Los diarios también se preguntan en tono burlón ¿dónde
están ahora los amigos del general?, pues de los muchos que se
decían fraternos antes de mayo, ahora en el exilio no se pueden
contar sino apenas unos pocos más de veinte. El mismo Blumenkron se lleva una decepción conforme se va dando cuenta
de que las clases privilegiadas, las mismas que habían recibido de
don Porfirio tantas mercedes y que, él pensaba, serían ardientes
seguidores del Caudillo, brillan por su ausencia. La excursión
"se integró con personas que no debían favor alguno a la Dictadura, y que tenían suficiente independencia personal para no
temer incurrir en el desagrado de los nuevos amos de México".

Esta comitiva está formada por Sebastián Camacho, Joaquín
D. Casasús, Fernando Pimentel y Fagoaga, Gabriel Mancera, Car-
los Díaz Dufoo, Fausto Moguel, Trinidad Meza y Salinas, Juan
Pérez de León, Julián Morineau, Guillermo Poues, Pablo Prida,
Luis Vidal y Flor, Ramón y Miguel Lanz Duret, Manuel H. San
Juan, Constancio Peña Idiáquez, Telésforo Ocampo, José María
Lozano, Francisco M. de Olaguíbel, Nemesio García Naranjo,
Ricardo R. Guzmán, Manuel Uruchurtu, M. Puga y Acal, Rafael
Martínez Freg, Rosendo Pineda, Luis del Toro y Juan R. Orci. Su
marcha es toda una aventura; he aquí un breve relato.

Para iniciar su periplo, los viajeros toman el Ferrocarril Mexicano el 26 de agosto con camino a Veracruz y en el puerto son

recibidos con música y felicitaciones. Al día siguiente, cerca del cenit, el *Buenos Aires* zarpó. Igual que cuando el *Ypiranga* salió a altamar, estos tripulantes viajan con un tiempo espléndido, empañado sólo por los mareos que experimentan quienes nunca antes han viajado en barco. ¡Y qué primera vez! ¡Para conocer el Viejo Mundo y felicitar al Héroe de la Paz! En palabras de Blumenkron:

> Parecía que la estela del vilipendiado "Ipiranga", que alejara para siempre al "Héroe de la Paz" de las playas mexicanas, había dejado un surco luminoso entre las oscuras ondas del Océano y que sus fulgurantes destellos guiaban nuestro barco, portador de la primera protesta leal y desinteresada de los mexicanos conscientes, contra los crueles ultrajes inferidos al caído ausente.

Los excursionistas se convierten en efímeras celebridades: en cada puerto donde anclan son asaltados por periodistas deseosos de informarse sobre la naturaleza del viaje y sus pormenores. En altamar entretienen sus días alegrándose con las piezas del pianista polaco a bordo y charlando entre ellos. ¡Cuántas elucubraciones sobre lo que hallarían en su destino y sobre lo que ocurría en México habrán elaborado! Pláticas en el comedor del barco extendidas en sucesivas tazas de café, en cigarrillos persistentemente encendidos, hasta que por fin divisan la estatua de la Libertad. Los empleados de Inmigración interrogaron a los mexicanos para dejarlos bajar al muelle. Los norteamericanos toman su declaración jurada sobre si han ejercido la mendicidad alguna vez, si se han dedicado al hurto o padecido enfermedades contagiosas. Los pasajeros de segunda y tercera clase deben mostrar —y probar que son suyos— al menos cincuenta dólares, sin los cuales no pueden ingresar al país. Luego son revisados por el médico hasta que, finalmente, reciben un permiso para desembarcar. Según Blumenkron,

> quienes por primera vez visitaban New York quedaron maravillados de la enorme altura de los "Rasca-cielos", antiestéticos empa-

rrillados hasta de cuarenta y dos pisos, sin arte ni armonía; pero monstruosos, como colosales colmenas que desafían al cielo... Todo entre ellos es grande, colosal, de "big attraction"...

Tras cuatro días de recorrer la agitada ciudad de Nueva York, la comitiva reemprende el viaje. Debido a todas las escalas que terminaron haciendo —como para muchos era el primer viaje trasatlántico, había que desquitar el pasaje— y a que don Porfirio no se encontraba en su residencia habitual en París, los excursionistas no pudieron encontrarse con el ex mandatario en la fecha deseada. Y como el festejado no iba a volver a la Ciudad Luz sino hasta los primeros días de octubre, los viajeros deciden desembarcar sin prisa en sus destinos y, en España, dedicarse a recorrer algunas de sus ciudades.

El día en que, por fin, el matrimonio Díaz vuelve a París, los "peregrinos románticos" acuden a la estación del tren para recibirlo. Al llegar al andén, encuentran que la familia y los amigos de don Porfirio también están allí: su hijo "Firio", el general Fernando González, Lorenzo Elízaga —esposo de su cuñada Sofía—, entre otros más. Pero la verdadera sorpresa no se las causa encontrar rostros familiares ni escuchar voces que hablan el español de México, sino percatarse de que don Porfirio y su esposa descienden de un vagón de segunda clase... Mientras el resto de "los emigrados" hacen "vida señorial", el general Díaz ¡viaja en segunda y vive en el quinto piso de un hotel!

La prensa había anunciado la llegada de los "peregrinos" con bombo y platillo, por lo que un buen número de españoles y compatriotas sudamericanos solicitaron formar parte de la comitiva que visitaría al ex mandatario. Muchos arguyen haber vivido en México y tener al general Díaz en alta estimación. Sin embargo, sólo un puñado de ellos es aceptado para asistir a "las felicitaciones".

El 4 de octubre los viajeros mexicanos se presentan en el Hotel Astoria para entrevistarse con el general Díaz. Tras esperar un momento en el vestíbulo, toman el elevador; descienden y recorren con nerviosa expectación un corredorcito. Ahí se encuentran con don Porfirio, que los espera en la puerta de la estancia. Para el entusiasmado Blumenkron el episodio resulta algo triste, percibe que hay algo de mala broma en el hecho de que, tan sólo unos meses antes, quien fuera el gran presidente de México se hubiese convertido en el modesto huésped de un hotel.

Viste una levita negra cruzada, sin más adorno que un botón rojo de Caballero Oficial de la Legión de Honor Francesa. Rápidamente —dice Blumenkron— los mira con aquellos "ojos, animados siempre con esa luz de inteligente observación que le eran peculiares", saluda y, no sin palpitante agradecimiento por esa "gran prueba de afecto", les da la bienvenida. La comitiva revela el móvil que los llevó a cruzar el Atlántico y, con prudencia, solicitan audiencia a una hora más oportuna.

Los mexicanos se presentan nuevamente a las seis de la tarde de ese día en el Hotel Astoria. Todos llevan en el ojal un distintivo con la bandera de México y el retrato de don Porfirio. La señora Carmelita se encarga de recibirlos y de atender con particular esmero a las señoras; sienta a las niñas a su lado y obsequia a los invitados con frases agradecidas y de cariño, como una madre que reencuentra a sus hijos. Cada miembro de la comitiva le entrega a don Porfirio cartas, regalos y palabras afectuosas de las que es portador. Un artesano de la Ciudad de México le envía una medalla de oro con la fecha del natalicio del general grabada y al reverso la inscripción "P. Díaz". Las letras estaban grabadas con tal arte que su nombre también daba para leer "DI PAZ", lo que conmovió mucho a los anfitriones.

A lo largo de su conversación, el general no emite ni una sola frase de rencor o despecho contra los mexicanos que se levantaron en armas para derrocar su gobierno. ¡Pero sí habla de armas! Toca el tema de la rapidez y precisión de los 10,000 fusiles que compró el gobierno mexicano en las fábricas de Saint Chaumond y de la organización militar europea. También recuerda con sus visitantes los días que pasó en Veracruz antes de abordar el *Ypiranga* y la época que pasó en Tlacotalpan como carpintero, construyendo mecedoras y la estantería de la biblioteca pública.

Don Porfirio les encarga con mucho ahínco permanecer fieles al gobierno y cooperar de manera incondicional con las autoridades para recuperar el buen nombre de México y erradicar cualquier peligro de intervención extranjera, una de sus preocupaciones —desde siempre—más profundas. Aún con el recuerdo fresco de su visita a Los Inválidos, el ex mandatario les cuenta de viva voz la honrosa recepción de la que fue objeto y la emoción que sintió al sostener la espada de Napoleón.

Conforme la plática avanza, llena de palabras amables, de cordiales reflexiones, para doña Carmelita se va haciendo cada vez más claro que aquellos visitantes no son de los que ellos tenían por amigos, o del círculo de conocidos que mantenían cerca en México. El afecto que les prodigan se trasluce en la atención con que escuchan al conmovido anciano hablar sobre Napoleón y, en un momento, sin poder ocultar más la impresión de sus meditaciones, dice en voz alta: "En verdad que aquellos que querían de veras a Porfirio eran los que pasaban interminables antesalas para ser recibidos y se hallaban distanciados de él. En cambio, cuánto desengaño de parte de los que lo veían sin dificultad a todas horas".

No es esta la única entrevista. Los "peregrinos románticos" se encuentran un par de veces más con don Porfirio, que va abriendo su espíritu y sus juicios a sus nuevos amigos, quizá —como pensó Carmelita—, los verdaderamente de siempre, en charlas íntimas de las que Blumenkron concluye: "Se dolía muy hondamente de su falta de cultura personal que le hubiera permitido modernizar sus métodos de gobierno y exclamaba con frecuencia: '¡He cometido errores que ahora deploro; pero créame de veras que amo a mi patria con todas las fuerzas de mi alma!'."

LAS NOTICIAS DE MÉXICO (1911)

Porfirio Díaz y Carmelita pasan el resto de 1911 en París, donde don Porfirio recibe asiduamente las noticias de México. Poco a poco las referencias sobre su persona en los diarios mexicanos van desvaneciéndose; en su lugar aparecen otras que describen la angustiosa situación del país y siguen los pasos del "jefe de la revuelta". En agosto, los zapatistas del estado de Morelos entran en abierto conflicto con el gobierno del presidente interino Francisco León de la Barra, tras el fracaso de las negociaciones de paz en las que Madero fungió como mediador. Las huestes zapatistas piden a De la Barra el desalojo de las tropas federales comandadas por Victoriano Huerta, que se encontraban allí debido a que los hacendados convencieron al presidente de que los rebeldes no entregaban las armas de manera expedita y había rumores de que Emiliano Zapata planeaba rebelarse de nuevo.

Mientras las tropas federales se dirigen hacia los puntos donde se fortalecen los insurrectos, Madero llega a un acuerdo con los zapatistas y el desarme se realiza de acuerdo con el plan. Al enterarse del avance del ejército, Madero, fuera de sí, envía mensajes urgentes al presidente solicitando el cese de hostilidades; aún más, declara a la prensa que el gobierno no ha autorizado las acciones de Huerta, y que este jefe militar actúa *motu proprio*. Lo acusa, incluso, en las páginas de *El Imparcial*, de seguir las órdenes del general Bernardo Reyes para frustrar su misión de paz y desprestigiarlo.

Mientras, Huerta se dirige a Yautepec, pueblo que los zapatistas habían abandonado sin luchar, y luego de tomarlo hace marchar al ejército hacia Cuautla desde donde envía una carta a De la Barra prometiéndole que a partir de ese momento "Zapata y sus seguidores nunca más se atreverán a oponerse a los deseos del gobierno de la Nación". La aseveración no puede ser más descabellada y hacia finales de agosto se desata una guerra encarnizada entre federales y zapatistas que no cesará en años.

Madero regresa a la ciudad el 24 de agosto convencido de que su misión de paz ha fracasado de manera rotunda y, así pues, la antipatía entre Huerta y Madero tiene sus raíces en la fallida pacificación del estado de Morelos. Huerta se defiende de las imputaciones en diferentes diarios alegando que su conducta no obedece más que a la orden de sus superiores. La controversia en la que se ve involucrado es la primera verdaderamente relevante en su carrera y su ímpetu al responder es intenso. Para él, militar destacado y orgulloso, la acusación de haber actuado sin tener orden de sus jefes, podemos suponer, debió significar una gran afrenta.

La campaña presidencial de 1911 comenzó en julio y el primero de octubre se llevan a cabo, finalmente, las elecciones. Con sólo unos cuantos candidatos secundarios de oposición, Francisco I. Madero y José María Pino Suárez son declarados presidente y vicepresidente electos. Hacia el final del año, Madero toma posesión y ocupa la silla presidencial en el Palacio Nacional de la Ciudad de México. El discurso que elabora para la ceremonia del 6 de noviembre de ese año concluye con un atronador aplauso entremezclado con interminables y emocionados gritos de "¡Viva el presidente! ¡Viva Madero!", que hacen retumbar el salón. La anhelada democracia de los mexicanos esperaba que esas expresiones de alegría fueran ya los únicos estruendos que, en adelante, se oyeran. No los de los cañones ni del plomo que, tristemente, aún iban a rugir poco tiempo después, en la ensordecedora y nuevamente despiadada —e inútil— perorata de balas que impidieron el diálogo democrático. En este discurso suyo, Madero afirmó:

Ilustre ciudadano licenciado Francisco L. de la Barra:
Profunda satisfacción me causan vuestras expresivas frases tan llenas de sinceridad y el hecho significativo y trascendental en nuestra historia, de que la transmisión del poder se haga acatando los mandamientos de nuestra suprema Ley. Esta satisfacción procede de la íntima convicción que tengo: en el corto lapso que habéis estado al frente de los destinos de la Patria, os habéis inspirado en los principios salvadores de la revolución en los del Sufragio Efectivo y No-Reelección.

Esta ceremonia es elocuente testimonio de la aplicación del segundo principio, lo cual mucho nos honra; y estando en la conciencia nacional el convencimiento de que en todos los casos, desde que estáis al frente del poder, el pueblo ha ejercido libremente el sagrado derecho de designar a sus mandatarios, debemos considerar como definitivamente implantado entre nosotros el principio de la efectividad del sufragio, que tanto significa y enaltece a los pueblos que lo practican.

Como vos, considero que mi gobierno principia bajo augurios favorables, pues el pueblo mexicano ha dado pruebas de su gran capacidad para ejercitar sus derechos políticos y gobernarse por sí mismo. La casi unanimidad de votos con que me ha honrado ese mismo pueblo para el alto puesto de presidente de la República, me hace concebir la halagüeña esperanza de que para llevar a cabo la ardua tarea que me ha sido confiada, contaré con las energías de todos los buenos mexicanos, y esto hará que muy pronto entre la República a su vida normal, olvidando los efectos de la crisis por que ha atravesado y encauzándose de un modo franco y decidido por el camino del progreso dentro de la paz, la libertad y la ley.

A vos, ilustre ciudadano, os ha cabido la satisfacción de ser el Primer presidente de nuestra República que transmita el poder a su sucesor en las condiciones soñadas por nuestros constituyentes, y yo os aseguro que vuestro ejemplo no será estéril, pues tengo la firme resolución de imitaros al finalizar el período presidencial a que he sido llamado por el voto libre de mis conciudadanos.

Esta circunstancia me permitirá gobernar sin ningún género de compromisos y atento única y exclusivamente a vigilar porque la voluntad del pueblo se respete y procurar por cuantos medios me sean posibles, la prosperidad y el engrandecimiento de nuestra Patria, de nuestra amadísima Patria, como decís muy bien, y para cuya gloria y prestigio habéis contribuido cumpliendo tan dignamente vuestro cometido.

Con este motivo y en nombre de la Patria que tengo la honra de representar, os digo, para vuestra propia satisfacción y legítimo orgullo; habéis cumplido y hecho acreedor al título más preciado en una República: sois un buen ciudadano.

Por su parte, don Porfirio despide el año en un café de Champs Élyseés junto a su amigo Eustaquio Escandón. A su lado se sientan los Vanderbilt y una invitada destacada: la famosa cantante de ópera Lina Cavalieri. Por un rato, Díaz descansa de la preocupación que le causan las noticias de los levantamientos en México concentrándose en la amable charla sobre música, sobre las esperanzas renovadas que trae consigo cada año nuevo, compartiendo quizás, en su fuero interno, también la alegría de sus compatriotas ante la perspectiva de que la paz vuelva a posarse sobre los olivos mexicanos. De esta forma, el sacrificio que le significó dejar no sólo el poder, sino su hogar, no sea en vano. Pero en México no hay olivos y en sus agrestes nopales sólo la briosa águila puede posarse. Para el general Bernardo Reyes, el año en cambio no terminaba tan bien, pues mientras Díaz conversaba sobre música y Madero planeaba el curso del país, a él se le declaraba formalmente preso.

EL GOBIERNO DE MADERO: 15 MESES DE PROBLEMAS (1912-1913)

En noviembre de 1911, Madero llega a la presidencia por medio del que podría llamarse el primer proceso electoral limpio de la historia de México. El 6 de noviembre de 1911 asume el mandato y pronto tiene que lidiar con una serie de problemas que, aunados a la toma de decisiones incautas, se convirtieron en una bola de nieve que terminará por dar al traste con su gobierno.

El primer problema de la administración maderista es el mordaz ataque de la prensa. Al principio Madero se opone a censurar o reprimir a los diarios opositores; está en contra de cualquier práctica que huela a caduco porfirista. Sin embargo, los periódicos como *El País* y *El Imparcial* hacen frente unido para atacar, criticar e incluso ridiculizar al presidente electo. De esta época datan las caricaturas y viñetas más crueles y despiadadas en contra de Madero. *El Heraldo* lo llama "reptil que debe ser pisoteado", mientras que *La Tribuna* enfatiza la necesidad de derrocarlo. Krauze y Zerón-Medina recogerán —en el último tomo de la serie *Porfirio*—las palabras que pronunció Gustavo A. Madero sobre los periodistas de aquellos días: "Muerden la mano que les quitó el bozal".

Madero y sus seguidores tratan de combatir a la prensa con la prensa. Por medio de préstamos casi forzosos y con la ayuda de algunos simpatizantes reúnen los fondos necesarios para establecer publicaciones periódicas como *Nueva Era*, bajo la dirección de Juan Sánchez Azcona, y *El Diario*, dirigido por Rafael *Rip Rip* Martínez para contrarrestar el daño causado por *El Imparcial*, *El País* y otros medios antimaderistas o aún porfiristas.

Sin embargo, tras el poco éxito, el gobierno maderista se ve obligado a mostrarse más enérgico aventurándose a ponerle el bozal, nuevamente, a aquellos a quienes se los había quitado. Antonio Saborit referirá, en su prólogo para la antología *Febrero de Caín y de metralla*, que en marzo de 1912 Madero "censuró las noticias relativas al estallido de la rebelión de Pascual Orozco y arrestó a Trinidad Sánchez Santos, director de *El País*".

Luego, envía al Congreso una iniciativa para que la autoridad tenga facultad para aplicar sanciones —como arresto de treinta días o multas— a aquellos editores, directores o propietarios de periódicos que atentan contra la paz pública por medio de la prensa a través de la publicación de noticias contrarias a la verdad o que causen alarma. Como muy pocos gustan de esta iniciativa y la relacionan con la supresión de la libertad de imprenta, arrecia la ya de por sí tormenta en contra del presidente Madero. La iniciativa va a debate pero no se aprueba; aun así, Madero es acusado por caricaturistas y periodistas de tratar de revivir las prácticas porfiristas que él mismo criticó.

El siguiente problema que encara Francisco I. Madero es el restablecimiento de la paz y el retorno de la estabilidad. Madero piensa que dado que la revolución ha conducido a alcanzar la libertad electoral y que ahora reina la democracia, el conflicto armado debe terminar. Por ello, ordena a los revolucionarios entregar las armas y volver a sus hogares. Sin embargo, los rebeldes ni entregan las armas ni emprenden el camino de regreso a sus casas, pero los suyos se horrorizan. Exigen que primero se cumplan las promesas hechas durante la revolución. Casi desde que tomó el cargo de presidente hay varios alzamientos en su contra en diferentes zonas como Oaxaca, Sinaloa y aun en la misma Ciudad de México.

Emiliano Zapata promulga el Plan de Ayala diecinueve días después de que Madero toma la presidencia. En él, Zapata desconoce al gobierno maderista y acusa al presidente de traicionar los ideales revolucionarios. El general Felipe Ángeles es enviado a reducir las huestes de Emiliano Zapata en Morelos. El 3 de marzo de 1912, Pascual Orozco se levanta en armas contra el gobierno de Madero. Entre ellos hay una antipatía anterior a la época revolucionaria. Esta revuelta representa un peligro para la independencia nacional, pues la vuelve a poner en peligro de intervención norteamericana, que pende en la conciencia colectiva como una eterna espada de Damocles. En quince días, el estado de Chihuahua está bajo control orozquista, cuyo plan es marchar sobre la capital del país.

El general González Salas, secretario de Guerra, es enviado para combatir y detener a los rebeldes, sin embargo no lo logra y el 23 de marzo los insurrectos y las tropas federales se encuentran en la batalla de Rellano. Orozco envía directo al campamento de los federales una "máquina loca" —como le llamó Santiago Portilla en una conferencia sobre la crisis del maderismo—, es decir, una locomotora con una gran carga de dinamita que estalla y causa la muerte de muchos soldados. Orozco barre por completo a los federales y ante el terrible fracaso y la angustia, González Salas se suicida.

Así, en menos de lo que canta un gallo, los orozquistas llegan a Buenavista gracias al ferrocarril. Madero llama al gabinete a una reunión de emergencia. La mayoría de los ministros apoyan al nuevo titular de Guerra, el general Ángel García Peña, en su propuesta de enviar a Victoriano Huerta por su experiencia, pericia táctica y estratégica. El presidente se muestra renuente. Quizá piense de él, como lo hace Federico Gamboa: "Ni un poquito me gusta, aunque en las circunstancias actuales y, con tal de que sea por brevísimo tiempo, pase don Victoriano Huerta"; y no le queda más remedio que consentir. Por su parte, Huerta acepta pero con la condición "de que no se le pondrán obstáculos de ninguna naturaleza al hacer los preparativos", de tal manera que las órdenes deben quedar sólo en sus manos. Michael C. Meyer calculará que Huerta no desea que la toma de decisiones y órdenes vuelva a ponerlo de nuevo bajo controversia, como ocurrió con el asunto zapatista.

Tras reunir la tropa y los pertrechos necesarios, Huerta marcha a Torreón y ahí establece su cuartel general, donde forma la primera División del Norte con la que combate a los rebeldes. El 22 de mayo, orozquistas y federales vuelven a encontrarse en Rellano, pero esta vez los rebeldes enfrentan con mucha dificultad el fuego de alto calibre de la artillería del gobierno. Unos días antes, el gobierno norteamericano había prohibido el envío de armas y municiones a México y por ello los orozquistas se estaban quedando sin balas y armas. Muchos insurrectos mueren y Huerta logra quitarles nueve piezas de campo y los deja a pie, pues les ganó casi todos los caballos. Luego, Huerta exige la rendición de Orozco en un telegrama, pero el segundo contesta que prefería morir que capitular. No falta aquel ciudadano que entusiasmado con el triunfo en Rellano, envíe a las tropas federales un cargamento de distintivos para la solapa con la imagen de Madero. Huerta los manda destruir, furioso, diciendo que "la campaña no se estaba librando por un hombre sino por la República".

A pesar de los triunfos de Huerta, la relación entre él y el presidente va de mal en peor. Meyer narrará que Aureliano Blanquet, el segundo de Huerta, ordena que no se permita a nadie llevar una soldadera, porque llevar mujeres retrasaría la marcha; pero Madero da una contraorden. Algunas veces, Madero se queja con oficiales de bajo rango haciendo evidente que no está contento con el trabajo de los que tienen por superiores. El ministro de Guerra recomienda en varias ocasiones ascender a Huerta a general de división, pero Madero hace caso omiso. El mismo Huerta envía sugerencias para ascender a algunos de sus hombres más valientes, que Madero rechaza. Una de las peores afrentas tiene lugar cuando Madero autoriza el aumento del pago a los rurales bajo el mando de Huerta, pero sin hacer lo mismo con las fuerzas regulares. Comienza así una fuerte quebradura entre el Poder Ejecutivo, uno civil además, y el ejército.

Aun así, y aunque con algunos reveses, para el 7 de julio Huerta, al frente de la División del Norte, logra derrotar a Orozco. Entra, ya sin oposición, a la ciudad de Chihuahua y en una gran ceremonia pública le entrega el gobierno civil al gobernador Abraham González. Dirá Meyer que "Huerta y sus oficiales resentían la intromisión de un presidente civil incapaz de apreciar las exigencias militares y que rápidamente estaba destruyendo la moral que el Estado Mayor General deseaba capitalizar desde la victoria federal de Rellano".

Y si los propios revolucionarios que habían secundado a Madero ahora lo repudian y se levantan en armas contra él, ¿qué puede esperarse de los porfiristas? Bernardo Reyes, el mismo que declaró en Veracruz haber vuelto para entregar su corazón a la patria y ponerse al servicio del gobierno, se levanta en armas contra Madero a finales de 1911. Reyes había solicitado a la Cámara de Diputados que las elecciones presidenciales se aplazaran hasta que la pacificación del país fuera un hecho consumado. Pero su petición fue rechazada. Reyes consideraba que la elección no podría hacerse libremente porque no había partidos políticos establecidos oficialmente y porque no existían los medios necesarios para garantizar el conteo imparcial y objetivo de los votos.

Por ello, decide no postular su candidatura y en septiembre abandona su casa en la Ciudad de México, toma un barco en Veracruz y se dirige a Progreso, en Yucatán. Declara a la prensa que se marcha para no ser víctima de ultrajes y vejaciones por parte de los maderistas, quienes ya a principios de septiembre de 1911 lo habían atacado físicamente en un mitin reyista. Sin embargo, Reyes no se retira de la vida pública. Por el contrario, llega a Nueva Orleans y a principios de octubre se establece en San Antonio, Texas, donde se encuentra con simpatizantes y seguidores. Referirá Saborit que "en breve la ciudad se transformó en la Meca del reyismo y en campamento de los adversarios de Madero".

Los reyistas anuncian con descaro sus actividades y es de conocimiento público que planean una rebelión contra Madero. Las autoridades norteamericanas ponen fin al complot: arrestan a Reyes y a sus colaboradores. El general sale libre al pagar una fianza y en diciembre vuelve a México. Ya en territorio nacional, con una fuerza de 600 hombres, se levanta en armas contra Madero. Tiempo después, el mismo Reyes pronunció sobre su levantamiento: "Juzgué patriótico derrocar a un gobierno cuyo exaltado espíritu revolucionario, según mis sinceras creencias, había despertado feroces pasiones e instintos adormecidos en nuestras masas populares".

Sin embargo, su rebelión sólo dura once días debido a que carece de apoyo y no cuenta con la simpatía popular. Su hijo, Alfonso Reyes, relatará en su sentida *Oración del 9 de febrero* —escrita en Buenos Aires y casi 20 años después de estos acontecimientos— que, conforme avanzaba su expedición sobre México, sus seguidores se van dispersando y al acercarse al río Conchos, tras un tiroteo, lo dejan sólo acompañado del guía. En la víspera de Navidad, se encuentra en un paraje desolado, en el monte inhóspito "entre abrojos y espinares, desgarrada toda la ropa y lleno de rasguños el cuerpo". Al ver su fracaso, le pide al guía que lo conduzca al cuartel más cercano. Cuando llegan a Linares, se descubre el rostro ante un soldado y le pide que lo arreste.

El militar casi se cae al suelo de verlo y de inmediato le aconseja que huya, porque su deber es aprehenderlo y no desea hacerlo. Reyes, además de ministro de Guerra, había sido gobernador del estado de Nuevo León y los soldados lo tienen en altísima estima. Todos lo conocen y muchos de ellos lo admiran. El militar encargado de aprehenderlo debió sentir tremenda aflicción de ver a aquel valiente jefe sucio, con la capa rasgada y hambriento. Pero Reyes amenaza con gritar y despertar a todo el pueblo. Michael C. Meyer referirá que Reyes le envía una carta a Jerónimo Treviño, comandante de la Tercera Zona Militar en Nuevo León en la que le dice: "He apelado al ejército, he apelado al pueblo, y nadie respondió. Considero esta actitud una protesta, y estoy resuelto a no continuar esta guerra contra el gobierno. Me pongo a su disposición".

En las memorias políticas que escribió su hijo Rodolfo —tituladas *De mi vida*—, cuenta que Treviño había sido adversario de Reyes, su enemistad fue obra de don Porfirio "pues de ambos usó el general Díaz para inutilizarlos mutuamente". A pesar de la antipatía, Treviño se porta como un caballero, "como un soldado de los de espada, no de pistola" y con todo el respeto y honor posible, toma prisionero al ex ministro de Guerra y ex gobernador del estado. Luego Reyes es remitido a la Ciudad de México donde, durante 13 meses, permaneció recluido en la prisión militar de Santiago Tlatelolco.

En octubre de 1912, en Veracruz, Félix Díaz —"el sobrino del tío", como le llamaba el pueblo— se levanta en armas contra el gobierno maderista. Enarbola el estandarte de "reivindicar el honor del ejército" pues, —dice— ha sido pisoteado por Madero. La noche del 15 de ese mes, el coronel José Díaz Ordaz desconoce en Orizaba a las autoridades maderistas, proclama a Félix Díaz líder de su movimiento y exige a los empleados en turno del Ferrocarril Mexicano varios trenes para llegar al puerto. Saborit revelará que "sólo un pequeño grupo de enterados supo que el albazo de Díaz Ordaz había echado a perder un plan que contemplaba el pronunciamiento de Díaz en Veracruz, junto con la liberación de Bernardo Reyes, y el levantamiento del 29 batallón de Infantería en la Ciudad de México".

Pero la revuelta fracasa al cabo de una semana. El "sobrino del tío" se rinde y devuelve el control a las autoridades. Rodolfo Reyes funge como su abogado e interpone un amparo para que Félix no sea fusilado y en su lugar se le encierre en la prisión de San Juan de Ulúa donde, tras la gestión de su abogado, es enviado a la penitenciaría de la Ciudad de México. Krauze y Zerón-Medina preguntarán: "¿Qué hubiera hecho Porfirio en el lugar de Madero?" La respuesta puede enunciarse sin mucho preámbulo: darles muerte "en caliente". Pero Madero respeta la jerarquía que poseen los rebeldes y ordena que sean sometidos a juicio por la autoridad militar correspondiente. Quizá don

Porfirio tenía razón cuando le dijo a Huerta al despedirse de él en Veracruz: "Ya se convencerán, por la dura experiencia, de que la única manera de gobernar bien al país es como yo lo hice".

Aquel año de 1912, tan complicado para Madero, no es menos difícil para Díaz. El 10 de enero le anuncian su baja como general de división. Desde La Turbie, en el sur de Francia, escribe a don Ernesto Madero, secretario de Hacienda, solicitándole que su pensión anual de 6,750 pesos sea destinada para recompensar a los alumnos distinguidos del Colegio Militar y de la Escuela de Aspirantes. Como afirmé en *El último brindis de don Porfirio*, durante su exilio en Francia, Díaz, melancólico y enterado por las noticias que llegan desde México de la violencia que cunde en todos los pueblos y las rancherías, sufre un cierto arrepentimiento por no haber empleado toda su fuerza contra los maderistas, pues un ejército muy pequeño había derrotado a uno más poderoso. No en vano, en una carta muy poco conocida —fechada el 28 de febrero de 1912, también desde La Turbie— don Porfirio le confiesa a su amigo Enrique Fernández Castelló:

> En cuanto a las plagas que afligen al pobre México, nada de lo ocurrido hasta hoy es tan grave como lo pronosticado para final próximo, y toda obra de nuestros compatriotas, ahora siento no haber reprimido la revolución, tenía yo armas y dinero; pero ese dinero y esas armas eran del Pueblo, y yo no quise pasar a la historia empleando el dinero y las armas del pueblo para contrariar su voluntad, con tanta más razón cuando podía atribuirse a egoísmo, una suprema energía como la que otra vez apliqué a mejor causa, contra enemigo más potente y sin elementos.
>
> Digo que siento no haberlo hecho porque a la felicidad nacional debí sacrificar mi aspecto histórico.

Hacia el inicio de la primavera de ese mismo año, Díaz, quien ya alguna vez había expresado "En Estados Unidos la democracia funciona porque, una vez que un presidente es electo, todos lo apoyan. En México, todos se suman, de inmediato, para quitarlo", le dice a Federico Gamboa en París: "Me siento herido.

Una parte del país se alzó en armas para derribarme, y la otra se cruzó de brazos para verme caer".

LOS DÍAZ EN ESPAÑA (1912)

El 2 de abril —aniversario de la batalla en Puebla que le valdría a Díaz el epónimo de "El héroe del 2 de abril"— la familia Díaz llega a Madrid donde la prensa persigue al ex mandatario, quien se niega a dar declaraciones sobre la situación en México. Al día siguiente, el matrimonio Díaz-Romero Rubio es recibido por el rey Alfonso XIII en el Palacio de la Zarzuela. Esa noche se ofrece una cena en honor a Porfirio Díaz, a la cual asisten varios miembros del gobierno español, incluido José Canalejas, entonces presidente del Consejo de ministros.

En la recepción, Díaz se encuentra al marqués de Polavieja, quien había sido enviado a México por el gobierno de España como representante en los festejos del Centenario. Luego de los saludos cordiales de etiqueta y de los abrazos sinceros que como amigos se profesan acuerdan, al día siguiente, recorrer El Escorial, visita que Díaz hace del brazo del marqués.

Alfonso XIII es otro de esos grandes hombres del siglo XIX que aunque encaminan a su nación hacia la industrialización y la modernidad, no pueden transitar con ellas hacia la modernidad política que exige el siglo XX. La mala situación de las clases pobres tanto en el campo como en las zonas urbanas y el fracaso de la dictadura de Miguel Primo de Rivera, marcan el derrumbe definitivo de la monarquía en España. Alfonso XIII, quien es monarca desde su nacimiento y asumió el trono a los 16, aceptará exiliarse en Roma en 1931, donde muere diez años después. Su cuerpo permanece en la iglesia de los españoles en la Iglesia de Santa María de Montserrat en Roma junto a los papas españoles Calixto III y Alejandro II, hasta que sus restos vuelven a España, donde ocupan uno de los últimos lugares vacíos en el Escorial. No es fútil señalar que, como Díaz, Alfonso XIII fue expulsado de su patria por un movimiento revolucionario; que, como él, vivió sus últimos años en el exilio y murió en un país ajeno mientras en el propio nada querían saber de sus restos. Pero, vale la pena el comentario, al final y luego de varios años, el cuerpo del monarca fue repatriado. Sus restos no volverán a España sino hasta la década de 1980, fecha en que serán depositados en El Escorial, donde descansan junto a los demás miembros de la monarquía española. Su figura me recuerda un poco a la del rey Shahdov, el carismático monarca en el exilio al que da vida Charles Chaplin en *Un rey en Nueva York,* que termina por quedar en bancarrota porque en su horizonte de vida no es posible comprender que almorzar caviar con vodka, tostaditas de pan y cebolla finamente cortada, no encaja en su nuevo presupuesto. La espléndida sátira que hace Chaplin del sistema norteamericano —vertiginoso y ultra comercial—, y del macartismo y su kafkiana persecución anti comunista (casi siempre el aspecto más destacado por la crítica) no es menor a la puya que lanza contra estos grandes hombres de poder del siglo XIX —entre los que se encontraría, como he dicho, Díaz—, cuyo tránsito al XX supuso una contradicción interna con los valores de aquel nuevo y bravo mundo.

A propósito de esta visita al Escorial, *El Imparcial* publica en México una nota en la tercera plana reseñándola. Según este diario capitalino, don Porfirio y Carmelita están "gratamente sorprendidos" con las riquezas que hay en El Escorial. Lo que más llama la atención a don Porfirio son los púlpitos del altar mayor, frente a los que se queda largo rato admirándolos. Los púlpitos están construidos con mármol mexicano, llevado desde Puebla en tiempos del virreinato. Parece que México, su México, le habla a cada paso que da. Cruzar el océano, entrar en uno de los monumentos históricos más importantes de España y encontrar algo mexicano es más que una maravilla, es como si la Patria misma le guiñara el ojo.

¿Qué pasará por la mente de don Porfirio durante aquel largo rato en el que contempla los púlpitos de mármol mexicano? Quizá, pensando en Puebla, recuerda aquel 20 de septiembre de 1865 cuando fue hecho prisionero por los franceses que invadían México. Recordará la extrema vigilancia con la que lo condujeron a la Angelópolis; y a su amigo húngaro, el barón de Csismandia, a quien le prometió, en honor de la amistad recién establecida, no escapar para no abusar de su confianza y no perjudicarlo. Pero como cautivo y captor paseaban, charlaban y comían juntos, el conde de Thun decidió terminar con aquella cercanía y, además de reforzar la vigilancia sobre el mexicano, lo puso bajo el cuidado de otro oficial. Ya antes, Porfirio Díaz había probado que estaba bien versado en las artes del escape y no dudó en huir una vez que estuvo alejado de su amigo Csismandia, a quien le había empeñado su palabra.

Aprovechó el descuido de los guardias, se escabulló hasta el techo del Colegio Carolino de Puebla donde lo tenían preso y, como mencioné antes, se descolgó por los altísimos muros prendido de una soga. Luego tomó camino a su natal Oaxaca y, una vez allí, reorganizó a los soldados republicanos hasta infligir derrotas significativas a los franceses. Cuarenta y cinco años después, quizá el mármol poblano le recordara aquella época que, en su memoria, parecía mucho más cercana que su propia tierra.

El marqués de Polavieja prepara un banquete en honor de los señores Díaz en su residencia. Al agasajo asiste un buen número de personas y muchas familias de la aristocracia española. Al terminar la semana, Salvador Castelló, tío de Carmelita, le ofrece a Díaz regalarle una finca en Barcelona para disfrute de él y su familia. Muy agradecido, don Porfirio declina el obsequio y la familia vuelve a la *suite* que alquilan en el Astoria de París. Blumenkron menciona que don Porfirio está interesado en adquirir la finca, pues tenía más o menos ocho leguas de campo y el general quería cultivar la tierra y aclimatar algunos productos mexicanos. Pero se rehúsa a que sea un regalo: quiere vender su casa de la calle de Cadena para pagar por la finca, en caso que decida establecer su residencia permanente en España. Por ese entonces, Salvador Castelló no es el único en ofrecerle a don Porfirio una casa. Pearson, el magnate del petróleo al que Díaz benefició tanto con contratos en México y quien sabía la gran deuda que tenía con Díaz, le comunica que deseaba obsequiarle

—para el disfrute del resto de su vida— el castillo de Paddo-khurst, en Inglaterra, una propiedad de su familia con 404 hectáreas de la que él mismo seguiría, además, pagando todos los gastos, en los que incluía los honorarios de un secretario privado que estaría al servicio del ex presidente. También el empresario de origen español avecindado en México Íñigo Noriega pone a su disposición una residencia en Santander, pero Porfirio rechaza todos estos ofrecimientos y persiste en tener por casa un hotel, muestras de que, en efecto, se negaba a pensar que el regreso a México no sería posible.

Los otros exiliados (1911-1912)

Además de los Díaz, algunas otras familias mexicanas abandonan la patria casi al mismo tiempo o poco después. Entre los primeros en salir están los Landa y Escandón y los Limantour, quienes viajan en tren hacia San Luis Missouri y de ahí a Nueva York, para luego embarcarse con dirección a Europa. El 4 de junio de 1911, *El País* publica una nota en la que afirma que los ex miembros del gobierno porfirista viajan de incógnito hacia Estados Unidos. El ex ministro de Hacienda viaja acompañado de su esposa María Cañas y su hijo Memo; mientras que Guillermo de Landa y Escandón, ex gobernador del Distrito Federal, va con su esposa Sofía Osio y su hija Sofía. Pronto, ambas familias se instalan en París.

Aquella es la ciudad favorita de los mexicanos exiliados para establecer su residencia permanente. En la Ciudad Luz también viven Pablo Macedo, el general Fernando González y Leopoldo Batres con su hijo Salvador, entre otros. Las familias mexicanas pasaban la primavera y el verano en París y luego la mayoría vacacionaba durante el otoño y el invierno en Biarritz o en alguna villa española de clima más cálido. Aquellos mexicanos, aunque muy afrancesados desde los tiempos en que vivían en su patria, no lograban aclimatarse a las temperaturas parisinas y con los primeros vientos otoñales partían buscando más sol.

También la familia Díaz pasa los meses disfrutando de la vida parisina de aquel entonces y aunque eran discretos, en la Ciudad Luz todos reconocen al ex presidente de México. Siempre sobrio en su vestir, es fácil reconocerlo por el pesadísimo bastón en el que se apoya. Con alma de hierro y empuñadura de oro, Díaz usa el bastón para mantener su figura lo más erecta posible. Su nieta Lila, recuerda que "durante sus paseos matinales, se absorbía de tal manera pensando en México que se imaginaba que la avenida del Bois en que vivíamos, era el Paseo de la Reforma y al cruzar las bocacalles, levantaba el bastón para parar el tránsito, como lo hacía cuando era presidente".

Y es que el ex mandatario no puede prescindir ni del ejercicio ni de pasar tiempo al aire libre. Desde joven, Porfirio es afecto al ejercicio. En los tiempos en que aún le ayudaba a su madre a atender el Mesón de la Soledad, en Oaxaca, los lectores recordarán la anécdota, cayó en sus manos un libro de gimnasia y él mismo construyó los aparatos de su pequeño gimnasio privado. Cuando residía en la Ciudad de México, gustaba de levantar pesas y nadaba con frecuencia en la Alberca Pane. Cuenta Blumenkron que, aun a los 75 años, el general subía por un cable en el gimnasio del Colegio Militar.

Pongo un ejemplo significativo de la buena condición de Díaz: el 6 de mayo de 1878 —fecha en la que el general contaba con 48 años, en un mundo donde la expectativa de vida en México era de 30 años, en España de 31 y la más alta la tenía Suecia, con 50 años— los diarios de la Ciudad de México publicaron que el día anterior, 5 de mayo de 1878, Porfirio Díaz se arrojó a la piscina de Pane para salvar a dos niños que se estaban ahogando. Ya viejo y exiliado, con más de ochenta años, repitió la hazaña en Lucerna, donde rescató a un pequeño que se ahogaba; acción que hasta le valió una condecoración del gobierno suizo.

Así, en cuanto se establece en París, en Biarritz o en San Juan de Luz durante el verano, don Porfirio da largas caminatas, solo o acompañado de su esposa Carmelita o de sus nietos. Otras veces, monta a caballo y pasa horas afuera, disfrutando el aire del bosque. Seguramente comparaba aquellas arboladas con los ahuehuetes de Chapultepec y Oaxaca, tan frondosos y de tronco macizo como en ninguna otra parte del mundo.

Aquel año de 1912, el gobierno maderista envía a Miguel Díaz Lombardo como ministro plenipotenciario de México en Europa. En una obra de corte biográfico sobre don Porfirio, Pedro Pérez Herrero recogerá la anécdota de que un día, al entrar en un café, Díaz se encuentra a Miguel Macedo y a Díaz Lombardo; tras los saludos y las presentaciones que el rigor de las buenas costumbres señalan, don Porfirio le tiende la mano al representante maderista y le dice: "Un mexicano a las órdenes de usted, señor ministro". Porfirio Díaz se mantiene firme en su patriotismo.

Don Porfirio se levanta con el alba, acostumbra bañarse diario como buen mexicano y luego monta a caballo o camina. Al regresar, revisa su correspondencia personalmente, escribe a sus amigos —o le dicta a Carmelita—, almuerza y luego lee —o se hace leer— las noticias de México que publica el *Herald Parisien*. A diferencia de don Porfirio, quien pese a tener más de ochenta años gozaba de gran vigor y salud, hay otros mexicanos que están postrados en cama. Tal es el caso de Justo Sierra, quien en pleno verano de 1912 se halla internado en el Hospital Saint-Joseph en París. Afligido por la noticia del mal estado de la salud de su amigo y colaborador, alertado también de que el asunto es grave, el general Díaz va a visitarlo.

Luego, el matrimonio Díaz parte hacia la estación termal en Ems donde se entera de que se realizará una demostración de maniobras militares a la que Díaz desea asistir, para lo cual solicita los pases necesarios en el consulado mexicano de Frankfurt. El 12 de agosto, en aquella ciudad, el general Díaz asiste de incógnito a las maniobras militares del ejército, presididas por el káiser Guillermo. Sin embargo, a pesar de la discreción de la familia, la fama de don Porfirio los delata. Se dice que cuando el káiser Guillermo lo reconoce no sólo lo saluda con afecto sino que lo invita a subir a la tribuna, donde le nombra mariscal del desfile y le cede la batuta de mando para que el mexicano ordene el comienzo. ¡Qué emoción debió sentir el general ante el espectáculo que se le ofrecía y del cual era, en ese momento, empuñando el bastón de mando el principal titular!

El informe dirigido desde Frankfurt a la Secretaría de Relaciones Exteriores de México reporta que:

> Al finalizar las maniobras, su majestad el Emperador [Guillermo II] que se hallaba situado cerca del lugar en donde se encontraba el señor general Díaz, se dirigió a hablar algunas palabras con éste, diciéndole entre otras cosas que sentía no haber sabido antes de su estancia ahí, pues le habría proporcionado un carruaje para que presenciara más cómodamente el desfile de tropas.

También se cuenta que el káiser llamó a don Porfirio uno de los Prohombres de América. Enrique Krauze y Fausto Zerón-Medina, en el último tomo de la serie *Porfirio*, apuntarán con gran razón que, la Europa —aun imperial— con la que el gobierno porfirista había entablado relaciones respetuosas y fructíferas, lo recibió con los brazos abiertos. Los mismos autores señalan que "a los ojos europeos, la Revolución mexicana era una recaída histórica". Y es que don Porfirio inspiraba gran respeto entre los europeos, era un hombre que a todas luces encarnaba a un héroe romántico del siglo XIX.

Mientras tanto, tras batallar contra la enfermedad durante algunos meses, el 13 de septiembre de 1912, Justo Sierra muere en Madrid. Se encuentra allí debido a que el gobierno maderista lo había nombrado ministro plenipotenciario en España. Sierra es uno de los poquísimos miembros del gobierno porfirista que encontró lugar en el gobierno nacido del movimiento revolucionario. Mientras realizaba funciones como ministro, falleció. Parece increíble que Sierra, tan sólo dos años antes, como ministro de Instrucción Pública y Bellas Artes, haya pasado aquel mes patrio junto a don Porfirio yendo y viniendo en automóvil a inauguraciones y banquetes en las fiestas del Centenario. Don Porfirio se entera del fallecimiento por medio de un telegrama.

Pocos meses después, Ramón Corral también muere. Se encontraba muy enfermo y agonizaba; durante mucho tiempo, el ex vicepresidente había padecido los terribles síntomas de una enfermedad degenerativa. El 10 de noviembre de 1912 falleció en París. Un día antes, don Porfirio lo visitó y pudo despedirse de él.

LOS DÍAZ EN EL CAIRO (1913)

Quizá para distraerlo, quizá para conocer las maravillas del mundo antiguo, Carmelita organiza un viaje por Egipto con ayuda de Pedro Corcuera, quien por su parte planea recorrer la tierra de los faraones con uno de sus primos, Alfonso Rincón Gallardo. De tal suerte que, en los primeros días de enero de 1913, el matrimonio Díaz, junto con Sofía y María Luisa Romero Rubio de Teresa, hermanas de Carmelita, y el general Fernando González emprenden el viaje.

Seguramente Díaz tiene muy vivo aún el recuerdo de las excavaciones de zonas arqueológicas que su gobierno impulsó en todo el territorio nacional con motivo del Centenario de la Independencia. Díaz había creado, además, en 1885, el puesto de inspector y conservador de Monumentos Arqueológicos de la República; había promulgado la Ley sobre Monumentos Arqueológicos, en 1897, y realizado la expropiación de terrenos para el estudio y la conservación de Teotihuacán, en 1907. Encomendó esta tarea a Leopoldo Batres y con ello inició de manera formal una estrategia gubernamental para rescatar y preservar el patrimonio arqueológico del país, al sacar a la luz y al conocimiento de los mexicanos y del mundo, una ciudad que fue abandonada en el año 700 d. C. aproximadamente. Hoy podemos admirar el cuadro *Pirámide del Sol en Teotihuacán* —pintado en 1878 por José María Velasco para difundir y apoyar la realización de las tareas de recuperación de Teotihuacán y resguardado en el Museo Nacional de Arte— donde se ve cómo la maleza y vegetación cubren la Pirámide del Sol antes de esas primeras obras que dejaron al descubierto la magnitud de la zona y de una cultura milenaria que aún hoy sigue siendo explorada y revelada.

Porfirio Díaz, como he dicho, no es hombre de viajes. Dos años después de casarse con Carmelita, en 1883, se habían ido de luna de miel a Estados Unidos aprovechando que fue enviado por el gobierno del presidente Manuel González a representar a México en la Feria Mundial de Nueva Orleans. En aquella ocasión habían recorrido varias ciudades norteamericanas, en las que fueron recibidos con banquetes y bailes en su honor. Llegaron hasta Washington, donde Porfirio y Carmelita se entrevistaron con el presidente Chester Arthur. Pero después de 1884 —como recordará el lector—, Porfirio no vuelve a salir de México, hasta que en 1909 se traslada a El Paso, Texas, para charlar con el presidente americano en turno, William H. Taft. Pero desde que llegan a Europa, el matrimonio Díaz emprende viajes cortos a diferentes ciudades, lo que significa un verdadero cambio de hábitos para el antiguo soldado oaxaqueño y, ahora, ir hasta una región tan remota y de cultura tan distinta debió ser una gran aventura para él.

El matrimonio y sus acompañantes salen de París en tren para tomar después un barco que los lleva por el Mediterráneo. A finales del mes llegan a las costas de Alejandría, donde abordan un vapor que los remonta río arriba por el Nilo hasta El Cairo, la capital de Egipto. Allí el general Kitchner, en nombre de la corona británica, recibe a don Porfirio con honores militares, en su calidad de comandante honorario de la Orden de Bath, reconocimiento que había recibido Díaz en el año de 1905. Casi al llegar, Díaz tiene noticia de que su sobrino Félix ha sido trasladado de Veracruz a la penitenciaría de la Ciudad de México.

Los Díaz permanecen aproximadamente dos meses en Egipto y visitan varias ciudades como Karnak, Daverüt y Asuán. Tienen oportunidad de conocer las pirámides y la gran esfinge de Gizeh. Conocido es el relato sobre la negativa de don Porfirio a viajar en camello y que le proporcionaron, en cambio, un burro "tan pequeño que sus pies en ocasiones arrastraban por el suelo". En El Cairo se hospedan en el mismo hotel que el millonario norteamericano John Pierpont Morgan, con quien Díaz entabla una relación amistosa. A Díaz debe causarle cierta satisfacción que este último acaba de rechazar una solicitud del gobierno de Madero relacionada con un préstamo. Pero lo cierto es que John P. Morgan y Díaz se habían conocido en México varios años antes, cuando el empresario llevó la luz eléctrica a México y, además de instalar la luz en edificios públicos, iluminó algunas casas particulares. El reencuentro les da ocasión para pasar largos ratos conversando sobre los avances del genio del ser humano y cómo han servido para beneficiar a la humanidad. Pero a su conversación no escapa el hecho de que muchos de esos grandes inventos amenazan con volverse en contra del desarrollo, la paz y la prosperidad para la que fueron, idealmente, creados.

Por lo pronto, mientras don Porfirio y Carmelita conocen los alrededores de Egipto, Bernardo Reyes y Félix Díaz —quienes han entrado en contacto gracias a Rodolfo Reyes— traman un plan para derrocar a Madero con ayuda de dos militares cercanos al presidente: Manuel Mondragón y Victoriano Huerta.

El cuartelazo de La Ciudadela (1912-1913)

Rodolfo Reyes hace las veces de intermediario entre su padre y el "sobrino del tío". Desde antes de que Félix sea trasladado de Veracruz a la cárcel de Belén, ya se está formando el pacto para "poner término al caos reinante" con un movimiento relámpago, que aunque violento, salvará al país del desgaste de una revolución prolongada. Los seguidores felicistas y reyistas organizan para el caso juntas semisecretas. Una de ellas se integra en torno al general Mondragón y otros militares, incluso se reúnen en los bajos de la agencia de policía privada de su hermano. Rodolfo Reyes es el representante legal. Entre los patrocinadores se enlistan Íñigo Noriega y Luis García Pimentel, ambos hacendados prominentes, cuyos intereses se ven afectados por los zapatistas de Morelos. Otra junta se reúne en el consultorio del doctor Samuel Espinosa de los Monteros, en la casa de Rafael de Zayas Jr. o en la casa de Joaquín Clausell para mantenerse al tanto de las opiniones del general Victoriano Huerta. Pronto, varios capitanes militares descontentos encuentran atractivas las juntas y su tinte antimaderista.

Poco a poco, y durante más o menos cuatro meses, van ideando el movimiento, hasta que acuerdan levantarse en armas contra el Apóstol de la Democracia. Félix Díaz participará en el levantamiento, a pesar de su casi nula popularidad, y Bernardo Reyes, por su jerarquía militar y valía personal, encabezará la rebelión. El mismo Reyes redacta las instrucciones del plan: aprehender a Madero y al vicepresidente Pino Suárez y alojarlos en una casa decente e inutilizar al general Lauro Villar, el comandante militar de la plaza de la Ciudad de México. Reyes informa a los conspiradores quién es "el hombre efectivo": el general Huerta, su antiguo amigo.

Se habían conocido entre 1878 y 1879, durante las campañas de pacificación en Sinaloa y Tepic. Cuando Reyes era ministro de Guerra, envió a Huerta a varias misiones. En 1901, Huerta fue enviado a aplacar a los rebeldes de Guerrero y luego sofocó la rebelión de los mayas en Yucatán. Cuando Reyes volvió a la gubernatura de Nuevo León, en 1907, se fue a Monterrey y trabajó como ingeniero. Su antiguo jefe le concedió varios contratos para pavimentar las calles de la ciudad. En 1909, Victoriano Huerta era uno de los más entusiastas promotores de la vicepresidencia de Reyes, como camino para acceder a la presidencia.

Michael C. Meyer establece que aunque la historiografía de la Revolución mexicana lo acusa de estar detrás de la Decena Trágica, cuando los conspiradores contactaron a Huerta, éste se negó a participar. El autor asegura que el rechazo "se debió a sus ansias de caudillo", pues si bien creía en la necesidad de deponer a Madero, Huerta no deseaba estar bajo las órdenes de nadie, ya no quería ser subalterno sino todo lo contrario. En los meses siguientes no informó a nadie, ni oficial ni extraoficialmente, de la conspiración.

Desde el 5 de febrero las aguas comenzaron a agitarse. La aprehensión de Madero va a ocurrir en la celebración del 5 de febrero en el hemiciclo a Juárez. Pero en el último momento, Mondragón cancela la cooperación para detener al presidente para que no salga herido ningún miembro del cuerpo diplomático, invitados a la celebración. Pero el sábado 8, tempranito, desde Tacubaya, Mondragón gira instrucciones para empezar el golpe contra Madero. Mondragón se queda en la casa del doctor Osorio y envía a su ayudante, Víctor José Velásquez, con las lámparas eléctricas y el dinero para repartir entre la tropa, y confirma que están listos los carros para transportarse. Pero como la conspiración es un secreto a voces, el general Lauro Villar recomienda a varios jefes militares —algunos conspiradores incluidos— tener mucho cuidado, estar atentos y "de alterarse el orden, mucha bala", ese diálogo de sordos que tanto daño terminará haciendo. El sábado en la noche sólo el silencio delataba la traición en el aire.

Relata Rodolfo que como a las siete de la mañana del domingo 9 de febrero, su padre, "con un traje negro sport, botas militares, pequeño sombrero de fieltro gris verde y abrigo con un capote de general español, montó frente al cuartel general anexo a Tlatelolco un caballo colorado obscuro, llamado Lucero", pidió un clarín y ordenó que se tocara "marcha a la izquierda". Entonces, se dirige a la Penitenciaría a liberar al "sobrino del tío".

Gregorio Ruiz está al frente de la primera columna que debe atacar Palacio Nacional y nunca se esperó que el mismo Villar caminara hasta su caballo. Sin violencia le pide que se apee y lo arresta para luego conducirlo al interior de Palacio. Unos días después es fusilado por un pelotón y, con su ejecución, aquella tradición de los caudillos mexicanos de tratar al enemigo en desgracia con el decoro de la caballerosidad, se transforma en la necesidad de ajusticiar al contrario lo antes posible. Saborit relatará que sólo entonces "los conspiradores entendieron por fin que si acaso los aspirantes habían llegado a tomar la sede del gobierno, había sido tan sólo por unos momentos".

Al llegar, se dan cuenta de que el general Villar tiene la plaza de la Constitución bien defendida. En los edificios que rodean la plancha hay dos líneas de tiradores listas para el combate en tierra. Por la esquina norte del Palacio, junto a Catedral, otro grupo de conspiradores aparece. Llegaron por la esquina de Moneda y la Cerrada de Santa Teresa. Son unos cuantos hombres y algunos militares, a pie y a caballo, encabezados por don Bernardo Reyes, quien, vestido de civil, cabalga sobre un animal de gran alzada. Después, Félix y Mondragón los alcanzan.

Ya saben que Ruiz ha sido aprehendido y optan por esperar, pero Reyes decide avanzar; su hijo Rodolfo le pide que esperen pero obtiene por respuesta: "Que se detenga la columna; yo no. ¡Que sea lo que ha de ser, pero de una vez!" Al terminar esta frase se levanta sobre los estribos y con voz grave anuncia: "¡Señores, va a comenzar el fuego; que se aparten inmediatamente los no combatientes!" Pica espuelas enérgicamente y, a galope, se dirige a Palacio Nacional. Rodolfo trata de alcanzarlo y a la altura de la Puerta Mariana mete la mano a la brida del caballo de su padre para detenerlo y suplicarle que se detenga. De inmediato se ven rodeados por una multitud, sobre todo mujeres y niños que llegan o salen de misa. Ahí nuevamente Reyes le ordena a su hijo: "No me detengo, tú sí; ve inmediatamente a que tiren en una imprenta el manifiesto" y vuelve a espolear al colorado que, como él, está inquieto y decidido, sin querer otra cosa que emprender el galope hacia su destino. Reyes y sus hombres se detienen ante la puerta. "Ríndase usted", habla Reyes a Villar, quien le contesta: "Quien debe rendirse es usted".

Reyes mueve su caballo para envolver a Villar. A los soldados apostados frente a la puerta se les ordena hacer fuego, pero la duda, transparentada en los ojos y transpirándoles por cada poro del cuerpo, los deja sin saber qué hacer. Por fin, dos ametralladoras inician el fuego. La batalla da inicio: un tiroteo cimbra el corazón de la ciudad. Rodolfo alcanza de nuevo a su padre pero sólo logra gritarle "¡Te matan!", al mismo tiempo que Reyes hace chocar su caballo contra una ametralladora y, volviéndole la cara, le contesta "Pero no por la espalda". Una bala alcanzó a Reyes; éste se detuvo por un momento sujeto a la crin de su montura y luego cayó hacia la izquierda sobre Rodolfo, quien también cayó arrastrado por su cabalgadura muerta. Narra Rodolfo en sus memorias políticas: "Tiraron el cuerpo de mi padre hacia la acera y yo, en estado inconsciente, sin saber de mí, huí, recobrando el juicio cuando sentado tras del recinto de piedra del zócalo o quiosco de la música en el jardín, durando aun el fuego nutrido, cayeron sobre mí varios heridos y moribundos de lo alto de dicho quiosco".

Y es que al tratarse de un domingo, muchas familias se encontraban allí para asistir a misa en la Catedral. A las 9 de la mañana termina la refriega. Los muertos y heridos quedan cobijados por una tupida sábana de cartuchos.

Reyes recibió el tiro que acabó con su vida en la parte de atrás de la cabeza y le salió por el pómulo izquierdo. Su otro hijo, Alfonso, el más grande de nuestros ensayistas mexicanos, en sentidísimas líneas describió el fin de su padre: "Cuando la ametralladora acabó de vaciar su entraña, entre el montón de hombres y de caballos, a media plaza y frente a la puerta de Palacio, en una mañana de domingo, el mayor romántico mexicano había muerto". Años después, al reflexionar sobre aquella mañana, Rodolfo escribió:

Para mí, mi padre estaba resuelto a morir en caso de fracaso, y al medir la situación pensó que, de no imponerse con su sola presencia, ese fracaso era seguro, y él, me lo dijo cien veces, no le quería sobrevivir. Su acción no fue, pues, un impulso ciego, sino una resolución suprema. Cuando contestó a mi última palabra comprendía ya que harían fuego, y aceptó el sacrificio; lo buscó como la única solución para su propia personalidad.

Villar derrotó a Reyes pero Mondragón y Félix representaban la otra parte de la rebelión. No se quedaron para ver morir a Reyes, de inmediato retroceden hasta Bucareli.

Mientras los conspiradores sacaban a don Bernardo y Félix Díaz de prisión, el presidente Madero había acudido al Colegio Militar: le había comunicado a los cadetes, a gritos, que varias decenas de aspirantes se habían apoderado de Palacio Nacional.

Al final de su discurso, montó un caballo blanco y marchó junto con los cadetes al Zócalo; en el camino se encontró a Victoriano Huerta y éste ofreció sus servicios al gobierno.

Pero el ruido del tiroteo lo hizo detenerse cerca de San Juan de Letrán. Aprovechó la pausa para entrar al estudio fotográfico Daguerre, ahí se asomó al balcón junto con su hermano Gustavo y los generales Ángeles García y Victoriano Huerta. Se les tomó la fotografía que probaba que Madero se encontraba vivo e íntegro. En el transcurso del día, toma la decisión de desarmar a la policía, por sospechar que podría unirse a Félix Díaz, su antiguo líder, y se dirige a Cuernavaca, donde está el general Felipe Ángeles.

Mientras tanto, desde Bucareli, los rebeldes tratan de tomar la Ciudadela pero la tropa leal abre tal fuego que los habitantes de las nuevas colonias Juárez y Roma quedan aterrorizados. Pasada la una de la tarde, Mondragón se apodera del edificio y con ello tiene a su disposición cincuenta ametralladoras nuevas, 50,000 fusiles y carabinas, veintiséis millones de cartuchos, armas y piezas de artillería. En lugar de atacar Palacio Nacional, Mondragón decide permanecer allí y montar un perímetro de defensa con las piezas de artillería. Saborit nos dejará saber la ubicación de las piezas: una en Balderas que apuntaba hacia la Avenida Juárez, otra en la Escuela de Comercio, apuntando a la Alberca Pane, y la última, en el jardín de la fábrica de armas, hacia Salto del Agua.

Mientras Madero está en Cuernavaca planeando el contraataque con Felipe Ángeles, su esposa Sara, sus padres y su hermana buscan refugio en la legación de Japón. Desde 1909 el diplomático japonés Kumaichi Horiguchi y su familia —compuesta por su esposa Stina, de nacionalidad belga, y sus hijos Iwa y Daigaku— se habían instalado en México con motivo de las fiestas del Centenario. Entre 1911 y 1913, periodo de la llegada de Madero a la presidencia, de su gobierno y de su derrocamiento, Horiguchi se desempeña como encargado de negocios de la legación japonesa en México. Durante ese tiempo, como nos hace saber Víctor Kerber Palma en su artículo "El refugio de los

Madero", su familia entabla un lazo estrecho con los Madero. Particularmente Stina se convierte en buena amiga de Leonor Olivares, esposa de Ernesto Madero; de Carolina Villarreal, esposa de Gustavo A. Madero; y de Mercedes Madero, hermana del presidente, a quien visitaba con frecuencia en la casa de Liverpool esquina Berlín, en la colonia Juárez. Cuando reciben la noticia de la sublevación contra Madero, el matrimonio Horiguchi va especialmente a Chapultepec a visitar a Sara Pérez y de inmediato, por iniciativa de Stina, les ofrecen resguardo en la residencia oficial de Japón en México. Según Daigaku Horiguchi, más de treinta personas, entre familiares de Madero y su personal de servicio, tuvieron refugio ahí, en esos aciagos días. Daigaku, quien alcanzaría notable reconocimiento como uno de los poetas modernos más importantes de Japón y quien introdujo el surrealismo francés a la poesía del Sol Naciente, escribirá recordando esos momentos:

> ¿Por qué fueron a refugiarse a ese sitio? Tal vez porque confiaban en nosotros por la amistad que teníamos desde antes, además, ellos creían que era el refugio más seguro y confiable donde su vida no peligraba.
>
> Al escuchar la noticia, los inmigrantes japoneses de la Ciudad de México se alegraron mucho. Todos acudieron a la legación, abandonando sus casas y sus negocios, para encargarse de cuidar a las aves que vinieron a refugiarse en el seno de Japón.

Al volver a la ciudad el lunes por la noche, Madero recibe la noticia de que los legisladores le han concedido amplias facultades en los ramos de hacienda y guerra para combatir la insurrección. El general Lauro Villar había caído herido —recibió un balazo en la clavícula y aunque fuera de peligro de muerte se halla en el hospital— y Madero no tiene otro camino que darle el mando de las tropas a Huerta. Así que Huerta toma el cargo de comandante militar de la plaza y como tal inicia las acciones contra los rebeldes.

26. Díaz y su guardia presidencial despidiéndose en Veracruz, 1911.

27. Despedida del General Díaz en el puerto de Veracruz, 1911.

28. Porfirio Díaz en el *Ypiranga*, 1911.

29. Don Porfirio a bordo del *Ypiranga* en junio de 1911.

30. Amada Díaz en 1901.

31. Porfirio Díaz Ortega, 1901.

32. María Luisa Raygosa, esposa del coronel Porfirio
Díaz Ortega.

33. Porfirio Díaz y Carmelita Romero Rubio llegan a Santander en 1911.

34. Porfirio Díaz firma el libro de visitas de Los Inválidos en París, 1911.

35. Madero, junto a Huerta y otros seguidores en el balcón del estudio fotográfico Daguerre, 9 de febrero de 1913.

36. Sara Pérez de Madero, 1912.

37. Rodolfo Reyes, 1918.

38. Victoriano Huerta, Manuel Mondragón, Félix Díaz y Aureliano
Blanquet, 1913.

39. Díaz asiste a las maniobras del ejército alemán, 1911.

40. Don Porfirio con su nieta caminando en París, 1912.

41. Porfirio Díaz con su familia en Europa, 1913.

42. Tumba de Porfirio Díaz en París, 2015.

43. Carmen Romero Rubio regresa a México en 1934, después de más de veinte años de exilio.

44. Carmen Romero Rubio en una ceremonia religiosa en la Ciudad de México, 1935.

45. Porfirio Díaz en el Castillo de Chapultepec, enero de 1900.

El martes envía varios pelotones a recuperar la Ciudadela, pero aquellos soldados mueren en vano. Huerta sabe muy bien que ante la potencia de las piezas de artillería de Mondragón, los fusiles y las carabinas del pelotón ni siquiera rasguñarán a los atrincherados. Tras ocho horas de tiroteo, o más bien cañoneo, Huerta envía un convoy de comida al interior de la Ciudadela. El miércoles hay tiros desde las siete de la mañana, mucho más violentos y mucho más estruendosos. Ese día, las fuerzas de Aureliano Blanquet recuperan el edificio de la Sexta Comisaría pero en la noche, Huerta envía "ocho carros repletos de lo mismo que ya escaseaba en la ciudad: pan, leche, conservas, carnes frías en abundancia más cigarrillos, amén de medicinas, vendas, desinfectantes y aparatos de cirugía", comentará Saborit.

El jueves, 150 cañonazos en una hora siembran el terror entre los capitalinos. Muchos soldados y civiles pierden la vida; hay tantos heridos y cadáveres que las autoridades no pueden atender y recoger a todos; sumado a ello, los caballos muertos, ya en descomposición, empiezan a oler mal. La Cruz Roja traslada los cuerpos a Balbuena o al Hospital Juárez, donde los creman. Ese día, los insurrectos destruyen la puerta de Palacio Nacional. Como una medida desesperada para terminar con la violencia, Madero trata de establecer contacto con Mondragón para suspender las hostilidades. Los rebeldes piden la renuncia de Madero y su gabinete. Y, en un acto despiadado y vergonzoso de venganza, incendian la casa de Madero en la esquina de Liverpool y Berlín a pleno día.

El sábado —por sugerencia de Henry Lane Wilson, embajador norteamericano—, Francis Stronge, Paul Von Hitze y Bernardo Cólogan y Cólogan, los representantes de Inglaterra, Alemania y España, respectivamente, solicitan la renuncia del presidente Madero. Pero éste, enojado e indignado, afirma que los diplomáticos extranjeros no tienen derecho a solicitar tal cosa y anuncia que moriría en su puesto antes que agachar la cabeza ante la presión extranjera. Luego, un grupo de senadores —casi todos felicistas— trata de convencer a Madero sobre los beneficios de su renuncia, pero como ni siquiera les da audiencia, le escriben un manifiesto para hacer de conocimiento público el interés de los Legisladores en la restauración del orden. Aquello se lleva a cabo con el ruido del tiroteo en el fondo. Al día siguiente 89 diputados distribuyen una circular en la que reprueban la acción de los senadores y al mismo tiempo hacen un llamado al pueblo para ayudar y unirse a la causa del presidente Madero. La situación es crítica: el poder legislativo dividido, el embajador norteamericano moviendo algunos hilos para comprometer a la autoridad y la ciudad cayéndose a pedazos.

Los edificios y las casas cercanos a la Ciudadela quedan hechos polvo; los comercios cierran y como muchos artículos comienzan a escasear, los precios se van al cielo. Coches y carruajes quemados, caballos heridos o putrefactos quedan en las calles. Varias turbas saquean los edificios públicos y los periódicos. En uno de los cañoneos, la artillería federal abre un boquete en una pared de la cárcel de Belén por el que escapan los reos. La violencia que ha caracterizado a la revolución por fin llega a la Ciudad de México, el baluarte que hasta entonces no había sido tocado de esta manera. Huerta se reúne dos veces con Félix, pero no llegan a ponerse de acuerdo. Huerta combate, entre comillas, a los rebeldes y los mantiene ocupados pero sin causarles bajas o daños que en verdad los debiliten; su verdadera intención es prolongar el estado de guerra hasta aprovechar una oportunidad y derrocar —quizá por propia mano— al gobierno de Madero.

El domingo hay un corto cese al fuego durante la mañana, pero después de las dos de la tarde las ametralladoras y los cañones vuelven a lanzar su sonoro canto. Cada día parece peor que el anterior. El lunes 17 es el de más cruenta batalla. El martes, los soldados de la Ciudadela atacan Palacio Nacional. Gustavo Madero, el hermano del presidente, desconfía de Huerta y trata de prevenir al mandatario. Pero cuando de manera confidencial le informan que Huerta se había reunido con Félix Díaz decide recluirlo en su propia oficina. Al día siguiente temprano, Francisco I. Madero se entera del arresto y pide ver a Huerta y a su hermano. El presidente interroga a Huerta y tras asegurarse de que era leal ordena que sea puesto en libertad y le devuelve su arma e, inmediatamente, procede a reprender a su hermano por haberlo apresado.

A media mañana Huerta se reúne con García Peña, el secretario de Guerra, y con Aureliano Blanquet. Ahí los senadores vuelven a su protesta sobre la renuncia de Madero, y Huerta envía al grupo con Madero para que repitan ante él la solicitud. Madero vuelve a responder tajantemente que no renunciará, que el pueblo lo ha elegido y que morirá en cumplimiento de su deber si es necesario. Más tarde ese día, sobreviene la última traición. Mientras Huerta almuerza con Gustavo Madero para limar asperezas en el restaurante Gambrinus, Teodoro Jiménez Riveroll y otros oficiales, fieles a Huerta y a Blanquet, ingresan al Salón del Consejo donde está el presidente Madero y le piden que renuncie en nombre de la paz que pide la República. Pero como los ayudantes del presidente oponen resistencia, se desata una refriega en el despacho. Madero logra salir de la habitación y corre al patio con la esperanza de que la tropa que se encuentra allí acuda en su ayuda. Pero ya no son leales. Aureliano Blanquet lo aprehende al tiempo que le dice "Usted es mi prisionero". Con justificada furia, Madero le grita "Usted es un traidor". Media hora después el vicepresidente Pino Suárez y todo el gabinete son apresados. Casi terminado el almuerzo, Victoriano Huerta se excusa un momento y llama por teléfono a Palacio Nacional para conocer si estaba todo bajo control. Satisfecho, con el apetecido sabor de haber conseguido su propósito aun a costa de la traición más vil, vuelve a la mesa con Gustavo Madero. Unos minutos después un grupo de soldados entra al restaurante y arrestan al hermano del presidente.

La ciudad se entera de que el combate ha llegado a su fin porque las campanas de Catedral repican con gran intensidad. En la Ciudadela, Mondragón tiene noticia de aquello por medio del teniente coronel del Estado Mayor Joaquín Maas y pronto se da cuenta de que sólo hay sitio para un jefe, y ese es aquel que no sólo traicionó a Madero sino a los propios traidores del gobierno. En aquel febrero de 1913, Huerta tiene todas las cartas en su poder: goza del apoyo del ejército y de muchos soldados, también cuenta con el apoyo de un buen número de senadores y con el del embajador norteamericano. Al morir Reyes en el primer día de combate quedó un hueco político y militar que sólo un hombre con el —todavía en ese momento—prestigio y poder de Huerta en el ejército, puede llenar.

Breve recuento de las sublevaciones anti maderistas (1911-1913)

Vale la pena regresar a los orígenes de las insurrecciones. Durante el gobierno de Madero habían surgido varios intentos de golpes de Estado. En marzo de 1912, Pascual Orozco se levanta en armas y desconoce al régimen de Madero mediante el Plan de la Empacadora que busca retomar el espíritu del Plan de San Luis y el reconocimiento al Plan de Ayala. Esta rebelión es sofocada varios meses después por Victoriano Huerta, por órdenes de Madero.

Posteriormente hay otras tentativas importantes. Desde noviembre de 1911 Bernardo Reyes en San Antonio, Texas —donde se instala a su regreso del exilio que le había impuesto Porfirio Díaz en Europa, en 1909, y que terminó en La Habana de donde se embarca a México, después de renunciar a la gubernatura de Nuevo León— lanza el Plan de la Soledad con el que desconoce al gobierno maderista. La intentona, como vimos, culminó con su entrega sorpresiva a un militar desconcertado de tener frente a él a uno de los generales más destacados del ejército mexicano pidiéndole que lo detuviera en Linares, Nuevo León. Félix Díaz toma el estandarte de esta sublevación en 1912, aprovechando que su experiencia como antiguo jefe de la policía de la Ciudad de México, su carrera militar y, sobre todo, su parentesco con Porfirio Díaz lo hace un candidato adecuado para convocar adeptos a la insurrección, a los que enardeció con el grito de "¡Vamos contra la nefasta administración surgida del movimiento revolucionario de 1910!". Preso en Veracruz, lugar del levantamiento, se le perdona la vida a cambio de cadena perpetua y pronto es trasladado a la prisión en la Ciudad de México, donde queda recluido como Bernardo Reyes, también indultado de la pena capital.

El intento golpista de Félix Díaz, "el sobrinito del tío" como se le apoda, se sebó a la semana de iniciado: el 23 de octubre de 1912. No es que los apoyos europeos y americanos estuvieran totalmente ausentes. Por ejemplo, en las costas veracruzanas aparecieron barcos de guerra norteamericanos, un alemán y otro inglés, bajo el argumento de proteger a sus ciudadanos en Veracruz. Las naciones extranjeras amenazaron con desembarcar inmediatamente apenas alguno de sus connacionales resultara herido. Pero el golpe falla y en el informe del embajador alemán se lee que "sólo con un jefe de mayor calibre que el teatral Félix Díaz" la empresa tendría éxito. Por su parte, la opinión de Taft sobre los mexicanos era tajante: "Este pueblo rudo, compuesto de semisalvajes sin religión, con su escaso estrato superior de mestizos superficialmente civilizados, no puede vivir bajo otro régimen que no sea un despotismo ilustrado".

Para rematar escribió en esos días que: "Deberíamos colocar un poco de dinamita con el objeto de despertar a ese soñador Madero que parece incapaz de resolver la crisis en el país del cual es presidente".

Eran las postrimerías del gobierno del presidente William Taft, quien tenía en su carrera un buen arsenal de convicciones imperialistas. Había sido gobernador de Filipinas, a cuyos nacionales tachaba de "masa ignorante y supersticiosa"; después gobernador de Cuba, en 1906, y luego secretario de Guerra; puesto que conllevaba la administración del Canal de Panamá. Posteriormente, ya desde 1909 como presidente de Estados Unidos, impulsó las invasiones a Nicaragua, Honduras, Cuba y Panamá, incluso a través de su embajador Lane Wilson. En una nota diplomática dirigida al gobierno mexicano reclamó "su incapacidad para proteger la vida y los intereses económicos de las empresas estadounidenses". También antes había pensado en una intervención armada pero se temió que creara un sentimiento antinorteamericano por parte de América Latina. Una fuerza multinacional a la que se sumaran Gran Bretaña, Alemania y Francia sería la solución para Taft, pero el resto de los países convocados descartaron esta alianza desde el inicio. Declaró entonces que "Todo el hemisferio será nuestro, de hecho como lo es ya moralmente, en virtud de la superioridad de raza".

Es decir, la Doctrina Monroe de 1823 en su plenitud, a nuestra costa. De ahí al apoyo a Victoriano Huerta no hay más que un paso. A principios de 1913, Lane Wilson intensifica la ofensiva contra Madero e insiste en sus informes sobre la incapacidad del gobierno maderista por controlar los desórdenes en Puebla, Oaxaca, Morelos, Guerrero y Estado de México, y la inclinación de su gobierno por los mercados europeos por encima de los americanos.

El golpe final al gobierno de Madero fue el de Bernardo Reyes, Mondragón y Félix Díaz que concluyó con la toma de la Ciudadela, en febrero de 1913. Previamente, en octubre de 1912, los generales Manuel Mondragón y Gregorio Ruiz junto con un comerciante llamado Cecilio Ocón, se reunieron en La Habana con la intención de organizar una conspiración para derrocar a Madero. A su vuelta a México, después de la tentativa fallida de Félix Díaz en Veracruz, visitan a Reyes en la cárcel para proponerle ser la cabeza de la insurrección. Reyes aceptó y propuso sumar a Huerta, como vimos, al movimiento. Pero muy pronto esta noticia llega a oídos del presidente Madero a través de su secretario de Guerra, el general García Peña. Los potenciales cabecillas del movimiento confían esta sublevación al embajador americano, Henry Lane Wilson, pidiendo su apoyo. Acordaron que Huerta tomaría la presidencia, pero todo el gabinete sería de filiación felicista.

Ese gabinete inicial de nueve titulares de secretarías de estado nombrado por Félix Díaz bajo la presidencia de Victoriano Huerta, acabó teniendo 32 cambios de titulares ministeriales en un año y medio. Con el poder legislativo se intentó hacer una lista con los enemigos de Huerta, pero no se consumó en su totalidad.

Díaz se entera de la revuelta de La Ciudadela en Egipto; algunos de sus amigos le retransmiten "por alambre" las noticias que llegan a Europa. Al principio, declara a los reporteros de la *Associated Press* que no puede opinar sobre la situación de México. Sin embargo, es evidente que no logra esconder la simpatía que le inspiran los rebeldes. Díaz se encuentra aislado en las diferentes ciudades egipcias, pero el 20 de febrero recibe un telegrama de Félix que le comunica: "Derrocado gobierno de Madero. La República siempre agradecida espera de usted sus sabios y prudentes consejos".

Al día siguiente, Díaz le responde a su sobrino por telégrafo: "Me siento orgulloso al ver que un hijo mío, los de mis viejos compañeros y sus camaradas sustituyen ante la patria a los que hemos concluido". Y luego, manda un nuevo telegrama a Félix, esta vez diciendo: "Hago fervientes votos para que el triunfo que ha coronado a su patriótico esfuerzo, sea para nuestra patria no sólo el alivio de sus angustias, sino también la salvación de su decoro y autonomía".

La familia no cancela su paseo por Egipto, ni vuelve a París donde estarían mejor informados. Así, mientras don Porfirio, del brazo de Carmelita, admira las cataratas de Asuán, Huerta descarga su profundo odio hacia Madero proponiendo que sea encerrado en un manicomio junto con Pino Suárez, sin dudar de que todos los gobernadores se sumarán a la propuesta. Visto en su contexto, hay que tener en cuenta la afirmación de Jean Meyer en el sentido de que en ese momento "todo el México político era huertista". Así pues, Díaz pasea tranquilamente en la margen oriental del río Nilo —cuyos fecundos terrenos, se dice, le parecían "muy semejantes a los que circundan los grandes lagos de Michoacán"— mientras Madero y Pino Suárez son asesinados en la Penitenciaría de Lecumberri. Poco después, don Porfirio también tiene noticia de la muerte del Apóstol de la Democracia y del encumbramiento de Victoriano Huerta, quien es ahora el presidente de México. Incluso, Díaz contesta un telegrama enviado por Mondragón en el que nuevamente hace fervientes votos para que el tino del señor presidente —refiriéndose a Huerta— reestablezca la paz, la honradez y la moralidad en la administración pública.

Huerta se había hecho de la silla presidencial por medio de una serie de triquiñuelas que más parecen enredos teatrales. Madero y Pino Suárez firman su renuncia el 19 de febrero, luego de ser aprehendidos por Blanquet en Palacio Nacional. Por ello, el ministro de Relaciones Exteriores, Pedro Lascuráin, asume la presidencia interina de la misma forma en que, cuando Porfirio Díaz renunció, lo había hecho Francisco León de la Barra, al frente de ese despacho. Lascuráin realiza sólo dos actos como presidente. El primero de ellos, nombrar a Huerta secretario de Gobernación y luego renuncia. La Constitución indica que, a falta de presidente y vicepresidente, el ministro de Relaciones Exteriores debe asumir las facultades del Ejecutivo y, a su vez, a la falta de éste, la responsabilidad cae en el titular de Gobernación. Así, Lascuráin se convierte en el gobernante con el periodo presidencial más corto, uno de 45 minutos.

El 10 de marzo, sin contener del todo la alegría, Díaz escribe a Limantour desde Alejandría para contarle que está convencido de que la vida de los mexicanos volverá a la normalidad. Ya Huerta le había escrito a don Porfirio y por eso es que tenía aquella idea. La familia Díaz vuelve a Europa y en Nápoles algunos periodistas abordan a don Porfirio con la intención de conocer su opinión y su participación en el cuartelazo de la Ciudadela. Díaz contesta que ha sentido los acontecimientos en el alma, que fueron un golpe muy duro para México pero que resultaba indignante siquiera sugerir que a sus amigos o a su influencia se debe el asesinato de Francisco I. Madero. Por el contrario, había escrito a sus amigos para que no le causasen problemas al nuevo gobierno. Pero los reporteros no cejan y cuando uno le pregunta qué piensa, don Porfirio contesta tajante: "Permítame que no le responda. Me lo impide la enemistad por el presidente muerto y la amistad con los hombres que hicieron la revolución".

Don Porfirio muestra una actitud ambigua frente a los acontecimientos de México. Tenía sentimientos encontrados. No tuvo nada que ver pero su sobrino está más que involucrado; y militares, a los que incluso ha estrechado en sus brazos como Victoriano Huerta, son los rostros triunfantes de la asonada. Díaz repudia el asesinato de Madero y Pino Suárez, pero —dice Gamboa— en general no le disgustaba. Sin embargo no hay nada que pruebe que sabía esto.

Una vez consumado el golpe de Estado, el gobernador de Coahuila, Venustiano Carranza, acusa a todos de haber violentado la Constitución de 1857 y de los asesinatos de Madero y Pino Suárez. A las pocas semanas Carranza emite un decreto en el congreso local, el 26 de marzo de 1913, solicitando facultades extraordinarias en todos los ramos de la administración pública y armar a sus fuerzas para fortalecer a las federales bajo la denominación del Plan de Guadalupe. Sólo así podría lograrse la paz. Dando las condiciones que permitieran unas elecciones libres para escoger presidente de la República.

Pero todas esas circunstancias hacen que el gobierno americano, más ahora que Woodrow Wilson llegó a la presidencia americana en marzo de 1913, se rehúse a reconocer al gobierno huertista y se mantenga firme en su negativa. A la semana de su toma de posesión, el 11 de marzo de 1913, Wilson expresa su disposición a trabajar cerca de todos los gobiernos latinoamericanos pero de ningún modo "con líderes políticos que buscan el poder en función de sus intereses y su ambición". Las palabras son una clara alocución a Huerta, como presidente de México. Pero más allá de su postura ética, por considerar que la elevación de Huerta no había sido producto de un proceso democrático, tiene reclamos económicos por las limitaciones que se dan a las inversiones estadounidenses.

Mientras México se precipita nuevamente en la fiesta de las balas, en Europa algo comienza a cuartearse. Díaz alterna la lectura de noticias que dan cuenta de la situación en México con otras que señalan los indicios de un próximo y desgarrador movimiento en Europa. No sabemos si, con la objetividad que da ver un conflicto desde fuera, Díaz alcanza a comprender —como justamente no fue capaz de hacerlo en su patria— el abismo hacia el que las potencias se dirigen. Para nosotros, sustraernos a la visión romántica que se ha difundido, incluso al límite de lo comercial, de 1914 y de la caída de las grandes dinastías es una labor necesaria en el ejercicio historiador. Así como hemos procurado a lo largo de estas páginas hacer un retrato de Díaz en todas sus facetas, reconociendo que, como lo dijo en un discurso Diódoro Batalla, "si el General Díaz hubiera sabido dejar el Poder a tiempo, apenas el Popocatépetl hubiera sido pedestal digno de su gloria", es preciso dejar de lado la imagen novelesca del zar Nicolás II fusilado en Ekaterimburgo con su familia, la de Francisco José bailando el vals con la emperatriz Sissi; la de Guillermo II como autócrata sin claroscuros o la extravagante personalidad de Mehemed, sultán del Imperio Otomano, para adentrarnos en las verdaderas razones por las que ese mundo se derrumbó. Un examen que nos eleva por sobre el rostro más superficial de la historia, para penetrar y comprender una época que ha sido una de las más pacíficas y productivas de la humanidad.

Considerar que el conflicto era inevitable ha sido uno de los consensos de la historia: todo apuntaba a que el mundo no tuvo más opción que la de desatar y dejarse arrastrar por una de las más sangrientas batallas de la humanidad. Sin embargo, esta época crucial, un momento que no sólo funda el siglo XX sino que determinó los años posteriores, vivía momentos de tal adelanto que, en realidad, lo extraño es por qué se desató la guerra.

Revisar los acontecimientos anteriores equivale a descubrir que las continuas crisis de Europa no fueron los meros prolegómenos a un conflicto mayor, y que en realidad la gran pregunta no es ¿por qué empezó la guerra?, sino, en el otro lado de la moneda: ¿por qué no pudo mantenerse la paz? La Gran Guerra se llevó por delante todo un próspero y pacífico mundo. Cien años de paz, concierto europeo, impulso e impresionantes adelantos en la ciencia, la técnica, la economía, el arte y la cultura que no podían ser sino la prueba contundente del progreso de la humanidad. Pero una sociedad adelantada no es, lo sabemos hoy, lo sabía el recién exiliado Díaz, garantía para la paz.

Como bien se ha dicho, es una época en la que por cada rincón de Europa cundía la confianza y el optimismo en las posibilidades, fortaleza y futuro del continente. Los europeos tenían la certeza de que estaban suficientemente interconectados y eran demasiado civilizados para recurrir a la guerra como sistema para solventar disputas. Existía además la opinión de que una guerra a gran escala no podría durar demasiado porque no habría forma de financiarla. Europa además había pasado por crisis anteriores, algunas tan graves como la de 1914, y no había perdido los estribos. Por años, gobiernos y pueblos habían escogido resolver sus diferencias y preservar la paz. ¿Por qué no lograron, o no quisieron hacerlo, en 1914? Por qué decidieron borrar de un plumazo el mundo armónico que habían construido para sustituirlo por el hambre y la muerte de su gente, por la destrucción de las muestras de sus culturas y la franca hostilidad entre sus naciones. Al punto que —por absurdo que suene hoy— algunos deseaban la guerra y veían en ella una opción para cerrar las brechas de las comunidades, aglutinarlas patrióticamente para hacer frente a un enemigo externo o "purificar la atmósfera".

El *Titanic* era un logro de la tecnología y el lujo, la representación de la *belle époque*, y aun con el optimismo y lujo con el que zarpó, no logró terminar su primer viaje. El hundimiento del *Titanic* en 1912 es una representación del final de la *belle époque*, de aquellas tres décadas de felicidad que el mundo había experimentado. La *belle époque*, cuyo calificativo es uno de los pocos que han dejado con firmeza su impronta en la historia, que expresaba en dos palabras el sentir de un tiempo, estaba llegando a su fin.

Antes de 1914, el socialista francés Jean Jaurès, entre otros, había trabajado incansablemente por la paz (y lo hizo hasta el último momento cuando fue asesinado, tres días después del comienzo de la Guerra, en el Café du Croissant en París); la constancia de las fuerzas de paz europeas era admirable y existía un gran movimiento pacifista formado por las clases medias y por los socialistas. Por otra parte, el arbitraje se utilizaba cada vez más para resolver los conflictos entre naciones tranquilizando a los europeos con la reconfortante creencia de que habían dejado atrás la barbarie.

La posible respuesta a por qué estalló la Guerra está ligada al hecho de que Europa y sus gobernantes fueron reduciendo paulatinamente las opciones de diálogo y concordia que otros habían abierto en décadas pasadas. La rivalidad intensificada entre los poderes, un sistema de alianzas que dividía el continente, el uso disuasorio de los barcos de guerra, el desgaste que supuso para Alemania entregarse a una carrera naval para construir una flota equiparable a la de Gran Bretaña, los crecientes nacionalismos, el miedo de los países al aislamiento, a que la movilización más rápida del vecino le otorgara una ventaja decisiva, el darwinismo social según el cual el conflicto y la competencia entre naciones formaba parte del orden natural de las cosas, el miedo al terrorismo y a la revolución o el militarismo, toda esta mezcla de factores, añadió inquietud y sirvió para acumular las tensiones.

Que Europa viniera de un siglo extraordinariamente pacífico desde el fin de las guerras napoleónicas no significa que los conflictos estuvieran desterrados. Los había en Crimea; entre Austria-Hungría y Prusia o entre Prusia y Francia; y existía un buen número de guerras coloniales, pero la mayoría de los europeos no *vivían* la guerra. Ocurría en sitios lejanos y cuando se acercaba eran conflictos cortos y con victorias decisivas. Cuando estalló la Gran Guerra, el sentimiento generalizado era el de que no duraría más allá de unos cuantos días. "Estaremos de regreso para Navidad", era sólo una de las optimistas frases de los miles que partieron al frente como quien fuera a un extendido día de campo, que de ninguna manera interrumpiría los acontecimientos emblemáticos de su vida cotidiana. Todavía en julio de 1914 los europeos pensaban que la guerra era poco probable, o imposible. Y cuando el asesinato del archiduque desencadenó la crisis, siguieron creyendo que todo se resolvería pacíficamente como había ocurrido hasta entonces. Nadie vio que se avecinaba una guerra que transformaría Europa por completo.

Eric Hobsbawm postuló que con la Gran Guerra se rompió la idea de Europa. "La razón" —afirma— "es que, a diferencia de otras guerras anteriores, impulsadas por motivos limitados y concretos, la Primera Guerra Mundial perseguía objetivos ilimitados". Objetivos absurdos y destructivos que arruinaron tanto a los vencedores como a los vencidos, precipitaron a los países derrotados a la revolución y a los vencedores a la bancarrota y el agotamiento material. Hablamos sin duda de un conflicto devastador que representa el ocaso del mundo europeo como se le conocía y el fin del siglo XIX; que liquidó a veinte millones de personas, borró imperios del mapa, terminó con la hegemonía europea y tuvo un tremendo impacto cultural. La guerra lo cambió todo: desde la geografía política definida por los grandes estadistas, hasta las canciones que los jóvenes entonaron para dar a conocer al mundo nuevas consignas, pasando por un cambio de mentalidad que influiría en todas las generaciones venideras.

Igual que en México, el mundo se convulsionaba para dar paso a una nueva generación de ideales, de anhelos y de prioridades en los que los grandes hombres del siglo XIX ya no tendrían cabida. ¿Pensaría Díaz en la importancia de construir la paz con organizaciones internacionales fuertes justamente en tiempos de paz, y no esperar hasta que irrumpan los conflictos armados? La Gran Guerra estalló cuando el heredero al trono austro-húngaro, el archiduque Francisco Fernando y su esposa Sofía fueron asesinados en Sarajevo por nacionalistas serbios. Austria pidió entonces ayuda a su aliada Alemania para atacar Serbia. Con el respaldo de Francia, Rusia salió en su defensa.

Austria declaró la guerra a Serbia, y Alemania a Rusia y Francia, que pidió a su vez auxilio a Gran Bretaña. Cuando Alemania invadió la neutral Bélgica, Gran Bretaña irrumpió a su vez en un conflicto que se extendió por Europa como una catástrofe inusitada, como una línea de naipes azorados. Todo se escapó de control en sólo 37 días y nadie estuvo de vuelta para la Navidad.

V

EL FIN DE UNA VIDA COMO COLOFÓN DE UNA ERA

EL FINAL DE UN TIEMPO (1900-1914)

La primera década de 1900 significó para Europa la estabilidad y la belleza de la modernidad. Pero el precio era alto, las contradicciones entre las potencias se agudizaron y se incrementaron las ambiciones; cada nación deseaba más territorios donde invertir para ensanchar sus mercados, y poco a poco la competencia se convirtió en una tensión que olía a guerra. Las exhibiciones militares se introdujeron en la vida pública y, disfrazadas de eventos de la *socialité*, revelaban el poderío de los sofisticados armamentos que cada nación poseía. Eran, al mismo tiempo que una muestra de orgullo nacional, una advertencia sobre las capacidades armamentísticas de cada país y un reto que se lanzaban unos a otros los grandes hombres que lideraban las potencias europeas.

En un contexto donde las teorías evolutivas darwinianas se discutían y se aceptaban con soltura, la supremacía del más apto y la extinción del menos adaptado se llevaban al campo de la política, y la guerra entre naciones parecía el camino natural para conseguir la hegemonía. Las naciones más fuertes tenían el derecho *natural* de imponerse a las más débiles; sólo era cuestión de decidir, entre los poderosos, cómo se efectuaría el reparto de los pueblos destinados a ser asimilados por un organismo mayor. Poco a poco, la aceptación de la guerra fue adentrándose en la mentalidad de los gobernantes europeos y aun de la población civil. Max Gallo, en *1914. El destino del mundo* apunta que los hombres de la época sentían que la guerra les iba a ofrecer "la grandeza, la fuerza, la madurez", pero eran hombres que no pensaban en los verdaderos horrores de la guerra. "Los protagonistas de 1914 eran como sonámbulos, vigilantes pero ciegos, angustiados por los sueños, pero inconscientes ante la realidad del horror que estaban a punto de traer al mundo", diría Cristopher Clark en su libro llamado, precisamente, *Sonámbulos. Cómo Europa fue a la guerra en 1914*.

En el siglo XIX, mientras México se encontraba sumido en las guerras internas entre liberales y conservadores y trataba de repeler a los extranjeros que buscaban dominarlo, las potencias europeas se habían repartido el mundo. De hecho, tales intervenciones habían sido una expresión más de aquel insaciable apetito europeo. Las potencias habían intervenido en Asia, colonizaron Oceanía y África; y aún tenían algunas posesiones en América, como Canadá y algunas islas de las Antillas. Los ingleses tenían presencia en cinco continentes y por medio de bases militares controlaban las rutas marítimas comerciales. Francia, además de su influencia y supremacía cultural, poseía Argelia, Marruecos, el Sahara, la isla de Madagascar e Indochina, entre otros territorios. Incluso Portugal, que perdió Brasil, su valiosísima posesión en América, mantuvo sus colonias africanas. Alemania, que no había resultado tan beneficiada con el reparto, puso sus ojos en África para extender su dominio. El forcejeo por poseer ciertas colonias y ampliar sus zonas de influencia se transformó en una creciente rivalidad. Como dirá Juan Eslava Galán, retomando a Friederich on Bernhardi: "la guerra [en ese momento] es la necesidad biológica de poner en práctica la ley natural sobre la que se basan todas las restantes leyes de la Naturaleza, la ley de la lucha por la existencia. Las naciones han de progresar o hundirse, no pueden detenerse en un punto muerto, y Alemania ha de elegir entre ser una potencia mundial o hundirse para siempre". El canciller Bernhard von Bulow lo expresó en términos que se volvieron famosos: "Los tiempos en los que Alemania dejaba la tierra a uno de sus vecinos, el mar otro, y se reservaba para ella el cielo en donde reina la filosofía pura, esos tiempos se han acabado. No queremos poner a nadie a la sombra, pero nosotros también demandamos nuestro lugar al sol".

Alemania busca su lugar bajo el sol. En México, mientras Huerta y su nuevo gabinete, desde su particular punto de vista, tratan de poner al país nuevamente en el camino del progreso y recuperar la reputación de nación estable, la familia Díaz termina su viaje por Egipto y vuelve a Europa. Gonzalo A. Esteva, encargado de la legación mexicana en Roma, envió una carta al Despacho de Relaciones Exteriores en México para narrar los acontecimientos relacionados con la estancia de la familia Díaz en Nápoles, ciudad a la que llegaron de regreso de Egipto. Por recomendación de Esteva, el señor Tramontano, cónsul italiano, recibió a don Porfirio a bordo del vapor *Adriatic* y, además de ponerse a su disposición, le dio la bienvenida en nombre de la legación mexicana.

La carta de Esteva es particularmente interesante porque narra lo acontecido durante una comida de Corte a la que asistió días antes del arribo de don Porfirio, en la que al hablar de la próxima llegada del ex mandatario a Italia se hicieron grandes elogios a su persona y a su pasado gobierno. Esteva tuvo oportunidad de conversar con el rey Víctor Manuel III no sólo sobre la personalidad e importancia de Díaz, sino de los acontecimientos ocurridos en febrero. "Su Majestad me manifestó" —cuenta— "sus deseos de que la paz se restablezca definitivamente en México, bajo el Gobierno del Señor General Huerta". Y efectivamente, en México parecía que todo volvía al camino de una aparente paz; mas era eso, aparente, porque la nación, en su fragilidad legal, tendría todavía más episodios de violencia.

A pesar de la jugarreta constitucional con la que se hace del poder, Huerta cuenta con el apoyo del ejército y aun de los gobernadores de los estados de la República, quienes, poco a poco, le envían notas de felicitación por asumir el poder del Ejecutivo. Gran Bretaña, por ejemplo, presionada por los intereses de Pearson —cuya empresa produce 60% del petróleo en México—, es la primera nación en reconocer el gobierno de Huerta, en mayo de 1913. Desde 1911 Winston Churchill había sido nombrado primer lord del Almirantazgo y entre las primeras e importantes reformas militares que realizó, previas a la guerra, estuvo que la armada británica utilizara petróleo en lugar de carbón para mantener la delantera en la carrera armamentista con Alemania. De este modo, el petróleo se convirtió en un elemento estratégico como fuente de energía. Para junio de 1913, la armada británica adopta oficialmente el petróleo como combustible en lugar del carbón y la compañía petrolera mexicana de "El Águila", constituida con capital británico y encabezada por Pearson, se convierte en su abastecedora. Así, si en 1911 la producción de petróleo en México era de 12.5 millones de barriles anuales, en 1913 se duplicó a 25.6 millones. Al reconocimiento británico al gobierno de Victoriano Huerta siguieron los de Alemania, Francia y España. Alfonso XIII envía una carta felicitándolo, un gesto que causó gran regocijo en el Casino Español, uno de los centros desde donde se conspiró contra el gobierno de Madero. Incluso el presidente de Estados Unidos William Taft y el secretario Philander Knox envían una comunicación a Henry Lane Wilson, el embajador en México, en la que expresan que ven con buenos ojos el derrumbe del gobierno de Madero y que están a la espera de más noticias para reconocer al nuevo gobierno. En las cámaras, ni los senadores ni los diputados se opusieron. Aun los legisladores maderistas aceptaron la imposición de Huerta para salvaguardar la vida de Madero y de Pino Suárez. El único que no estuvo de acuerdo fue el gobernador de Coahuila, Venustiano Carranza, a quien, finalmente, la Legislatura del estado, al desconocer al gobierno federal, le otorga amplias facultades en todos los ramos.

Rápidamente, el nuevo presidente auxiliado por Félix Díaz —más a fuerza que gustoso— nombra al nuevo gabinete. Francisco León de la Barra ocupa la cartera de Relaciones Exteriores; Toribio Esquivel Obregón, la de Hacienda; Manuel Mondragón, la de Guerra; y Rodolfo Reyes se convierte en secretario de Justicia. De la Barra tuvo que contratar a un grupo de calígrafos —contará Michael C. Meyer— para enviar cartas autógrafas a los gobiernos extranjeros con los que México tenía relación y solicitar así el reconocimiento para su gobierno.

Aunque en México había cierta indignación por el asesinato de Madero, la población recibe la noticia del derrumbe de este gobierno con un suspiro de alivio. Al tomar la presidencia, Huerta ordena que se levanten los escombros que dejaron el combate y el cañoneo; la Cruz Roja retira los cadáveres y, cuando la identificación no es posible debido a la descomposición de los cuerpos, los sepultan en fosas comunes. Trabajadores y voluntarios limpian las calles y los comercios abren nuevamente. Así mientras la familia Díaz conoce las ciudades italianas, el gobierno huertista trata de "enderezar" el rumbo de México.

El 18 de marzo, don Porfirio llega a Roma y es recibido en la estación del ferrocarril por el embajador Gonzalo Esteva y su familia. Los Díaz se hospedan en el hotel Bristol, donde ya tenían confirmada su estancia; el mismo director del hotel había comunicado por teléfono a Esteva que se encontraban reservadas las habitaciones. Don Porfirio pide una audiencia al rey por conducto de Esteva, pero los reyes deben salir de Roma y los Díaz permanecerán pocos días en Italia, por lo que el encuentro no es posible. Sin embargo, Esteva y su esposa ofrecen un almuerzo para la familia Díaz en la legación mexicana. Al evento asisten los jefes de misión acreditados en Roma, mismos que desean conocer al viejo general mexicano.

Esteva y su esposa querían obsequiar a don Porfirio con un recibimiento al que acudieran personajes italianos y extranjeros, pero tampoco es posible ya que la familia del ex presidente permanece muy poco en Roma y se atraviesan además los días de la Semana Santa, en los que se suspenden este tipo de actividades sociales. Esteva cierra su misiva comentando que:

El señor General Díaz, lo mismo que su Señora, se encuentran perfectamente de salud, y el primero aparece con un despejo y un vigor físico y moral extraordinarios en la edad avanzada que tiene.

En su conversación demuestra siempre un gran cariño por nuestra patria, y una gran serenidad de ánimo para la fortuna adversa, que lo alejó en 1911, de la Presidencia y de la Patria.

Al llegar a Europa, el gobierno mexicano en turno da instrucciones para que Porfirio Díaz sea tratado como "mexicano respetable". Pero es obvio que Díaz es más que un mexicano respetable. ¿Qué hace un hombre de la talla de los reyes europeos al perder el poder? Quizá muchos de aquellos hombres veían en Porfirio Díaz a un hombre admirable, un espejo de ellos mismos, pero pocos, o ninguno, veían en ese reflejo su propio futuro, su propio destino.

Si nos remontamos a los albores del siglo XX teniendo en mente a esas fuertes personalidades a las que me he referido y que regían en Europa, veremos que la Gran Guerra no fue una contienda repentina y que a la secuencia de los hechos definitorios para que el conflicto estallara debe sumarse, como un factor de gran influencia, el carácter de sus protagonistas. Esos grandes hombres a los que la situación se escapó de las manos y que, por orgullo y ambición, terminaron por destruir el mundo y las formas de vida que habían creado.

Así pues, ¿cómo pudo Europa, luego de los logros alcanzados, destruirse a sí misma? En la rivalidad intensificada entre sus poderes y el crecimiento de un sistema de alianzas que dividía el continente podemos encontrar algunos elementos para explicar los orígenes de la contienda. A ello se añade la planificación militar que apostaba por librar guerras ofensivas y no defensivas, la carrera armamentista, el uso disuasorio de los barcos de guerra, el desgaste que supuso para Alemania entregarse a una carrera naval para construir una flota equiparable a la de Gran Bretaña, los crecientes nacionalismos, el miedo de los países al aislamiento, a que la movilización más rápida del vecino le otorgara una ventaja decisiva, el darwinismo social según el cual el conflicto y la competencia entre naciones formaba parte del orden natural de las cosas, el miedo al terrorismo y a la revolución o el militarismo. Esta mezcla de factores añadió inquietud y sirvió para acumular las tensiones.

Acercarnos con una lupa de claroscuros a quienes finalmente tomaron o no las decisiones que llevaron a la guerra, abre el cuadro para percibir que gran parte de la Historia depende de los individuos. Conocer la personalidad, los sentimientos, las ambiciones, miedos, grandezas y mezquindades de los líderes de Europa de 1914 es una estrategia de análisis que nos lleva de lo micro a lo macro, de lo individual a lo colectivo, de lo íntimo a lo público.

Así por ejemplo, que el jefe de Estado mayor del ejército austrohúngaro Franz Conrad von Hötzendorf quisiera la gloria militar personal para poder casarse con una mujer divorciada, Gina von Reininghaus, su amante, no es asomarnos con morbo a la vida de los protagonistas de la historia, sino descubrir la relevancia que sus actos personales tuvieron en el desarrollo de los acontecimientos mundiales.

El káiser Guillermo II —un hombre complicado, errático y bravucón que probablemente quería la paz más de lo que quería la guerra— deseaba una Alemania más grande y con alcance global, y para ello retó la supremacía naval de Gran Bretaña y a su tío, el rey Eduardo VII, a quien definía como "el archi-intrigante y vándalo de Europa". A ellos dos, al zar Nicolás II, a los diplomáticos, ministros, generales y demás protagonistas de la Europa de finales del siglo XIX y principios del XX, debemos verlos, como a Porfirio Díaz, en su más densa humanidad, la auténtica: personajes con grandes responsabilidades y arrogantes ambiciones que no siempre actuaron como estadistas, que se dejaron arrastrar por sus emociones o por malos consejos. Hombres con irracionalidades y sentimientos que fueron determinantes a la hora de tomar decisiones: "líderes a los que faltó imaginación para dimensionar la catástrofe y valor para detenerla" en palabras de Margaret Macmillan. Sin duda es difícil oponerse a la presión cuando se habla del honor de un país y de su destino y ninguno de los líderes europeos previó lo que iba a ocurrir, pese a que había muchas advertencias. En resumen, conocer la psique y el contexto de estos hombres nos lleva a reflexionar sobre el hecho de que fue una tragedia para Europa que ellos ostentaran el poder en 1914 y los años previos.

De igual modo, Díaz, que fomentaba su imagen como la un personaje soberano y voluntariamente enigmático, incapaz de favoritismos y ajeno a las disputas políticas, tampoco tuvo la capacidad para dar él mismo el paso culminante en su gobierno, el que lo haría pasar a la historia como el pacificador, el modernizador y el gran demócrata de México. "Usted no es capaz de encontrar un sucesor más digno —le escribe Madero— que la ley". En lugar de eso, mantuvo su política de gobernar con "el mínimo de terror y el máximo de benevolencia". Díaz estaba auténticamente convencido de que el orden en México sobrevivía gracias a él; de que sólo su habilidad, su mano firme y su experiencia hacían posible la paz y la gobernabilidad del país. Si hacemos caso a Bulnes, respecto a que para Díaz "el problema de la paz era un problema del hambre; el problema de la justicia, una cuestión de mano de hierro; el problema de la libertad, una jaula con alpiste", inferiremos que para Porfirio la paz tenía un valor mucho mayor que la libertad o la democracia. Una idea que, paradójicamente, hizo surgir un violento movimiento social y político. Al tratar de preservar la paz mediante "la negociación, la cooptación, la conciliación, el barniz democrático a las prácticas autoritarias, el acarreo político, el clientelismo electoral, la subordinación del Congreso al Ejecutivo y, sólo como recurso de última instancia, la represión", en palabras e José Antonio Crespo, volvió realidad las proféticas palabras de Lerdo de Tejada: "Yo profetizo para México la más grande y poderosa de las revoluciones. No revolución de partidos, estéril y gastada, sino revolución social. Nadie podrá evitarla".

Diferencias en la economía mundial (1913-1918)

La riqueza mundial en la segunda década del siglo XX se distribuye de un modo totalmente desigual. Por un lado, el continente europeo, heredero de una tradición de acumulación de riqueza durante el feudalismo y la Revolución industrial, había ampliado sus fronteras hasta otros continentes, principalmente hacia África, de donde se apoderó de su fortuna y de su territorio. América Latina, antigua colonia del imperio español y portugués, inicia desde el siglo XIX, paralelo a su proceso independiente, su acumulación de capital y una muy incipiente industrialización hasta el final del siglo. Asia, en una porción importante, se convierte en parte del imperio europeo. En el caso de China y Japón y la India, imperios milenarios de gran extensión geográfica y riquezas naturales, habían sido invadidos como parte de distintos y nuevos acomodos geográficos. Por su parte, Australia y Oceanía se han convertido para entonces en parte neurálgica del imperio británico.

De este modo la riqueza se concentra en Europa y se extiende hasta donde llegan sus redes de comercio. El imperio otomano, en una franca agonía después de cinco siglos de control musulmán, políticamente ya no tiene viabilidad ni posibilidad de sobrevivencia. La división que empezó a surgir desde antes de la Primera Guerra, desde los Balcanes hasta Medio Oriente, muestra un mosaico de sistemas económicos y sociales disímbolos, muy atrasados y una ausencia total de fuentes de riqueza que favorezcan a su población, a pesar de que potencialmente es una de las grandes reservas energéticas mundiales.

La gran potencia emergente es Estados Unidos. En 1913 es ya el país con la mayor industrialización per cápita, con un índice de 126, seguido de Gran Bretaña, con 115, y al final Japón y Rusia, con 20. Su participación porcentual en la producción militar es del 32%, seguido de Alemania, con 14.8%, y Austria Hungría e Italia al final, con 4.4 y 2.4%, respectivamente. Rusia tiene el mayor número de personal militar y naval reclutado con un millón 352 de efectivos, le sigue Francia con 910,000. Estados Unidos posee el más bajo, con 164,000, lo que le permite no tener un gasto significativo en mantener un ejército en los albores de la guerra. Desde luego, la mayor concentración de población la tiene Rusia, con 175 millones de habitantes, seguida por los norteamericanos con 97,300,000, y los ingleses con 44 millones. El potencial industrial de Estados Unidos, por su parte, es uno de los más significativos, con 298 puntos originados en su alta producción de hierro, acero y manufacturas (es, también, el país con el mayor consumo de energía del mundo). En potencial industrial está seguido de Alemania, con 137 puntos; mientras que Japón, en los puestos más bajos, posee 25. En lo relativo a la renta nacional, población y renta per cápita, los norteamericanos ocupan el primer lugar, lejanamente seguidos de Reino Unido —a la que supera en un 34%—; de Alemania —a la que triplica— y, muy por debajo, las demás potencias. También es el mayor productor de petróleo —seguido de Rusia y de México— y de carbón; y para 1914, cuenta con la más extensa red ferroviaria, el mayor rendimiento agrícola y las empresas industriales más eficientes. Definitivamente Estados Unidos cambiaría el escenario mundial de 1914, logrando posicionarse sin competencia al final de la contienda en 1918.*

En 1825, Alexis de Tocqueville, en su obra *La democracia en América*, había sentenciado que los norteamericanos, junto con Rusia, serían los grandes protagonistas del futuro. Subrayaba que cada uno tomaría un camino diverso hacia nuevos sistemas sociales, económicos y políticos. Los hechos de la historia le dieron la razón. Estados Unidos, desde su nacimiento, se había convertido en la encarnación política de un nuevo sistema económico: el capitalismo, que tendría como premisa básica para su expansión y desarrollo la ampliación ilimitada de fronteras para sus productos. En el caso de Rusia sus atrasos sociales, incluida la servidumbre, una forma de llamar a la esclavitud y feudalismo, existió hasta 1855; lo que permitió que millones de siervos se liberaran y se crearan nuevas formas de explotación de la tierra. Esto produjo grandes contradicciones que desembocaron en nuevos sistemas sociales y económicos. Con el curso del tiempo se encaminaron a los más terribles totalitarismos, que se convirtieron en una indeleble huella en el siglo XX.

* Fuente: Historia de las relaciones internacionales durante el siglo XX". www.historiasiglo20.org/ESTADIS/

La profecía de Tocqueville se cumplió. El capitalismo de los Estados Unidos de América y el sistema comunista de la nueva Unión Soviética dominaron el mundo y marcaron las tendencias económicas que determinaron la organización política y social de esa centuria. En ese contexto, México, que había iniciado su independencia en 1810, consumándola en 1821 y estaba en permanente lucha por sobrevivir a lo largo de los primeros sesenta años de vida independiente, padecía rezagos sociales y económicos originados en una pesada herencia histórica desde la época del México antiguo, que se profundizó durante la época virreinal y se mantuvo en la época independiente, ante la carencia de un plan preciso de integración nacional. El largo periodo de Díaz en el poder se convirtió en la primera etapa de paz continuada en la historia de México, que hizo posible el crecimiento económico. Su programa modernizador, inspirado en el credo positivista, necesitaba de capital para las grandes inversiones que el país requería. De este modo comienza la primera acumulación económica con la presencia de la inversión extranjera, en la que las fuerzas norteamericanas quisieron penetrar radicalmente hasta lograr el control de la economía mexicana. Porfirio Díaz buscó otras fuentes de financiamiento en países como Inglaterra, Alemania y Japón. Las inversiones inglesas totales, por ejemplo, pasaron de 80 millones de libras esterlinas en 1865, a más de 1,100 millones en 1913. Las exportaciones alemanas a América Latina, igualmente, se triplicaron entre 1873 y 1889 y entre 1889 y 1913. Esto desestabilizó la relación de México con Estados Unidos durante los últimos años del Porfiriato, e inició un alejamiento político real al que se sumaron las abiertas intervenciones de esta nación en Cuba, Nicaragua y El Salvador; pues aunque hasta el final de la década de 1890 esta estrategia de equilibrar los intereses estadounidenses y europeos le resultó bien a Díaz, para 1898 era cada vez más difícil de sostener. Todo esto, sumado a un retraso en la integración de las nuevas fuerzas sociales que surgieron con este crecimiento y a la ausencia de un proyecto político del presidente Díaz de transmisión pacífica del poder por la vía democrática, condujo a que su sistema se colapsara.

Exactamente un mes después del regreso de Italia, en la primavera de 1913, Amada Díaz llega a París a pasar una temporada con su padre. Don Porfirio no puede estar más contento de verla, pues desde que dejaron México hacía ya dos años, no la había visto. Amada es la primogénita y la tradición cuenta que era también su hija más querida. Hija de Rafaela Quiñones, fue concebida en 1867, cuando Porfirio ascendía en su carrera militar. Una vez que se encumbró en la presidencia, asumió la tutela de la niña, en 1879, para darle una mejor vida y educación y, al mismo tiempo, acordó el casamiento de Rafaela con un militar de alto rango. Delfina Ortega, primera esposa de don Porfirio, y después Carmelita Romero Rubio, la cuidaron y aceptaron como hija propia.

Amada y su padre pasan largas horas platicando y poniéndose al día. Pero algunas de sus conversaciones llenan de congoja a la familia. Amada narra con detalle los terribles días en que la Ciudad de México quedó casi destruida por la artillería y cómo aquellos que salían a buscar comida y agua caían muertos víctimas del fuego cruzado. Su esposo, Nacho de la Torre, había rentado el coche en el que trasladaron a Madero de Palacio Nacional a Lecumberri y su propio capataz, Francisco Cárdenas, había sido quien le disparó en la cabeza a Madero.

El matrimonio Díaz y Amada viajan a los Alpes suizos y a San Juan de la Luz, en el Golfo de Gascuña. Pasan los meses juntos; emprenden largas caminatas y se sientan al aire libre a disfrutar las tardes. Pero en agosto reciben la inesperada visita de Félix y su esposa Isabel Alcolea. El sobrino llegó buscando el auxilio del tío para enfundarse en la presidencia por medio de las elecciones que en octubre tendrían lugar en México. Félix piensa que su mejor acto de campaña sería contar con el apoyo público de don Porfirio. Por la correspondencia de este último sabemos que aunque muchas veces lo favorecía y lo ayudaba, varias veces repitió: ¡Félix es un tonto! Y en esa ocasión, y a pesar de tratar de convencer al tío, don Porfirio le negó su ayuda.

Así reunidos en familia y en compañía de sus amigos, pasan el otoño en Biarrritz y allí celebran el cumpleaños 83 de don Porfirio. A finales de septiembre, Amada vuelve a México; su padre y Carmelita la acompañan en coche hasta Santander, donde toma el barco que la llevará de nuevo al México de la Revolución. Su llegada a Santander ocurre como meros visitantes y aunque el consulado mexicano no sabía que estarían en la ciudad, el arribo del general Díaz se sabe inmediatamente.

El vicecónsul de México en España, Roberto García, que había sido diputado, acude a saludar a don Porfirio. Debieron tener un encuentro muy amable pues, según la nota que publica el diario *Santander*, "don Roberto conocía a don Porfirio desde muchos años atrás". También está en el recibimiento el alcalde Leopoldo Gutiérrez. La familia llega a Santander como a las siete de la noche, por lo que después de los saludos cenan y se retiran a sus habitaciones del hotel Europa, donde se hospedan.

Al día siguiente don Porfirio, Carmelita y Amada visitan el Palacio Real de la Magdalena en compañía del alcalde, del presidente de la Cámara de Comercio, el señor Fernández Baladrón, el señor García y Francisco Castelló, amigo de la familia Díaz. Tras la visita —que dura aproximadamente una hora y media y en la que vieron desde las cocinas, los sótanos y cada rincón de aquella mansión— la familia vuelve al hotel Europa a almorzar. A media comida, el personal del hotel le informa a don Porfirio que querían saludarlo un grupo de comerciantes montañeses que habían vivido en México por largo tiempo.

Don Porfirio no desea hacer esperar a los visitantes y abandona de inmediato la mesa para atenderlos; pasa al salón donde los comerciantes esperan para tener con ellos un encuentro "cordialísimo", según la nota que publicó el periódico *La Atalaya*. En palabras del *reporter*:

El general pareció transfigurarse al encontrarse frente a aquellos otros veteranos del trabajo, que en unión suya contribuyeron a la prosperidad de la gran República [mexicana]. Sus ojos, acerados, enérgicos, en los que la edad no ha podido dibujar desmayos llamearon. Todo él se rejuveneció. Los apretones de manos fueron mudos y elocuentes testimonios de la hidalguía española.

Dos de aquellos comerciantes exponen a don Porfirio su deseo de ofrecer un banquete en su honor "como débil muestra de la gratitud con él contraída". Don Porfirio pensaba volver a Biarritz tan pronto como Amada abordara el vapor que la llevará de nuevo a México, más aún porque en la playa francesa lo esperan su hijo Firio y sus nietos. Pero los comerciantes lo convencen para que se quede unos días más y para Porfirio las muestras de admiración y reconocimiento, más allá de las que le prodiga su propia familia, van siendo cada vez más necesarias, más reconfortantes para contrarrestar el olvido en que lo van dejando sus compatriotas. Con poca renuencia acepta quedarse y sus felices anfitriones comienzan rápidamente los preparativos en el Real Club de Regatas. El tiempo apremia: hay que definir el menú, las bebidas, los protocolos, ¡los invitados!; de inmediato telegrafían a otros amigos para que también viajen a Santander y participen del banquete que se celebró a la una de la tarde en el restaurante Miramar.

El 23 de septiembre, finalmente, a las tres y media de la tarde, don Porfirio y Carmelita, junto al señor García y Francisco Castelló encaminan a Amada al muelle y abordan una lancha que los lleva cerca del trasatlántico *Espagne*, que la llevaría de regreso a México. En cuanto se acercan al trasatlántico, muchos mexicanos se dan cuenta de que don Porfirio está allí y profieren una larga algarabía, plena de aclamaciones, aplausos y gritos. Emocionada de ver el entusiasmo que genera su padre, el hombre al que Gamboa definió "serio siempre, siempre en su papel, sin sonrisa, sin inclinaciones de su cuerpo alto y fuerte; su rostro, que nunca lo traiciona, en el que nadie puede descubrir cuándo está contento y cuándo disgustado, perfectamente enigmático", Amada se despide cariñosamente de todos y con sentidas palabras le dice adiós al general. Será la última vez que don Porfirio la abrace y la última que Amada escuche su voz. Esa con la que, también en palabras de Federico Gamboa: "Imponía y causaba pavor al mismo tiempo [...] su voz ronca, de timbre especial, frecuentemente interrumpida por la dificultad de la expresión [y que] era la de un jefe que daba órdenes fulminantes y no admitía réplica de nadie".

Pero para Amada era la voz dulce del que le ha dado la vida. Y aunque no lo sabían, nunca volverían a verse.

El alcalde y el señor Fernández Baladrón invitan al matrimonio Díaz a visitar el Sanatorio Marítimo de Pedrosa, que alojaba lisiados y enfermos, en la Isla de la Astilla, para aprovechar la espléndida tarde paseando. Ni los niños ni los profesores del Sanatorio esperan la visita, pero reciben a los invitados con sorpresa y con amabilidad. Los visitantes recorren los salones y las dependencias del Sanatorio comprobando la buena organización del establecimiento. Carmelita, siempre gustosa de tratar a los niños, habla con algunos y conversa con otros que, castigados, estaban en cama; les pregunta sobre las causas de sus castigos y ellos la sorprenden con sus ocurrencias.

Luego asisten a una de las clases que se dan al aire libre. El profesor de niños sordomudos reúne a los alumnos alrededor de don Porfirio y Carmelita y les hace un pequeño examen de las cosas que aprenden en la escuela. Los niños superan con creces la prueba, pero la siguiente demostración deja sorprendidos a todos los asistentes. El maestro, marcando las palabras, le comunica a una niña sordomuda que el general Porfirio Díaz estaba allí. La niña indica por medio del tacto la información a un niño ciego y éste, comprendiendo todo, lo dice en voz alta. Los visitantes elogiaron la labor del profesor y felicitaron a los niños.

Como la comitiva había llegado de sorpresa, el personal del Sanatorio no tiene preparado ningún refrigerio para los visitantes. Pero ofrecen a don Porfirio convidarle de una leche riquísima, que está destinada para los niños. Por supuesto, el general Díaz rechaza el ofrecimiento y abandonan el Sanatorio en medio de la algarabía de los chiquillos. ¿Cuántas veces don Porfirio había recibido la entusiasta aclamación de los niños de las primarias en México, aquellos que salían con banderitas tricolores a recibirlo?

Las escuelas de México eran una asignatura pendiente. Cabe recordar que en ellas el gobierno de Díaz empleaba los métodos de enseñanza de Enrique Rébsamen, que recogía los "adelantos" del siglo XIX en el aprendizaje de la lectura y la escritura. Durante el Porfiriato se privilegió la "enseñanza objetiva", un método basado en el estudio de la realidad por medio de la ciencia, como dictaba la filosofía positivista. Pese a estos esfuerzos, el analfabetismo al final del siglo XIX y principios del XX rondaba al 75% de la población.

Era la época en la que los Grandes Almacenes del Palacio de Hierro ofrecían en anuncios de los periódicos las novedades para los niños: tableros de damas chinas a tres pesos con cincuenta centavos; muñecas de celuloide (las populares "muñecas de *sololoy*" de aquellos tiempos) con brazos articulados desde los 2.50 pesos; y cajas de soldados "inquebrables" a 8.25 pesos.

Se estima que en esos años había alrededor de 60,000 extranjeros que radicaban en nuestro país. Las lecturas para niños, sobre todo en francés, eran consideradas de "mayor cultura", y comenzaron a circular en México los libros editados en el extranjero.

Al ver a esos niños que lo recibían con entusiasmo, quizá Díaz pensaba también en aquella niña de nombre María Teresa, que el 25 de agosto de 1910 le escribió una carta al presidente de México:

Sr. Muy atrevida voy hacer [sic] en dirigirle á Usted la presente pero las circunstancias en que me encuentro, dan lugar a mi atrevimiento. El objeto de mi carta es este y yo no se [sic] si será causa de un desaire. Sr. Gral. En el colegio me han escogido para ir el día 7 de Sepbre. á cantar frente al Palacio Nacional y quieren que vallamos [sic] de blanco, y en este momento mi papá está falto de recursos y por lo tanto ruego a Usted me ayude con algún dinero para comprarme lo dicho. Sr. Usted que tiene un corazón noble y caritativo creo que no me desamparará. Voy a poner mi dirección si no le es molesto contestarme y queda de Usted una humilde niña que besa sus plantas.

El matrimonio Díaz vuelve a París y ocupó por algunos meses más sus habitaciones en el hotel Astoria. En noviembre, don Porfirio acude a un estudio fotográfico donde le hacen el que será su último retrato. Pide usar su uniforme militar y en el pecho se cuelga sólo condecoraciones mexicanas. El invierno les trae malas noticias. En septiembre, Lucio Blanco había expropiado la hacienda de Félix, "Los Borregos", en Matamoros, con la intención de fraccionar terrenos y otorgarlos a quienes no tuvieran y desearan cultivarlos. Carlos Tello apuntará que se trata del primer reparto agrario de la Revolución. A esa mala noticia se sumará una más: en los primeros días de enero de 1914, el esposo de Luz Díaz, Francisco Rincón Gallardo, será asesinado en el rancho Palo Alto en Aguascalientes. La Revolución en México es irrefrenable.

Huerta y la (re)acción mexicana (1913-1914)

Huerta se ha convertido en el presidente de México y posee el apoyo de varios sectores. No pocos se sienten más que tranquilos de que aquello hubiera ocurrido. Sin embargo, como ya he dicho, Venustiano Carranza se opuso y, más pronto que tarde, rompió relaciones con el gobierno huertista. El gabinete presidencial considera entonces que la pacificación del país es la prioridad. Michael C. Meyer citará el *Diario de los Debates*, del 1 de abril de 1913, cuando Huerta se presenta ante el Congreso e intenta leer su primer informe a la nación. Sólo lee algunas líneas, pues tiene un padecimiento en los ojos que va empeorando. Un ayudante lee el discurso del presidente y al final Huerta añadió de viva voz: "Pero yo garantizo a la representación nacional, yo garantizo a la República con mi vida, que el Ejecutivo de la Unión [...] sabrá, cueste lo que cueste, hacer la paz aun al precio de la propia vida del que está hablando". Tales palabras sólo pudieron ser seguidas de una tormenta de aplausos y una gritería desordenada que de fondo llevaba un "Viva el general Huerta". Tiempo de sangre y de consignas, algunas de las cuales se volverían realidad como la de Madero cuando, en términos semejantes, expresó: "Después de que triunfe la revolución, espero perder la vida, no importa cómo, porque una revolución, para que sea fructífera, deber ser bañada por la sangre de quien la inició".

El régimen de Huerta busca incluso el apoyo de don Porfirio. En febrero de 1913, Mondragón, en su papel de secretario de Guerra y Marina, envía una carta al hotel Astoria en nombre del presidente interino de la República, de él mismo y de todos los generales, jefes y oficiales del Ejército —misma que se encuentra resguardada en el Archivo Histórico de la Secretaría de la Defensa Nacional— para comunicarle que "vería con mucho gusto y gran entusiasmo" que aceptara volver al servicio activo para que tomara la cabeza del ejército y para que, "con la influencia de su nombre se derrame instantáneamente la paz que tanta falta hace a nuestra querida Patria". Poco menos de un mes después, el 5 de marzo, Mondragón envía otra carta al Astoria, para insistir en que acepte volver al servicio activo para rendirle el honor de que sea él quien ocupe la primera línea del escalafón militar.

A finales de septiembre de 1913, Aureliano Blanquet, a cargo de la cartera de Guerra y Marina, envía otra carta a don Porfirio por medio del consulado de México en París en la que le comunica que el presidente interino "se ha servido disponer sea usted llamado al servicio y espera se dignará usted aceptarlo, en inteligencia de que continuará usted en esa mientras lo juzgue conveniente" y para cerrar la misiva y casi sin importancia le comenta que "ya se le mandan abonar sus haberes en oro". Tal cantidad equivalía a ciento once francos con cincuenta y nueve centavos diarios y se le haría llegar por medio del agente financiero de México en Londres, y así quedaba "sin efecto" la disposición que había dado don Porfirio en 1912 de que su pensión anual fuese distribuida en partes iguales entre los alumnos de la Escuela Militar de Aspirantes una vez que obtuviesen el cargo de subteniente y se incorporasen al ejército.

El 27 de enero de 1914, el agente financiero del Gobierno Mexicano envía la siguiente carta al gobierno de Huerta:

En virtud de las órdenes correspondientes esta Agencia liquidó el día 20 del actual al Sr. General de División Don Porfirio Díaz sus haberes desde el 20 de septiembre último al 31 del actual a razón de Frs. 111.59 diarios.

Hoy se ha recibido en esta Agencia una nota del referido Sr. General Don Porfirio Díaz devolviendo el cheque por importe de sus haberes y en la comunicación dirigida a usted, que es adjunta, tiene a bien explicar los motivos que le impulsan a no aceptar haberes como General de División de nuestro Ejército.

En tal carta adjunta, dirigida al secretario de Guerra en turno —seguramente escrita por la suave y exacta caligrafía de Carmelita y firmada por la temblorosa mano de don Porfirio, según se puede inferir de la diferencia de los trazos entre una y otra—, el ex presidente de México expresa su agradecimiento por el envío del cheque de 14,953 francos correspondientes a sus haberes de pensión, pero insiste en que no puede aceptarlo dadas "las difíciles circunstancias del terreno público", pero que es un hecho feliz para él que su nombre reaparezca en el escalafón del ejército, pues —y cierra la carta con estas líneas— "me enorgullece y colma mis ambiciones porque me lleva de nuevo al seno del valiente y abnegado Ejército". No es fácil distinguir si Díaz escribe con sincera modestia o se trata de un estratégico intento, disimulado, de evadir las propuestas de Huerta a las que el ex mandatario percibe como un modo de "comprarlo". Puede ser, no negaremos la dialéctica interpretativa, que se trate de un verdadero gesto amable de parte de Huerta, pues sabemos que admiraba y estimaba a don Porfirio. Por otro lado, también le otorgaron el empleo de "General del Ejército", uno de los nuevos cargos que aparecieron con la reestructuración que hizo Huerta de dicho cuerpo. En el archivo histórico de la SEDENA hay algunas cartas de Porfirio Díaz en las que agradece el nombramiento. Díaz no apoya a Félix ni tampoco a Huerta. Es interesante reflexionar cuáles serían los pensamientos que le cruzan por la cabeza ante el cambio de situación. ¿De verdad habrá querido hacerse a un lado para ya no inmiscuirse más en la vida política de México, más que como un ciudadano?

El campo de batalla y los problemas del gobierno interino de Huerta (1913-1914)

Los primeros en rebelarse fueron Orozco y Zapata. El gobierno huertista envía emisarios para pactar la paz y tras aceptar todas las demandas orozquistas, estos acceden a dejar las armas. Pero no ocurre lo mismo al sur. Zapata se niega a reconciliarse con el gobierno de Huerta, por lo que el presidente envía tropas a someterlos. Aunado a ello, Venustiano Carranza promulga el Plan de Guadalupe, en el que desconoce al gobierno de Huerta y se denomina jefe del Ejército Constitucionalista. Se trata de un plan político que busca defender la fidelidad a la Constitución, pues ante los ojos de Carranza, la forma en la que Huerta se ha hecho de la silla presidencial es, a todas luces, ilegal.

Los brotes constitucionalistas en el norte, más los rebeldes zapatistas de Morelos, tienen muy ocupado al ejército, que no se da abasto para controlar las manifestaciones de violencia. Huerta decreta una nueva ley de amnistía total para los revolucionarios que abandonen las armas. Los emisarios huertistas, enviados para negociar con Carranza, son tomados prisioneros tras la negativa rotunda de aquel. Así, el gobierno federal tiene que cambiar de táctica ante la reacia negativa de los rebeldes.

El general Juvencio Robles, quien, al igual que Huerta, tiene la reputación de violento, es enviado a someter a los zapatistas. Las campañas en Morelos son de las más feroces: los poblados son arrasados, hay ejecuciones continuas y ante cualquier gesto sospechoso, las personas son enviadas a los campos de colonización lejos de Morelos. Pascual Orozco, ya del lado de los federales, es enviado a Chihuahua para combatir a los constitucionalistas. Por aquellos días, Carranza revive un decreto proclamado por Benito Juárez en la época de la intervención francesa —del que hablaré más adelante—, cuya principal disposición era la de ejecutar de manera sumaria a los enemigos que cayeran prisioneros. Con ello, la mecánica de la Revolución cambia, los participantes de uno u otro bando estaban a merced de sus contrarios, y sólo quedan dos opciones: ajusticiar o ser ajusticiado. A pesar de los esfuerzos de Huerta, cerca del fin de año los constitucionalistas le llevan ventaja y el panorama de su gobierno se ennegrece.

El representante de Estados Unidos, Henry Lane Wilson, es un consabido partidario de Huerta, no en vano el pacto entre él y Félix Díaz se lleva a cabo en la embajada norteamericana y bajo la mediación de Wilson. Sin embargo, cuando Madero y Pino Suárez son asesinados, el periodo presidencial de William Howard Taft está por terminar y por ello no se pronuncia al respecto. Su sucesor, Woodrow Wilson, es quien tuvo que resolver la situación. Huerta envía una carta para felicitar al nuevo presidente, y la respuesta —contará Meyer— fue un frío acuse de recibido dirigido al general Huerta, no al presidente Huerta.

El primer mandatario norteamericano piensa que Huerta encarna todo aquello que está mal en Latinoamérica: gobiernos autoritarios antidemocráticos, llegados al poder fuera de todo marco constitucional, corruptos y sanguinarios. Por ello, las autoridades norteamericanas no reconocen el gobierno huertista y tal hostilidad contra el presidente envalentonaba a los constitucionalistas y zapatistas. Por el contrario, como adelanté arriba, el resto del mundo sí reconoce a Huerta: Inglaterra, Francia, China, España, Austria-Hungría, Colombia, Alemania, Italia, Japón, Suiza y Rusia, entre otros más.

La mayoría de los norteamericanos residentes en México apoyaban a Huerta y manifestaban tal opinión ante sus autoridades; aún más, los empresarios en Estados Unidos veían con recelo el hecho de que varios países —sus competidores potenciales— pudiesen obtener algún tipo de ventaja sobre ellos debido a la falta de reconocimiento. Sin embargo, Woodrow Wilson no cambió de opinión e incluso Henry Lane Wilson fue removido del cargo en julio de 1913 y tuvo que comparecer en Washington para ser interrogado sobre su participación en el derrocamiento del gobierno maderista.

Años más tarde, al final de la Gran Guerra, en las negociaciones de los vencedores para crear una Sociedad de Naciones que aportara la seguridad colectiva que, en una sociedad civil bien dirigida, proporcionaba el gobierno, sus leyes, sus tribunales y su policía, se tomó como eje rector la visión de Wilson en torno a que esta sociedad debía tener un consejo que pudiera "entrometerse" en caso de surgir disputas. "Si no conseguía nada la nación culpable sería proscrita", decía Wilson, a quien le gustaba señalar que eso era lo que había hecho Estados Unidos en la guerra civil mexicana. En *La querella de México*, Martín Luis Guzmán dirá:

> Los Estados Unidos son dueños del destino de México en cuanto al mayor poder y autoridad de que gozará siempre el partido mexicano que ellos ayuden. Que es ésta, por razones obvias, muy grande porción de nuestros destinos, nadie lo negará: quien tenga en México el apoyo yanqui, lo tendrá casi todo; quien no lo tenga, casi no tendrá nada; y nadie negará tampoco que ello es irremediable, por ahora al menos.

Además de las pocas victorias en el campo de batalla y el poco éxito diplomático con la cuestión americana, la actuación de Huerta al frente del gobierno estuvo plagada de errores cuyo origen no era la falta de inteligencia, sino la personalidad dominante e intransigente del nuevo mandatario. El gabinete presidencial había quedado integrado por hombres de gran intelecto y capacidad, pero Huerta no los dejaba actuar; él absorbía todas las decisiones y trataba a los secretarios como a miembros de la tropa bajo sus órdenes. No le gustaba ser cuestionado ni que sus disposiciones fuesen criticadas. Así, poco a poco, los ministros fueron renunciando, incluso Mondragón pronto renunció a la cartera de Guerra y Marina y partió al exilio.

El amordazamiento de la prensa y la persecución de los críticos del régimen se volvieron la moneda corriente. Las cárceles de la Ciudad de México y de varios estados de la República estaban abarrotadas de todo tipo de personas que habían emitido algún juicio en contra del actuar del presidente. La prensa fue duramente perseguida. Se desató una ola de terror dado que el gobierno, sin ningún recato, utilizó los asesinatos y las desapariciones como arma. Así, ante la violencia y la muerte, muchos ciudadanos que habían puesto sus esperanzas en el régimen de Huerta se distanciaron de él. Los menos se volvieron constitucionalistas y zapatistas y salieron de la Ciudad de México. Pero la mayoría optó por el silencio, el retiro o el destierro voluntario. Hacia finales de 1913, muchas familias —acomodadas o no tanto— comenzaron a salir del país.

La relación entre el presidente Huerta y el Congreso era aún peor que con el gabinete. El Senado estaba lleno de sus partidarios, por lo que fácilmente lo manipulaba; sin embargo la Cámara de Diputados estaba integrada por una ligera mayoría maderista. Allí estaba Belisario Domínguez, diputado por el estado de Chiapas, que se convirtió en abierto y férreo opositor de un régimen al que consideraba espurio. Su oposición franca culminó con su secuestro y asesinato en presuntas manos de Aureliano Urrutia, fiel adicto de Huerta. Los diputados pidieron a Huerta que investigara y declararon que se quedarían en sesión permanente hasta tener noticias de Domínguez. Ante la agitación y la rebeldía creciente de la Cámara, Huerta decretó la disolución del Congreso y el arresto de los críticos a su gobierno.

Los problemas en el campo de batalla, en la diplomacia, los enfrentamientos con los diputados y con la prensa se sumaron a una crisis económica que Huerta tuvo que encarar. Al no conseguirse la paz, el desorden reinante hizo necesario que se integraran más hombres al ejército y los mecanismos de la leva se hicieron más violentos. Así que los hombres abandonaron los campos, las fábricas y los centros de trabajo para engrosar las filas del ejército; la falta de aquellas manos hizo que tanto la producción y los ingresos declinaran, de tal manera que la bien aceitada maquinaria económica que había engranado Limantour durante varios años fue sometida a una dura prueba. Señala Meyer que para agosto de 1913, el gobierno huertista tenía un déficit mensual de aproximadamente seis millones de pesos.

Huerta había recibido las arcas de la Tesorería Nacional casi exhaustas, aunque no queda claro si había alguna responsabilidad del gobierno de Madero. ¿Qué pasó con los 63 millones que el gobierno porfirista había dejado en la Tesorería y en las oficinas de los gobiernos estatales? ¿Qué fue de los 14 millones que como superávit había reportado Limantour en 1910?

El gobierno huertista pidió préstamos a acreedores europeos y con mucho trabajo le concedieron uno; pero cuando debían enviarle la segunda parte del dinero, los prestamistas decidieron no hacerlo. Tenían miedo de que en cualquier momento ocurriera algo inesperado con el régimen y éste se derrumbara igual que el maderista. Tal miedo era alimentado por la falta de reconocimiento por parte de Estados Unidos. Además, como el gobierno de Huerta no puede pagar los intereses de los préstamos en el plazo acordado, los prestamistas —amparados por sus respectivos estados— le dan la espalda. La situación del presidente comienza a ser desesperada al comenzar 1914.

FIN DEL HUERTISMO Y ELEVACIÓN DEL CONSTITUCIONALISMO
(1914-1916)

Los primeros seis meses de 1914 fueron especialmente duros para el régimen huertista. El gobierno norteamericano levantó el embargo de armas que había impuesto y así los rebeldes lograron obtenerlas sin problemas. En el norte, Francisco Villa, Felipe Ángeles y Jesús Carranza se iban apoderando de pueblos y ciudades para el bando constitucionalista; mientras que el sur estaba asediado por los zapatistas. Aunque en los enfrentamientos tanto federales como rebeldes sufrían bajas, en el lado del gobierno eran más considerables, pues el número de desertores era muy alto.

Estados Unidos ponía en jaque al gobierno de Huerta constantemente. A principios de abril un incidente menor lleva en pocos días a la catástrofe. Cerca de Tampico, unos marinos estadounidenses a bordo de un bote ballenero se abastecían de gasolina en un almacén. Al ser advertidos por el coronel mexicano Ramón Hinojosa, fueron arrestados y conducidos a pie al cuartel general por estar en una zona prohibida y sin contar con pase de autorización. Luego, cuando se aclaró que se trataba de una parte de la tripulación del *U.S.S Dolphin*, fueron puestos en libertad, terminaron de cargar gasolina y volvieron a su embarcación.

El comandante de las fuerzas navales norteamericanas, el contralmirante Henry T. Mayo, se enteró del arresto y de inmediato dirigió una enérgica protesta al general mexicano Morelos Zaragoza, encargado de la defensa de la ciudad. Éste inmediatamente se disculpó, pero para Mayo no fue suficiente, pues alegaba que los marinos iban en una nave con la bandera norteamericana y eso era suficiente para exigir un desagravio formal. No sólo pedía el castigo recio para Hinojosa, sino que se izara la bandera de las barras y las estrellas en un punto importante de la playa y que se dispararan veintiún cañonazos para saludar con honores a la insignia. Aquello debía realizarse en un plazo de veinticuatro horas. Mayo exigió aquella formalidad sin avisar a sus superiores, pero cuando se supo en la Casa Blanca, el gobierno de Wilson apoyó a su comandante.

Cuando el presidente Huerta se entera de lo ocurrido, el plazo había casi concluido. Tanto el subsecretario de Relaciones Exteriores, Roberto A. Esteva Ruiz, como el propio Huerta, opinaron que era un incidente para nada grave y ambos insistieron en que no se había cometido ninguna ofensa a la bandera norteamericana. Por el contrario, los vecinos del norte ofendían a México con esta solicitud y con sus formas, pues era aceptar la soberanía del extranjero sobre México. Por un lado, Huerta rechazaba la imposición de los norteamericanos y por el otro, deseaba apelar al patriotismo de los mexicanos. Si enfrentaba al abusivo gigante se podría ganar la simpatía pública, que buena falta le hacía. Wilson y su gabinete dieron un paso en dirección más drástica. El 14 de abril de 1914 se ordenó a la flota apostada en el océano Atlántico adentrarse en aguas mexicanas y reforzar sus posiciones frente a Tampico y Veracruz. Y el desastre sobrevino.

En los últimos meses de 1913, Huerta había decido eludir el embargo de armas impuesto por los norteamericanos y conseguirlas a como diera lugar. Así que contrató a un equipo de contrabandistas para adquirirlas y llevarlas a México. Uno de ellos era León Raast, vicecónsul ruso en México. Él compró un cargamento de armas en Connecticut y para no ser detectado, lo envió a la ciudad de Odesa, en Rusia, y de allí a Hamburgo, donde lo embarcaron en el vapor *Ypiranga* rumbo a Veracruz. Sí, el mismo barco que había traído a Bernardo Reyes de Europa a Cuba y que había llevado a Porfirio Díaz al viejo mundo era el que se usaba ahora para traer las armas que compró Huerta. Las armas estaban por llegar en abril de 1914, justo cuando el arresto de los marinos del *U.S.S Dolphin* se había convertido en un problema diplomático mayor y estaba en su punto más crítico.

El cónsul norteamericano en Veracruz, William W. Canada, avisó al gobierno de su país sobre el cargamento y el secretario de Marina Josephus Daniels ordenó a los marinos frente al puerto apoderarse de la aduana para evitar el desembarco de armas. De tal manera que el 21 de abril comenzó la invasión de Veracruz cerca de las 11 de la mañana. Los marinos norteamericanos notificaron a Gustavo Maass, comandante de las fuerzas federales mexicanas, del próximo asalto a la ciudad y lo compelieron a evacuarla. Sin embargo, él les contestó que se abstuvieran porque de ser así tendría que repelerlos por la fuerza.

Así, los pocos soldados que no habían sido enviados a Tampico, donde se pensaba que podía ocurrir un enfrentamiento, defendieron la ciudad junto a muchos civiles que se sumaron a la lucha. Pero, y muy a pesar de sus esfuerzos, de los heridos y los muertos, en pocas horas, los norteamericanos se hicieron no sólo de la Aduana, sino de la oficina de correos y telégrados y de la estación del ferrocarril. Era muy claro que Estados Unidos había violado el Tratado de Guadalupe-Hidalgo, firmado en 1848, en el que ambos países acordaron arreglar sus disputas de manera pacífica, tras haberse hecho la guerra de 1846. Así, Huerta dio a conocer los hechos a la prensa internacional, buscando el apoyo de las potencias europeas.

En México, el asalto a Veracruz tocó una de las fibras más sensibles de los mexicanos, quienes recordando aquella guerra no podían menos que volver a enardecerse por la pérdida de Arizona y Nuevo México. Los habitantes de varias ciudades volcaron su resentimiento contra periódicos, tiendas, almacenes y banderas norteamericanas. En algunos casos la violencia se desató y tales símbolos fueron destruidos o reducidos a cenizas. En la Ciudad de México, la estatua de Washington, inaugurada en las fiestas del Centenario, fue derrumbada del pedestal y arrastrada por las calles a manera de protesta.

Numerosos sectores ofrecieron sus servicios al gobierno: estudiantes, obreros, ferrocarrileros, y aun mexicanos residentes en Estados Unidos. En el aire flotaba una idea que luego se materializó por medio de hojas y pasquines: los mexicanos debían dejar sus diferencias internas y hacer frente común contra el agresor. De tal manera que Huerta se movilizó para unir al país en un solo bando. Pidió facultades extraordinaras en Guerra, Hacienda y Comunicaciones para afrontar con prontitud cualquier ataque y decretó una nueva ley de amnistía para atraer a los rebeldes.

Los representantes de Argentina, Brasil y Chile ofrecieron a México y a Estados Unidos mediar la situación para terminar con el conflicto. Un representante de Carranza fue invitado a esta reunión. Los norteamericanos pidieron a los ministros que también mediaran la resolución del conflicto entre facciones al interior de México. Para los norteamericanos el único arreglo aceptable era la renuncia de Huerta. El representante de los constitucionalistas no asistió y no se llegó a nungún acuerdo, pues México dejó claro que tal mediación era para terminar con el conflicto entre países y ninguno podía inmiscuirse en sus problemas internos.

Este conflicto significó el final del gobierno huertista, pues se conjuntaron en él el aspecto diplomático, militar y económico. Huerta había movilizado a las tropas de todo el país para defender los puertos de Veracruz, Tampico, las fronteras y el camino a la ciudad de México. De tal manera que aquellos puntos al interior de la República que estaba controlados por federales fueron tomados por los rebeldes. Al tomar la Aduana, los norteamericanos le cortaron el suministro de dinero al gobierno huertista. Así, para mediados de 1914 la situación de este gobierno es más que desesperada.

Mientras tanto, Venustiano Carranza con los constitucionalistas se siguen adjudicando logros; capturaron Tampico y Tepic. Pánfilo Natera fue designado para tomar Zacatecas, pero los ataques no surtían efecto. Villa tomó Saltillo y, aun desafiando la orden de Carranza, decidió por sí mismo avanzar hacia Zacatecas. A aquellos dos se les sumó Felipe Ángeles y entre los tres emprendieron la toma de la ciudad. Mientras, del lado de los federales, Luis Medina Barrón, general encargado de mantener la posición de la ciudad, esperaba los refuerzos de Pascual Orozco, quien estaba bajo las órdenes de Huerta.

Tras el cruento ataque, la superioridad en el número de los rebeldes barrió con los federales. Medina Barrón evacuó la ciudad, dinamitó el arsenal que le quedaba y el edificio de gobierno para que los rebeldes no se beneficiaran de ello. Entregó la ciudad la tarde del 23 de junio. Esta batalla significó el fin de Huerta, pues aunque aun estaban lejos, esta victoria dejaba a los consitucionalistas la puerta entreabierta para llegar a la ciudad de México. Huerta renunció el 15 de julio de 1914 y se marchó con su familia al exilio en España.

La historiografía de la Revolución utilizó los tonos más oscuros para hacer el retrato de Huerta y habría que rescatar el análisis imparcial que trató de hacer Michael C. Meyer en la obra que escribió para estudiar a este personaje. Este autor apuntará que a pesar de estar rodeado de malversación de fondos y corruptelas de toda especie, Huerta aparentemente no buscó enriquecerse. Tras su caída en julio, en su exilio en España vivió de manera modesta. Tras su muerte, al año siguiente, su esposa Emilia no heredó más que poquísimos bienes. Ha pasado a la historia de México como uno de los personajes más odiados y quizá por ello no hay muchos estudios sobre su gobierno, ni sobre la actuación de los miembros del gabinete.

A principios de 1914, la familia Díaz deja el hotel Astoria y cambia su residencia al departamento número 28 de la avenida del Bois en París. Cada vez es más tensa la vida en Europa y la población presiente la guerra. En tanto, don Porfirio se va convirtiendo en parte del paisaje, tenía su pesado bastón de puño de oro y alma de hierro, no para apoyarse sino para subrayar su recta figura. Con frecuencia, la familia rentaba dos caballos en la Pensión de la Faissanderie, uno para don Porfirio y otro para quien lo acompañaba en sus paseos. Pero al comenzar el verano viajaron al Golfo de Gascuña. Ese año, la estadía se prolongó más de lo habitual. La Gran Guerra mantuvo a la familia en las playas de San Juan de Luz durante nueve meses. Al comenzar la guerra, muchos jóvenes tuvieron que enlistarse en las filas del ejército. Antes de partir, algunos de ellos buscaron al general Díaz en la villa de Briseïs, donde vivía, para que les hablara de la guerra. Don Porfirio charló con ellos sobre el honor de defender la patria.

La Gran Guerra estalló cuando el heredero al trono austro-húngaro, el archiduque Francisco Fernando, y su esposa Sofía fueron asesinados en Sarajevo por nacionalistas serbios. Austria pidió entonces ayuda a su aliada Alemania para cargar contra Serbia. Rusia salió en defensa de Serbia con el respaldo de Francia. Austria declaró la guerra a Serbia, y Alemania a Rusia y Francia, que pidió a su vez auxilio a Gran Bretaña. Cuando Alemania invadió la neutral Bélgica, Gran Bretaña irrumpió a su vez en un conflicto que se extendió por Europa como una catástrofe inusitada. Todo se escapó de control en sólo 37 días que pueden resumirse en la siguiente cronología de declaraciones de guerra: Austria a Serbia (28 de julio de 1914); Alemania a Rusia (1 de agosto de 1914); Alemania a Francia y Bélgica (3 de agosto de 1914); Austria a Rusia (4 de agosto de 1914); Francia y Gran Bretaña a Austria (11 de agosto de 1914); Japón a Alemania (21 de agosto de 1914).

A partir de ahí se sucedió una andanada de nuevas declaraciones de hostilidad: Bulgaria a los aliados (octubre de 1915); Rumanía a los imperios centrales (agosto de 1916). Incluso países a los que no les va ni les viene la política europea declararon la guerra: Cuba y Panamá a Alemania (agosto de 1917); Brasil (1 de junio de 1917, sin declaración expresa); Siam a Alemania y Austria (22 de julio de 1917); Liberia a Alemania (4 de agosto de 1917); China a Alemania (agosto de 1917); Guatemala a Alemania (abril de 1918); Costa Rica a Alemania (mayo de 1918); Nicaragua a Alemania (mayo de 1918); Haití a Alemania (12 de julio de 1918); Honduras a Alemania (julio de 1918). En total se vieron implicados medio centenar de países.

Es claro que a causa de la nueva tecnología militar se podía llegar a un punto muerto. Los militares, por ejemplo, estaban arrogantemente convencidos de que podían llevar a la práctica la teoría de una guerra corta y decisiva y vivían muy equivocados. Hacían de sus minuciosos planes bélicos inflexibles certezas. Argumentaban que una vez puesta en marcha la maquinaria no podía detenerse, so riesgo de perder la guerra.

El 30 de julio era utilizado el primer lanzallamas y el 5 de octubre de 1914, un Voisin III-89 francés, piloteado por el sargento Frantz, que viajaba acompañado de un mecánico de nombre Quenault, como observador, derribó a tiros un Aviatik alemán, entrando a los anales como la primera victoria aérea de la historia. Para ese entonces, la guerra ya no tenía nada de la euforia inicial y mostraba su real y horrible rostro, manchado de sangre. El orden europeo había terminado una época en la que las potencias, más que resolver enfrentarse, decidieron acabar con la paz.

Cuando el káiser Guillermo, por ejemplo, preguntó a su jefe del Estado Mayor, Helmut von Moltke, si era posible atacar sólo a Rusia, y no a Francia, la respuesta fue negativa. Al zar Nicolás II le pasó lo mismo cuando sugirió atacar sólo Austria-Hungría y no Alemania. Mientras la carrera armamentística se aceleraba, los generales y almirantes hacían planes que se tornaban más agresivos y más rígidos. En realidad, hoy sabemos que todos tenían la capacidad de negarse a firmar los documentos que iniciaron las hostilidades. No ocurrió así. En su lugar, quedó una generación entera de grandes políticos y avezados diplomáticos que no supo prevenir la catástrofe.

LA MUERTE DE FRANCISCO FERNANDO (1914)

El 28 de junio de 1914, al inicio de la estación estival, el mundo es testigo de las primeras señales de lo que será la Primera Guerra Mundial. Esos primeros síntomas de la guerra aparecen mientras Porfirio Díaz se encuentra en el Golfo de Gascuña, cerca de la frontera con España. En ese tiempo de exilio, como señalé, los Díaz se acostumbraron a pasar el verano en Villa Briseis, en San Juan de Luz. Después comenzaron a rentar, muy cerca, la Villa Espoir, en Biarritz, por varios meses al año. Porfirio y Carmelita disfrutan del verano francés cuando Europa es sacudida por una noticia: el 28 de junio son asesinados, en Sarajevo, el heredero al trono del Imperio Austrohúngaro, el archiduque Francisco Fernando, y su esposa, la condesa Sofía Chotek. La pareja había decidido realizar esa visita que, sin duda, no tenía los mejores pronósticos; parecería, incluso, una provocación.

No olvidemos que por esos años Europa es víctima de los más acendrados nacionalismos y justo ese día se celebra la fiesta nacional y religiosa de Serbia: el día de San Vito (celebrada el 28 de junio según el calendario gregoriano, o el 15 del mismo mes, de acuerdo con el juliano). Se conmemora además la batalla de Kosovo de 1389, particularmente sensible para la historia, tradición e identidad nacional de Serbia por haber sido derrotados por los otomanos; una derrota que sometió a los serbios a un vasallaje de cinco siglos. Así pues, Francisco Fernando y su esposa visitan la zona en una fecha que explota el rencor contra los turcos haciendo un llamado al nacionalismo serbio. De hecho, días antes, se ha podido escuchar entre los serbios voces que convocan a luchar contra los Habsburgo: "Serbios, armaos de lo que podáis: cuchillos, rifles, bombas, dinamita... ¡Hay que desquitarse! ¡Exterminemos a la dinastía de los Habsburgo! ¡Los héroes que luchen contra ella se cubrirán de gloria!" Pero, recordemos también, la confianza de los grandes imperios es mucha. ¿Quién osaría atentar contra aquellos que rigen el mundo, que detentan el poder absoluto en un mundo ordenado y en pleno desarrollo? El mismo ministro del Tesoro austríaco, Bilinski, cuando supo unas semanas antes de los posibles riesgos que corría la pareja imperial, no se molestó siquiera en informar al ministro de Asuntos Exteriores ni al Belvedere, las oficinas del heredero al trono. Parece que ni su mismo informante, Jovanovich, el ministro serbio, pensó en aconsejar que se suspendiera el viaje.

Para Francisco Fernando ese viaje no sólo representa dificultades políticas, sino de índole personal. Al viajar con su mujer desafía al protocolo, pues Sofía no puede recibir los mismos honores que él como heredero al trono. El mismo káiser Guillermo II de Alemania, amigo y primo del archiduque, había discutido en alguna ocasión con su primer ministro, Bulow, qué hacer en caso de que a Francisco Fernando se le ocurra viajar a Viena acompañado de la condesa Chotek. ¿Cómo presentarle a ella, tan inferior, sus respetos? El gran káiser de Alemania afirmaba: "Si cedo en este caso, veré a mis propios hijos casados con damas de compañía y camareras". Aunque, sabemos, el bravucón germano hizo a un lado su fanfarronería cuando visitó a la condesa en su palacio de Belvedere —donde no tuvo ningún empacho en ofrecerle su consideración— con tal de no poner en riesgo la buena relación de Alemania con el futuro emperador de Austria-Hungría.

La corte vienesa sólo le daba reconocimiento oficial como dama de compañía de la archiduquesa Isabel, esposa del archiduque Federico de Austria, aunque perteneciera a la nobleza medieval bohemia y tuviera grandes atributos personales que incluían una gran inteligencia, religiosidad, prudencia, un comportamiento intachable y un profundo amor y lealtad hacía el archiduque. Era así porque desde 14 años atrás, curiosamente también un 28 de junio pero de 1900, el archiduque acordó renunciar a que su mujer, la condesa Sofía Chotek, y los hijos que procreara con ella pudieran ser miembros de la familia imperial y, por tanto, sus herederos al Imperio Habsburgo. Incluso la nueva familia ni el nombre de la dinastía podía llevar. Una resolución dramática, pero la única posible para que pudiera casarse con una mujer que significaba todo para él, en un mundo en el que era requisito indispensable, para casarse con un Habsburgo, pertenecer a una de las dinastías que reinaban o habían reinado en el pasado en Europa. Requerimiento que Sofía no cumplía.

Francisco Fernando había adquirido el derecho al trono debido a que el hijo mayor del emperador Francisco José se había suicidado en Mayerling, en 1889. Su hermano Maximiliano, siguiente en la sucesión dinástica, había sido fusilado en México y fue, antes de su partida a nuestro país, obligado a renunciar a sus derechos hereditarios. Por tanto, un hermano menor, el archiduque Francisco Carlos, los había trasmitido a Francisco Fernando, quien se preparaba para reinar seguramente muy pronto, pues su tío, el emperador Francisco José, llevaba la corona desde hacía más de sesenta años.

Francisco Fernando y Francisco José mantenían una relación marcada por una formalidad tal que, incluso, todo lo que se hablaba entre el emperador y su heredero se realizaba a través de audiencias privadas o actos públicos. En una de ellas, Francisco Fernando planteó al emperador ¡por enésima ocasión! su determinación a casarse con la condesa checa. Francisco José, como en las mismas ocasiones anteriores, volvió a negarse a autorizar semejante unión. Francisco Fernando, con el arrojo que sólo un amor supremo otorga, propuso que renunciaría a todos sus derechos dinásticos si obtenía la autorización. Una oferta que Francisco José aceptó y determinó que fuera el 28 de junio de 1900 la fecha en que Francisco Fernando renunciaría solemnemente a los derechos de su futura consorte. La decisión no exigió una palabra más y terminó la audiencia.

El día acordado llegó. Francisco Fernando subió las escalinatas que lo conducirían al gran salón de recepciones, donde ya esperaban el resto de los varones de la Casa Archiducal. La Cámara del Consejo Privado, donde se celebraría la renuncia, estaba repleta de cortesanos, consejeros, generales, obispos y jueces. Ocupaban el centro el cardenal-arzobispo Gruscha, de Viena, y el cardenal primado de Hungría; el doctor Schlauch y los gobiernos austríaco y húngaro y los jefes de ambos parlamentos. Ahí, luego de un breve y austero saludo, el archiduque ocupó su sitio entre sus dos hermanos, los caballero de la Orden de María Teresa y del Toisón de Oro, que no emitieron el más mínimo sonido, y en posición muy firme esperó la llegada del emperador. Francisco Fernando había llegado dos minutos antes de las doce, hora programada para la entrada de Francisco José, y no es difícil imaginar que esos 120 segundos debieron parecerle lo más cercano a una angustiosa eternidad. En la pared del fondo había un enorme cuadro que representaba una famosa escena ocurrida en el palacio imperial hacía trescientos años. Decía la leyenda en torno al suceso que se reproducía en el cuadro: "Ocupaba entonces el trono el emperador Fernando II, quien suprimió el protestantismo en el Imperio Habsburgo y produjo la Guerra de Treinta años en el siglo XVII. En el lienzo aparece rodeado de indignados protestantes que intentan obligarlo a firmar un edicto que les permitía practicar libremente su religión. '¡Abdica, abdica!', le gritaban a coro. Pusieron un crucifijo en sus manos y Fernando empezó a orar en silencio. En el último momento resonó en el aire un clamor de trompetas, e irrumpió en el patio del palacio un tropel de caballeros de negra armadura, dispuestos a salvar a Su Majestad". *La llegada de los coraceros* era el título del cuadro que Francisco Fernando veía, deseando quizá también que un grupo de divinos coraceros entraran a galope, dispuestos a salvarlo de la dura consigna que lo obligaba a hacer del amor y del trono una escisión brutal.

Finalmente, Francisco José, enfundado en su uniforme de mariscal y precedido por el chambelán mayor, se dirigió al trono, seguido de los demás miembros de la Casa Imperial. Ahí, con la frialdad que le imponían su rango y la situación, expuso que el heredero al trono había elegido por esposa a una dama cuya nobleza era innegable, pero cuya alcurnia era inferior a la de él. Por tanto, se determinaba que el matrimonio fuera morganático. Esto significaba que, según los estatutos de la dinastía, el archiduque estaba obligado a renunciar solemnemente a todos los derechos de los que hubiera disfrutado si su matrimonio hubiera sido "normal". Con solemnidad, el archiduque colocó frente a una pequeña mesa en la que no había más que un crucifijo entre dos velas encendidas y, hablando por su futura esposa y descendencia, dijo:

En consecuencia, ni nuestra consorte ni los hijos con que Dios pueda bendecir esta unión, ni los descendientes de nuestros hijos, tendrán opción a poseer ni a reclamar los derechos, honores, títulos, blasones, privilegios, etc., a que son acreedores tanto las esposas de los miembros de la Casa Archiducal a las que se reconoce igualdad de linaje, como a los hijos de los matrimonios que se ajustan a las normas establecidas por los estatutos de la Casa de los Habsburgo.

También, y especialmente, declaramos que los posibles hijos de nuestro matrimonio, y sus descendientes, al no ser miembros de la Casa Archiducal, carecerán de los derechos sucesorios a los reinos y territorios representados en el Parlamento Imperial, y asimismo las regiones que abarca la corona de Hungría según los artículos I y II de la Ley de 1723. Los mencionados posibles hijos y sus descendientes quedan excluidos de la sucesión al trono.

Empeñamos nuestra palabra en la presente declaración, de cuyo significado y trascendencia, así como de las limitaciones que nos impone a nosotros, nuestros hijos y descendientes de nuestros hijos, nos damos perfecta cuenta. A fin de dar validez a la presente declaración, de la que se han hecho dos ejemplares, uno en alemán y otro en húngaro, hemos suscrito ambos de nuestro puño y letra, y estampado nuestro sello archiducal.

Para el 28 de junio de 1914, con el viaje a Sarajevo a punto de efectuarse, el trato hacia Sofía no se había flexibilizado y todo en relación a ella debía consultarse. El archiduque —informó el chambelán mayor— preguntó si podía llevarla a en ese viaje, lo que el emperador aceptó. Era el primer viaje oficial que realizaban, sabiendo que ella no era sujeto de los honores de su marido, heredero de la Casa Imperial de los Habsburgo, cuestión que volvía siempre muy problemático estar juntos, y que su matrimonio tenía la férrea oposición de la corte vienesa y, particularmente, del emperador Francisco José.

Así que no sólo su asesinato, sino su matrimonio, forman parte de los complicados prolegómenos que dieron inicio a la Primera Guerra Mundial; originados entre confusiones, indecisiones, ambiciones y actitudes brutamente crueles en el que las vidas de los príncipes de Europa sólo tenían sentido en función de las exigencias monárquicas. Es decir, había una total imposibilidad de que el mundo de 1914, donde ya estaban sembrados los ingredientes de una nueva sociedad —orientada por los descubrimientos de Freud, por la dodecafonía sin el orden musical de los valses de Strauss, por la fantasía de Klimt o los rostros desgarrados de Schielle, tan lejos de la figura pura e idealizada de los pintores decimonónicos, o una literatura que abandonaba la linealidad para recoger el flujo de la memoria, como en Musil—, se sincronizara con un aparato político de las dimensiones del Imperio Austrohúngaro que, por otro lado, no daba espacio a la vida privada de sus integrantes.

De ahí que la ceremonia de abdicación de Francisco Fernando al trono austrohúngaro, el año de 1900, decidió en buena parte el futuro de la dinastía. El que heredaría era un imperio en descomposición, sin alternativas de acuerdo ni de conciliación con las políticas en que lo había sostenido el emperador Francisco José. Se trataba de una monarquía profundamente conservadora en la que convivían más de cincuenta pueblos que se comunicaban en decenas de lenguas distintas, con la consecuente diversidad de identidades culturales y sentidos de pertenencia, muy distanciados unos de otros. Uno de los problemas fundamentales era la convivencia de los pueblos reconocidos oficialmente en el imperio: alemanes, húngaros, checos, eslovacos, eslovenos, croatas, serbios, rumanos, rutenos, polacos e italianos; pueblos en permanente lucha por sus derechos que, además, se agudizó en los años previos a la guerra.

Francisco Fernando estaba convencido de que la única solución posible era buscar la integración de todos ellos; una acción que efectuaría cuando asumiera el trono, integrándolos en una confederación política a la que pensaba llamar Estados Unidos de la Gran Austria. Su idea era resultado de la lectura de una propuesta que había aparecido poco antes, justamente con ese mismo título, escrita por un rumano: Aurelio Popovici. En ella se planteaba "la creación de dieciséis estados independientes, un consejo federal para los asuntos extranjeros, defensa, hacienda y comercio y un poder central para ejercer el mando absoluto". A Francisco José le había impresionado, además, la forma de organización política y social de los Estados Unidos de América en un viaje que realizó años atrás como parte de un tratamiento de curación de una tuberculosis que parecía le iba a impedir asumir el trono. Hombre de culta disciplina y voluntad, aprovechó ese tiempo en viajar, leer y conversar con quienes tenían puntos de vista divergentes de los que era común oír en la corte vienesa. Para él aquel viaje a América, como casi todas sus acciones, equivalía a prepararse para la responsabilidad que asumiría. Es verdad que sentía un profundo desprecio por la vida cortesana, que en consecuencia le hacía objeto de una desconfianza permanente y lo alejaba de las más importantes figuras del imperio; y aunque prefería la vida familiar y se dedicó con integridad a sus responsabilidades como inspector general del Ejército Imperial, era muy consciente del compromiso que implicaba gobernar.

A pesar de las advertencias y los malos pronósticos de su visita a Sarajevo, Francisco Fernando se embarcó con Sofía en el yate de Isabel, la emperatriz Sissi —asesinada por un anarquista, en 1898 en Ginebra, en el puerto del Palacio de Miramar, que había pertenecido a su tío carnal, Maximiliano Emperador de México, fusilado en 1867—. Incluso pocas semanas antes se publicó: "El sucesor austríaco ha anunciado su visita a Sarajevo para la próxima primavera. Todos los serbios han tomado nota de ello. Si el archiduque desea ir a Bosnia, le pagaremos el billete con sumo placer".

Llegaron a Sarajevo después de una serie de complicaciones logísticas. Hubo un primer intento de atentado, no mortal para nadie, que desordenó el protocolo de tal modo que erraron las rutas y en esa confusión se vieron frente a Gavrilo Princip, un estudiante anarquista de 19 años, quien disparó a quemarropa contra Francisco Fernando y Sofía. Ambos murieron unos minutos después. Treinta y siete días después de ese 28 de junio, después de complicados intentos de paz, intrigas políticas y errores insuperables entre Francia, Inglaterra, Rusia, Alemania, Austria Hungría y el Imperio Otomano, se declaró la guerra el 1 de agosto de 1914.

Apenas tres semanas después, el ejército francés sumaba 8,000 muertos (¡se llega a hablar incluso de 15,000!) y 10,000 heridos. Proféticamente, desde 1911, Babel, el socialista alemán más destacado del momento, imaginaba que

la guerra mundial precederá a la revolución mundial que derrocará a las clases dirigentes. Un curioso fenómeno producía la expectante idea entre los europeos de que algo bueno podría surgir de esa guerra global. Aunque muchas voces eran más prudentes; quizá porque tenían el recuerdo fresco de la guerra de 1870 y de la derrota francesa. Los países implicados se preparaban para el enfrentamiento de manera desigual (aunque es verdad que la guerra se estaba preparando desde hace una docena de años). Así, mientras que en 1912 Austria-Hungría gastó en defensa sólo el 2.6% de su producto nacional neto, una proporción más pequeña que cualquier otra potencia europea y desde luego muy por debajo de lo que su economía podía permitirse, las cifras de Rusia, Francia y Alemania ese año fueron 4.5%, 4.0% y 3.8% respectivamente".

En agosto, con el conflicto ya iniciado, la familia Díaz se traslada a Biarritz y pasa algunos días con los Casasús y los Sierra. Ya en París, en el Departamento de Avenue du Bois a donde los Díaz se habían mudado —ya que todos los hoteles como el Astoria, alojamiento desde su llegada, habían sido confiscados para dedicarlos a hospitales, refugios y centros de concentración—,

Porfirio Díaz, su hijo y los varones que los visitan siguen con mucho interés el desarrollo de la guerra; estratega al fin, representa las batallas europeas y las posiciones de los ejércitos en unos enormes mapas donde ponen y quitan pequeñas banderas según ocurran los triunfos y derrotas de la guerra que había desatado la muerte del Archiduque Francisco Fernando de Austria. Así, punteaban el avance del ejército alemán por el noreste de Francia, los combates en el Marne y en los Dardanelos.

Por las tardes, Díaz lee —o se hace leer— las noticias de la jornada referentes a la Gran Guerra, pero sólo le interesa lo estrictamente militar. Del otro lado, pocas noticias les llegan de México. Pero eso no implica que en la patria abandonada la situación esté tranquila. Después de que Carranza toma la Ciudad de México, en agosto de 1914, ante la negativa de los convencionistas de estar presentes en la capital en una reunión donde se salvaran los desacuerdos con los constitucionalistas, los convencionistas entran en la ciudad. Eran los mismos días en que empezaba la Gran Guerra en Europa. En esos difíciles momentos, donde Europa se resquebraja en una lucha entre naciones al final emparentadas, Díaz nunca se pronuncia sobre posibles vencidos o vencedores: a todos les profesa admiración y agradecimiento.

Lord Kirchner lo había recibido con honores en El Cairo en nombre del gobierno inglés. El káiser Guillermo lo había tratado con aprecio y estimación en las carreras; los reyes de Italia también le habían enviado sus atenciones. Y ni qué decir del gobierno francés, que no sólo le había proferido respeto y honores, Francia se había convertido en su refugio, en su última morada. Ahora, aquellas grandes naciones, en cuyo círculo don Porfirio había buscado acomodar a México, se hallaban vueltas unas contra otras, la *belle époque* llegaba a su fin y daba paso a una época del terror, a una época en la que los hombres ya no gozaban con los adelantos de la modernidad, como el cinematógrafo y el teléfono, sino que ahora padecían la modernidad en las trincheras.

En muy poco tiempo, no sólo se perfeccionó el armamento usado en otros conflictos sino que se diseñaron y crearon armas de potencial mortífero, desconocidas hasta entonces. El carro de combate o tanque, las armas químicas, el avión y los globos dirigibles, *zeppelines*, desde los que se podía bombardear ciudades enteras sin riesgo para los atacantes, el submarino, la ametralladora perfeccionada y la artillería —cuyo calibre y precisión fueron incrementándose—, así como el cañón antiaéreo, la gran novedad que permitió defenderse de los ataques por aire, a las que se sumaron los lanzagranadas, el mortero, el fusil y el lanzallamas. Europa, la rica, culta y poderosa Europa, que durante el siglo XIX había dominado el mundo, con esa serie de declaratorias de guerra acababa de iniciar su propio proceso de desgarramiento y desangrado.

La Guerra y los Díaz

A pesar del ambiente bélico, los mexicanos exiliados trataban de hacer una vida familiar normal. Al volver al departamento de la avenida del Bois, la familia Díaz hace su vida con el ritmo de siempre. El 14 de septiembre, don Porfirio y doña Carmelita fueron los padrinos del niño Justito, hijo de Manuel Sierra y Margarita Casasús, nieto de quien fuera el prominente ministro de Educación Pública y Bellas Artes, y de Joaquín Casasús. La misa se llevó a cabo en la basílica de Lourdes, el santuario mariano en Francia. Don Porfirio y doña Carmelita sostuvieron en brazos a Justito mientras el padre vertía el agua sobre su cabeza. Tello plantea que debió ser inevitable para Porfirio elevar un pensamiento de nostalgia al pensar en el abuelo de la criatura, su querido amigo, muerto hacía dos años. Aquel niño los había hecho casi compadres de la familia. La felicidad de aquella celebración familiar y el cumpleaños número 84 se vieron empañados por unas noticias terribles, y esas noticias siempre llegaban desde México.

Desde agosto, las huestes carrancistas habían llegado a la Ciudad de México, muchas casas de los antiguos porfiristas fueron ocupadas por los generales de la revolución. Las propiedades de los Casasús, las de sus cuñadas Elízaga y De Teresa, entre muchas otras, fueron tomadas por los revolucionarios; y muchas familias lo perdieron todo, y aunque estaban en Europa vivían una penosa situación económica, sólo paliada un poco por la ayuda y las muestras de cariño de otros exiliados mexicanos. Un día después de su aniversario, don Porfirio recibió la noticia de que su casa de la calle de Cadena también había sido tomada por los carrancistas. Además, la quinta de su hijo Firio, "El Molino de Rosas" en Mixcoac, fue ocupada por la familia Vasconcelos, que estaba con los revolucionarios. Luego, la casa de Ignacio de la Torre y Amada Díaz fue decomisada. Nacho fue encarcelado en la prisión de Lecumberri y Amada vivía con su hermana Luz, que no se recuperaba del asesinato de su esposo.

COMIENZA EL ÉXODO MEXICANO (1911-1915)

La imagen que ha predominado del exilio porfirista es la que lo ve como una especie de caída sistémica de un imperio, a la usanza de los derrumbes de los grandes regímenes europeos, cuando el monarca vencido se ve obligado a salir en tropel, junto con toda su corte, de sus tierras milenarias. En realidad esto no ocurre así en México. No podemos pensar en esa imagen apocalíptica ni en un éxodo apremiante al hablar del exilio de Porfirio Díaz, quien en 1911, sale acompañado sólo de algunos de sus familiares más cercanos. Los mexicanos que lo reciben en París son importantes figuras sociales y económicas que poseen, insisto, propiedades en Francia y recursos suficientes para realizar constantes viajes de ida y regreso a México desde hace, cuando menos, una generación.

Es el caso, como dije, de Limantour; pero también de Landa y Escandón (gobernador de la Ciudad de México), quienes están entre los primeros en salir. El 4 de junio de 1911, *El País* publica una nota en la que afirma que estos dos ex miembros del gobierno porfirista viajan de incógnito hacia Estados Unidos. En efecto, comenzaron su traslado en tren hacia San Luis Missouri para seguir de ahí a Nueva York, y más tarde embarcarse hacia Europa. El ex ministro de Hacienda viaja acompañado de su esposa, María Cañas, y de su hijo, Memo; mientras que Guillermo de Landa y Escandón va con su esposa, Sofía Osio, y su hija, Sofía. Pronto, ambas familias se instalan en París, donde el vicepresidente Ramón Corral se había instalado ya desde unos meses atrás —el 3 de abril solicitó permiso para salir de México por motivos de salud— y en donde morirá, en 1912.

París es la ciudad favorita de los mexicanos exiliados para establecer su residencia permanente. En la Ciudad Luz también viven Pablo Macedo, el general Fernando González y Leopoldo Batres con su hijo Salvador, entre otros. Las familias mexicanas instaladas en Francia pasaban la primavera y el verano en París y luego la mayoría vacacionaba durante el otoño y el invierno en Biarritz o en alguna villa española donde hacía más calor. Aquellos mexicanos, aunque muy afrancesados desde los tiempos en que vivían en su patria, no lograban aclimatarse a las temperaturas parisinas y con los primeros vientos otoñales partían buscando más sol.

Todos los demás integrantes de su gabinete, hacendados, intelectuales, religiosos, militares y ciudadanos en general permanecen en México porque Madero no emprende persecución alguna contra ninguno de ellos. Dicho más claramente: no hay "cacería de brujas" ni acción en contra de cualquier figura vinculada al porfirismo —ni contra las clases altas o los miembros de la anterior administración— por parte de Madero, y menos aún por parte del inmediato antecesor, el presidente interino Francisco León de la Barra.

Otro gallo canta con la caída de Huerta. En julio de 1914 comienza un ir y venir a la Ciudad de México de numerosos grupos de distinto signo político. El gobierno de Victoriano Huerta entraba en su fase final. Unos días antes, el 8 de julio, se había concluido el Pacto de Torreón por el que las fuerzas revolucionarias acordaron entrar a la ciudad y disolver el ejército federal.

El 15 de ese mes, en el Congreso, se da lectura a la renuncia de Huerta como presidente de la República, y ese mismo día dimite todo el gabinete, quedando como encargado de entregar el gobierno el secretario de Relaciones Exteriores, Francisco Carbajal, quien asume el puesto de presidente interino, tal como lo prevé la Constitución de 1857, y es el único miembro del gobierno de Huerta que permanece en su puesto.

Mientras los carrancista se acercan a la ciudad, Huerta sale de ella la noche del 14 de julio rumbo a Coatzacoalcos, donde se embarca hacia Kingston, Jamaica, en el buque alemán *Dresde* primero, y luego continúa hacia Gran Bretaña, después hacia España para, finalmente, llegar a Estados Unidos en abril de 1915.

Para las semanas siguientes, prácticamente todas las figuras ligadas a su gobierno toman rumbo hacia Estados Unidos, Cuba, Guatemala y algunos —a pesar de la dificultad de cruzar el atlántico a causa de la guerra—, a París y a Madrid. Meses antes, como adelanté arriba, Venustiano Carranza había revivido una disposición jurídica de 1862 por la que Benito Juárez había considerado traidores, bajo pena de muerte, a todos quienes apoyaron, en su momento, a las tropas francesas que invadieron México. La nueva disposición carrancista se titula *Lista de personas sujetas a juicio por traición, conforme a la ley de 25 de enero de 1862*. A la letra dice: "El Comandante General de la Plaza, General Salvador Alvarado, señala a los presentes autores del Cuartelazo", y se enlistan cerca de trescientos nombres que incluyen a todo el gabinete huertista, a militares y empresarios que hayan tenido cualquier tipo de participación política, civil, religiosa o militar, en la caída y muerte de Madero y de Pino Suárez. La justificación que se da para perseguirlos era, sin mencionarla explícitamente, que todos los hacendados, terratenientes y comerciantes se han convertido en un impedimento para modernizar a México.

Pero la cosa no para ahí: a la lista se suman artistas que habían sido beneficiados por el régimen —o que, cuando menos, no habían mostrado ninguna distancia en sus posiciones públicas en tiempo de Huerta—; empleados de puestos menores o sin vinculación especial con decisiones políticas, y empleados de empresarios y hacendados que habían proveído de algún tipo de financiamiento al movimiento antimaderista; religiosos —sobre todo de la alta jerarquía— que habían inducido a sus feligreses a crear simpatía por Huerta; y los militares que lo habían secundado. De este modo, el numeroso destierro producido por la caída de Victoriano Huerta incluye no sólo a las grandes personalidades políticas sino a todo tipo de representantes del mundo artístico, intelectual, deportivo, religioso y ciudadanos en general.

Centenares de familias tomaron el camino al exilio. Se ha dicho que entre 500,000 y un millón de personas salieron de México en ese momento y, de ser así, estaríamos hablando de una de las movilizaciones humanas hacia el destierro más grandes de la historia reciente; que superaría, incluso, a las expatriaciones que vivieron los españoles a causa de la Guerra Civil y las de Argentina, Chile o Brasil por las dictaduras latinoamericanas de la década de 1970.

En cuanto a la salida de religiosos prominentes es necesario recordar que la relación del Estado porfirista con la Iglesia había sido buena y respetuosa. Si bien había un valor entendido en que la laicidad se respetaría en lo básico, las relaciones personales eran abiertas y no vergonzantes. Un ejemplo conciso es el *Te Deum* que hubo en Catedral el día anterior de la inauguración del Hemiciclo a Juárez, el 22 de septiembre de 1910. Así, en medio de una abierta fiesta liberal con tintes notorios de simpatía hacia la masonería, el tema religioso tuvo su espacio durante las fiestas del Centenario con el *Te Deum* y con una misa en honor de la Virgen de Guadalupe en la Basílica al final de los festejos. La misma línea la siguieron, en términos generales, el gobierno maderista y el huertista. La iglesia mexicana había tomado algunos ingredientes de una visión social del cristianismo influenciada por la Encíclica *Rerum Novarum* promulgada por León XIII, en 1891, que produjo algunas posturas sociales del clero mexicano pero sobre todo envalentonó su cercanía con la gente. A finales de 1913, en Guadalajara, se dio un hecho insólito por el enfrentamiento entre autoridades políticas y religiosas.

Nos dirá Mario Ramírez Rancaño que a finales de 1913 el episcopado mexicano concibe la idea de proclamar pública y solemnemente "la realeza de Cristo, Dios y Señor de los Hombres". El Papa Pío X da su anuencia para la realización de esta proclama en México, que se lleva a cabo en varios lugares del país, pero en forma discreta. En cambio, en Jalisco, el arzobispo Francisco Orozco y Jiménez pretende realizarla a toda pompa. Solicita permiso al Gobernador maderista, José López Portillo y Rojas, quien se lo niega previendo que un acto de esa naturaleza creará un precedente que comenzará a erosionar las Leyes de Reforma frente a la debilidad política que ya empieza a mostrar el gobierno huertista. Sin embargo, el obispo se empeña y la tarde del 11 de enero de 1914 convoca a sus feligreses. El gobernador confirma su negativa, ante la que el religioso anuncia que la encabezará en compañía del arzobispo de Durango, el obispo de Sinaloa y numerosos religiosos, en un franco reto a la autoridad civil y las disposiciones constitucionales.

Esa noche, López Portillo consigna el caso ante los tribunales acusando a los religiosos de rebeldía. Se inicia una guerra en la prensa de Guadalajara y de la Ciudad de México entre el gobernador López Portillo y la Iglesia, que le acaba costando al primero la renuncia, pedida por el mismo Huerta. Poco tiempo después las cosas vuelven a tensarse debido a las presiones huertistas para obtener financiamiento para la difícil situación que empieza a enfrentar el país, sobre todo ante la negativa del gobierno norteamericano de dar su reconocimiento oficial al gobierno de Huerta. Parece ser que José Mora y del Río, el arzobispo primado de México, y Huerta se entendían ya bastante bien. Así lo señalará Ramírez Rancaño en *La reacción mexicana y su exilio*, dejando saber que este último le solicitó apoyo a Mora y del Río, quien le entregó 50,000 pesos. José Valadés afirmará que las cosas llegaron más allá cuando Huerta exigió poco después, al mismo arzobispo, un monto mucho más elevado: un millón de pesos que también le fue entregado.

La reacción anticlerical de los revolucionarios como Carranza, Obregón, Villa y Pablo González es inmediata, como la distancia que marcan con la iglesia. A la caída de Huerta empieza el exilio de la mayoría de los obispos y, para agosto, de numerosos sacerdotes. Sólo queda como encargado del Arzobispado de México el canónigo Samuel Argüelles y posteriormente, como vicario general de la Mitra, Antonio Paredes. Es un momento de gran ambigüedad en la relación Estado-Iglesia porque a partir de ese momento, con la llegada de constitucionalistas, luego de convencionistas y del regreso de los primeros, ni el nombre del nuevo pontífice, Benedicto XV, puede anunciarse al gobierno en funciones. Todo es definido por una relación entre telones y simulaciones que se complica de manera abierta con la promulgación de la Constitución de 1917 y, particularmente, con su artículo 130, que marca las décadas de los veinte y principios del treinta mexicanos como uno de los momentos más difíciles de la relación.

Por tanto el exilio no sólo contempló a los altos jerarcas eclesiásticos sino a centenas de religiosos que se instalaron sobre todo en Texas y Centroamérica. Los arzobispos huyeron a Europa, como el arzobispo de Oaxaca, Eulogio Gillow.

Por lo que toca a los militares, distintas fuentes sitúan en 40,000 los efectivos con que cuenta el ejército mexicano durante el gobierno de Porfirio Díaz. Pero la situación posterior a la caída de Madero hace que se eleve el número de oficiales. Según nos dirá Michael Meyer, entre junio y septiembre de 1913 el número de generales pasa de 128 a 182 y el de otros altos mandos de 888 a 1081. Para principios de 1914 el ejército cuenta con más de 200,000 efectivos. Otros cálculos más prudentes publicados en la Memoria de la Secretaría de Guerra y Marina señalan que el ejército, en 1910, tiene 36,700 efectivos; en 1913, 80,000 y en 1914 alcanzan la cifra de 250,000. Para la década de los años veinte esta cifra se reduce a 82,000 y sólo hasta los años treinta se volvió al número de los años porfiristas.

A la caída de Huerta, la mayoría de los altos mandos salen con él de México. La tropa se queda en el país. La incertidumbre de su sustento los inhibe a abandonar el territorio. Además de que, si bien la mayoría de ellos no ha sido señalada directamente por algún delito considerado traición a la patria, prefirieren permanecer en suelo mexicano. Salvo Mondragón y Huerta, que cuentan con recursos para instalarse en Europa, los demás lo hacen sobre todo en Estados Unidos. El problema termina cuando se firma entre el gobierno huertista y Obregón el Tratado de Teoloyucan, en agosto de 1914, con la llegada de los constitucionalistas.

En el Viejo Mundo, la familia Díaz estaba atrapada por dos guerras. La europea, la que atestiguaba porque ocurría en su nueva residencia, y que sentía ajena, extraña. Y la que le era propia, la que le lastimaba: la guerra fratricida que tenía lugar en su patria, a muchos kilómetros de distancia. Los Díaz permanecieron el resto del año en el Golfo de Gascuña y en febrero de 1915 viajaron a Pau, en los Pirineos franceses.

LAS ÚLTIMAS NOCHES DE DON PORFÍRIO (1915)

En la primavera de 1915 los Díaz junto con el matrimonio Elízaga y Luisa y su sobrino Pepe de Teresa vuelven a París. La guerra no hacía seguro permanecer en Biarritz. El general está enfermo, por primera vez su indemne salud se quebranta; se siente cansado, cada vez más cansado, atacado por frecuentes mareos que lo sumen en un malestar generalizado aunado a que se le nublaba la vista. Los dedos de sus manos, acostumbradas a sostener con firmeza las bridas del caballo, a empuñar la espada y el bastón de mando, se adormecen en un entumecimiento paralizante.

Ya no puede salir a caminar como le gusta, pero su sentido de la disciplina lo obliga a continuar su vida normal. ¿Son los años o la nostalgia los que le producen aquel estado? Aún se interesa por la Gran Guerra. En una carta que escribe a Limantour le comunica que hace votos para que se haga la paz universal y se evite el derramamiento de sangre. Pero ya casi no puede escribir ni leer. Carmelita escribe por su parte a María Cañas, la esposa de Limantour, para comunicarle el delicado estado de salud de don Porfirio. No puede usar mucho tiempo los anteojos porque le producen vértigo, y como los necesita para escribir ya casi no envía cartas a sus amigos, ni siquiera al que tiene en tan gran estima, a Pepe Limantour.

Pronto, la familia llama al doctor Gascheau, el facultativo del barrio. El doctor tranquiliza a don Porfirio explicándole que eran males naturales de la edad, mientras que a Carmelita y a Firio les comunica que se trata de arterioesclerosis. Con el paso de los días, don Porfirio habla menos de lo usual, trata de lidiar con un hormigueo que le invade los brazos y procura no mover la cabeza para no marearse.

A mediados de junio su salud decae aún más. Don Porfirio se abisma en una especie de limbo que lo transporta a México, a Oaxaca y a su infancia. Antes de que pierda toda noción de la realidad, el 28 de aquel mes, se confiesa con el padre Carmelo Blay, sacerdote español de la vecina iglesia de Saint Honoré de l'Eylau. La familia reza y celebra misas en la casa para pedir por la salud de don Porfirio; montan un altar para que pueda recibir la comunión. El padre Blay le unge los santos óleos en manos y pies. Algunos días después, por petición del padre Blay, el papa le concede una bendición especial al enfermo. A finales de mes, ya no se levanta de la cama.

El 2 de julio de 1915, Porfirio, remontado en la hora final hacia la tibia infancia y la fresca juventud, comienza a hablar de su madre, del mesón de la Soledad y de La Noria. Pero hacia las dos de la tarde, cuando el sol está en su punto más alto, pierde el habla. Carmelita no escatima cuidados, su atención está pendiente de todo lo que Díaz pueda necesitar, de interpretar hasta la mínima seña con que su esposo moribundo le comunica sus últimos pensamientos. Además de su esposa —quien no le suelta la mano helada—, su hijo Firio, su sobrino Lorenzo, su cuñada Luisa y el hijo de ella, Pepe de Teresa, rodeaban la cama del anciano moribundo. Finalmente, la puesta del sol a las seis y media de la tarde de aquel cálido verano francés de 1915 coincidió con la muerte de Porfirio Díaz, rodeado de su familia y huérfano de su patria.

Embargada por el dolor de perder a su esposo, aquel hombre que le envió una carta para declararle su amor cuando ella tenía 17 años, Carmelita le cerró los ojos. Habían sido marido y mujer durante 34 años y permanecido juntos en las buenas y en los terribles años del exilio. Como ella misma escribió, sólo la seguridad de que esta separación era pasajera y de que volverían a estar unidos la mantuvo en pie.

Avisaron al presidente Poincaré de la muerte del general Díaz y éste envió una guardia al domicilio de la familia. El jefe de la oficina militar y el general Niox, aquel con el que se había reencontrado en Los Inválidos, llegaron en representación del presidente. El duelo es conducido por su hijo Firio y su sobrino José de Teresa y Romero Rubio, quienes llevan sobre un cojín de terciopelo las condecoraciones del general Díaz. La misa es oficiada por el abad Sirurey, vicario de la parroquia y la *absoute* por el primer vicario el abad Cosson. Como dicta la costumbre del rito católico, se cantó una misa de réquiem para rogar por el alma de don Porfirio, el hombre que dijo alguna vez: "Como Porfirio Díaz en lo de particular y como jefe de familia, soy católico, apostólico y romano, como jefe de estado, no profeso ninguna religión, porque la ley no me lo permite".

En el servicio estuvieron presentes los representantes de los gobiernos de Chile, Ecuador, España, Argentina, Japón y varios funcionarios franceses. Algunos representantes de la colonia mexicana también asistieron, como Sebastián de Mier, Guillermo de Landa, Miguel de Béistegui, las familias Rincón Gallardo, Elguero, Icaza, Yturbe, Redo, Suberville y de la Lama, entre otras.

LAS NOTICIAS DE LA MUERTE DE DÍAZ SALEN DE PARÍS PERO NO LLEGAN A MÉXICO (1915)

En México la primera noticia sobre la muerte de Díaz llega por medio de un telegrama para Venustiano Carranza con información equivocada. El mensaje informa que el general había muerto en Biarritz y no en París, como en realidad ocurre. Pero en los primeros días de julio no se puede obtener mucha información porque la línea de la Compañía Telegráfica Mexicana —informa *The Mexican Herald*— que une la Ciudad de México con Veracruz está cortada. Los *reporters* de este diario indagan en las legaciones extranjeras establecidas en la capital, pero no pueden acreditar o refutar los datos.

Entre 1914 y 1915, con la toma de la Ciudad de México por las distintas facciones políticas, la prensa se enfrenta a difíciles condiciones para hacer su labor. En agosto de 1914, *El Imparcial*, diario porfirista por tradición, es cerrado definitivamente luego de enfrentar motines, ataques e incluso el incendio del edificio, como ya referí. A la clausura de éste, otros diarios afines siguen el mismo camino y aparecen publicaciones de un modo errático, según los zapatistas y villistas se aliaban bajo la bandera de la Convención de Aguascalientes.

Tanto convencionistas como carrancistas fueron conscientes de la importancia que tendría en su triunfo una prensa simpatizante que destacara la fuerza y las bondades de su lucha. Los carrancistas articularon más adecuadamente a sus propósitos los diarios, sobre todo al convertirse Veracruz en la capital constitucional, en una campaña intensa de proselitismo, mostraron la tranquilidad y el dinamismo de la vida cotidiana veracruzana como centro de la vida nacional.

La tónica fue la aparición de folletines que informaban de las luchas y enfrentamientos. Tales hojas circulaban por poco tiempo y casi ningún diario tuvo una vida longeva como lo dejan ver los efímeros *El Norte*, *La Convención* y *El Renovador*, entre varios otros que se vendían en la calle o en las estaciones de tren. Fue poco después que aparecieron los diarios nacionales como *El Universal*, en 1916, fundado por Félix Palavicini, y un año después, *El Excélsior*, por Rafael Alducin.

Así, en una época donde los diarios estaban siendo cerrados, la noticia de la muerte de Porfirio Díaz llega a través de cables de periódicos o agencias extranjeras que reproducen los contados y dispersos medios informativos con que cuenta el país en ese momento. Fue una noticia que pasó de boca en boca y aún no sabemos en qué medida impactó a la opinión pública o cuáles fueron las reacción políticas.

Es así que el 3 de julio, el *New York Times* publica que la familia todavía no ha determinado el modo en que serán celebradas las exequias, salvo que tendrán un marcado acento privado y sobrio, como había sido "su tranquila vida en París". La misma nota informa que el motivo de la muerte del general Díaz es "su avanzada edad". Señala que siempre se había mostrado atento a lo ocurrido en París, pero que los acontecimientos en los últimos tiempos lo habían sobrecogido. Esta columna enfatiza que el general nunca mostró ningún arrepentimiento por su renuncia a la presidencia tras treinta años al frente de la nación, ni a la pérdida del poder; destaca que no mostró deseos de influir en la política mexicana hasta donde se sabe, salvo cuando confió a dos amigos que recomendaran al general Victoriano Huerta que renunciara a fin de evitar confrontaciones con el país vecino del norte.

El mismo 3 de julio, el citado periódico publica una larga nota sobre la figura de Porfirio Díaz. El diario enuncia que dos trágicas circunstancias marcan la muerte del ex gobernante exiliado. Por un lado está la situación de México, que impide que el cuerpo de Díaz sea enviado a casa con la ceremonia propia de quien llama "una de las figuras más grandes de la historia de México", y, por el otro, sus hijas, Amada Díaz de De la Torre y Luz Díaz viuda de Rincón Gallardo no han podido ser informadas del fallecimiento de su padre, los intentos de Firio han sido en vano.

El *New York Times* pone el dedo en la llaga al mencionar que no menos trágico es el hecho de que ninguno de aquellos hombres a quienes Díaz favoreció y que obtuvieron riqueza y prestigio a su costa estuvo con él en las horas cercanas a la muerte. Limantour se encuentra en Londres, Francisco León de la Barra es embajador en Estados Unidos. La misma nota indica que don Guillermo de Landa y Escandón está en Biarritz. Tal aseveración debe indignar mucho al señor Landa, pues él mismo telegrafía al diario para que rectifiquen esta información. Así, el 17 de julio y a petición de Landa y Escandón, el *New York Times* —tras precisar que el señor Landa y Escandón fue gobernador del Distrito Federal bajo el gobierno del general Díaz— publica:

En su edición el pasado 3 de julio, en referencia a la muerte de nuestro gran general Díaz, se mencionó que ninguno de sus amigos cercanos estuvo a su lado cuando murió.

Yo estuve cerca de él siempre durante su enfermedad y a su lado cuando expiró. Por lo cual le pido rectificar esta nota ya que tengo el mayor orgullo de haber sido siempre uno de sus más leales, devotos y desinteresados amigos. Landa y Escandón.

Otros cables circularon como el que transcribe en su primera plana *The Mexican Herald* el lunes 5 de julio: "Se dice que murió Porfirio Díaz. La muerte del general Porfirio Díaz, en la ciudad de Biarritz, Francia, es anunciada en un artículo que parece ser un cablegrama especial dirigido a *La Revolución*, de Puebla. Según el periódico citado, el anciano expresidente murió el viernes último".

El número de *La Revolución* que publica esta noticia tiene fecha del sábado 3 de julio y su texto completo es como sigue:

Cablegrama especial

Biarritz, Francia, julio 2. Hoy murió en esta ciudad el ex-dictador mexicano general Porfirio Díaz, a los 85 años de edad. Había venido al balneario en busca de salud. Todos los expatriados residentes en Europa se han apresurado a hacerle honores póstumos al viejo extirano. Debido al hecho de que la línea de la Compañía Telegráfica Mexicana, que une a esta ciudad con Veracruz está cortada, no se ha podido obtener información cablegráfica directa respecto a la muerte del general Díaz. Cables para la prensa no llegan a México y además las investigaciones practicadas en varias legaciones extranjeras de esta capital no tuvieron resultado alguno para comprobar o desmentir esta noticia.

El cuerpo de Porfirio Díaz fue embalsamado y el servicio religioso se celebró en la iglesia de Saint Honoré l'Eylau a las 10:30 de la mañana. El general Niox cubrió el féretro con una bandera tricolor y colocó encima la espada del general. Firio recordó a Niox el deseo expreso de Díaz, ya en su lecho de muerte, de que mientras el ejército alemán amenazara la patria francesa ningún soldado galo abandonara su puesto sólo por asistir a su entierro. Díaz sabía cuál era el peso de la responsabilidad para con la patria, la necesidad de defenderla del extranjero invasor. Y como otro capricho de Clío, aquel 2 de julio de 1915 Francia decreta que en la tumba de aquellos soldados que perdiesen la vida en el campo de batalla, el epitafio rece "Mort pour la France".

Su cuerpo fue embalsamado y el ataúd permaneció en la iglesia de Saint Honoré l'Eyau durante seis años hasta que la familia, ante la evidencia de que sería imposible repatriar el cuerpo de Díaz ni en el corto ni en el mediano plazo, decidió trasladarlo a un sepulcro en el panteón de Montparnasse. Las dificultades de trasladarlo a México en plena guerra europea fue también una razón que postergó su tránsito a su destino final y por la que descansa en el Cementerio de Montparnasse desde 1921. Aquel año le correspondió a Álvaro Obregón celebrar el Centenario de la Consumación de la Independencia, lo que resulta otra paradoja, pues le correspondió a un revolucionario triunfante recordar la más grande hazaña de Agustín de Iturbide, un personaje del conservadurismo mexicano.

En Montparnasse, para llegar a la capilla que resguarda su tumba —un mausoleo discreto, angosto, de color gris piedra— debe recorrerse el camino de la Avenue de l'ouest y, hacia la décimo quinta división, doblar a la izquierda. En el frontispicio, debajo de una cruz de piedra, un águila republicana devorando una serpiente se erige sobre la puerta, en medio del nombre de Porfirio Díaz. Los restos de aquel hombre permanecen allí hasta hoy, acompañados de una urna con un puñado de tierra de Oaxaca.

EPÍLOGO

REVANCHAS

En 1921, Centenario de la Consumación de la Independencia, se retiran de la Cámara de Diputados las letras de oro con las que se había escrito el nombre de Agustín de Iturbide. Ese mismo año, el cuerpo embalsamado de Díaz, que permaneció seis años en Saint Honoré d'Eylau, es llevado a la cripta que ocupa hasta hoy en el Cementerio de Montparnasse. La historia se escribe en paralelo, tejiendo paradojas permanentes que no acaban de asombrarnos. 1810, es el año del inicio de la Independencia; una revuelta liberal que le tocó a Díaz conmemorar como consagración de su gobierno, en 1910. 1821 es el año de la consumación de la gesta independentista, que dio inicio al Primer Imperio Mexicano. Esta fecha, de corte conservador, le toca celebrarla a Obregón como cabeza del movimiento revolucionario triunfante.

Además del éxodo que emprendieron muchos mexicanos al caer el gobierno huertista, otro exilio importante fue el que sufrieron los miembros del Servicio Exterior Mexicano. A finales del siglo XIX y principios del XX, Porfirio Díaz designa a una serie de ricos terratenientes para encabezar las principales representaciones de México en las cortes europeas y en las potencias internacionales. La política exterior defensiva que había caracterizado al México del siglo XIX —que se ocupó de lograr un lugar para la nación recién independizada, defender al país de las invasiones americana y francesa, y promover sus intereses de forma tímidamente activa— cambió con Díaz en la búsqueda mucho más decidida de ganar el reconocimiento como una de las principales naciones del globo y promover de manera plena a México. La presencia mexicana en las exposiciones y ferias internacionales es un ejemplo. Díaz conoce la importancia de fortalecer la imagen de México en el mundo como una nación moderna y progresista, con gran potencial económico y con la que es posible entablar fructíferos intercambios comerciales. En 1884 se realiza en Nueva Orleans una de estas celebraciones y es el propio Díaz, como encargado general de la delegación mexicana, quien organiza la representación de México en la Feria. En este viaje no sólo aprovechó para cumplir una postergada luna de miel con Carmelita —con la que visitó también San Luis, Chicago, Washington, Boston y Nueva York—, sino que consolidó y amplió la relación con empresarios norteamericanos. En este viaje, en realidad más de negocios que personal, Díaz se entrevistó con Jay Gould, y el ex presidente Ulysses S. Grant. En Nueva York, Díaz pronunció un discurso en el que dijo: "Le deseo prosperidad y salud al gran pueblo americano [...] su país ha alcanzado el primer lugar entre las naciones [...] y, por medio del esplendor de su civilización basado en la paz, eclipsará el falso destello de imperios antiguos sustentados en la guerra".

Otras de las ferias donde México participa con espléndidos pabellones que destacan los antecedentes de la arquitectura del México Antiguo son las de Chicago en 1893, y las de París en 1889 y 1900.

Si bien la figura del Servicio Exterior existe desde el inicio de los gobiernos independientes, es al crearse la Secretaría de Relaciones Exteriores e Interiores —en la alborada de la vida independiente de México, en 1821— cuando se dispuso que debía contarse con oficiales de cancillería y diplomáticos. Al año siguiente, explicará Gabriel Rosenzweig, se expide "un decreto con reglas para los nombramientos, instrucciones y sueldos del personal diplomático". De este modo, con la creación del Ministerio de Relaciones Exteriores se da también la primera disposición del Servicio Exterior para establecer las reglas para los nombramientos de los miembros del Servicio. Pero fue hasta 1896 que surgió una organización con la cual se pudiera definir, con precisión, sus alcances: la Ley del Servicio Exterior, que marcará los rangos y las funciones de los agentes diplomáticos y consulares mexicanos.

La decisión de Porfirio Díaz al promulgar esta ley, ya avanzado su gobierno, tenía como trasfondo apoyarse en los recursos económicos de quienes pudieran por su fortuna y experiencia empresarial proyectar los avances del régimen y atraer la atención hacia México. Incluso, se usó como criterio de selección elegir a quienes, habituados a altos trenes de vida, estuvieran dispuestos a sufragar los gastos diplomáticos, puesto que las arcas nacionales todavía no se podían permitir este desembolso. Todo lo que implicara la representación, incluyendo las casas que se ocuparan como embajadas, debería ser financiado por ellos mismos.

Fue el caso de la embajada de México en Austria-Hungría, donde Díaz nombra embajador a José de Teresa y Miranda en 1902, al restablecerse las relaciones con ese país después del fusilamiento de Maximiliano. En Alemania, el representante ante el káiser Guillermo II es Manuel de Yturbe; en la corte rusa, Pedro Rincón Gallardo; y en las cortes inglesas y alemanas, Francisco de Icaza, miembro de distinguida familia diplomática; en España, ante la corte de Alfonso XIII, envía a los mismos Béistegui e Yturbe, quienes estuvieron también en la corte inglesa; en Estados Unidos a Enrique C. Creel; en Bélgica, a Francisco León de la Barra, y en Francia, a Sebastián de Mier, quien incluso lo recibe en París al comienzo de su exilio, en 1911.

Pero después de la caída de Huerta, en agosto de 1914, se suspenden los sueldos y la comunicación con los agentes diplomáticos, ya que el nuevo gobierno constitucionalista los considera voceros huertistas. No se elaboró un documento concreto que lo especificara, pero desde el día primero de agosto se les consideró fuera del servicio, a fin de que agentes confidenciales y personales de Carranza pudieran establecer los contactos oficiales útiles a su gobierno.

Dirá Gabriel Rosenzweig que la dimensión del golpe al único cuerpo civil de carrera que hasta ese momento tenía el país, es decir el Servicio Exterior, se puede deducir del último escalafón que se elaboró, en enero de 1914:

El escalafón del servicio exterior del 1° de enero de 1914 registra un total de 91 diplomáticos: 4 embajadores, 20 Enviados Extraordinarios y ministros Plenipotenciarios, 8 ministros residentes, 4 encargados de negocios, 19 primeros secretarios, 13 segundos secretarios, 18 terceros secretarios y 5 agregados. A mediados de ese año, 53 estaban comisionados en el extranjero; 16 estaban adscritos en México; 6 se hallaban en México, pero estaban en disponibilidad; [...] 2 habían renunciado y 1 —Federico Gamboa—había sido pensionado. De los 91 diplomáticos, 58 ingresaron al servicio exterior antes de 1911, tres lo hicieron entre 1911 y 1912 y 19 en 1913, en particular, en el segundo semestre.

Al momento de dárseles de baja no medió ninguna comunicación oficial, con el fin de evitar que se reclamaran derechos de traslado y sueldos caídos. Incluso, la dificultad de las comunicaciones hizo que muchos conocieran la situación en la que se encontraban hasta varios meses después. Lo que no dejó de originar serios problemas, sobre todo a quienes se encontraban adscritos en lugares tan remotos como China, Japón, Europa en el inicio de una guerra o Sudamérica. La toma de Veracruz por los carrancistas tampoco facilitaba su reintegración al país, por lo que la mayoría tuvo que hacer el viaje por la costa americana y de ahí a México. Pronto, a los que permanecían en el extranjero se les unieron los adscritos en México y quienes habían vuelto por temor a las represalias, y todos salieron del territorio nacional. Se dedicaron a los más variados oficios para sobrevivir. Unos pocos, como Miguel Béistegui, a sus negocios personales; Francisco León de la Barra al ejercicio de la abogacía; la mayoría a tareas de periodismo o enseñanza, que su formación les permitía. Un caso curioso es el del cónsul en Ginebra, Rafael García y Facio, cuya mujer, para poder mantener a la familia, "trabajó como cantante, primero en un café de Milán y posteriormente en centros nocturnos de Barcelona, con el nombre artístico de La Dama del Antifaz". García y Facio tuvo la posibilidad de reincorporarse al servicio exterior en 1917, igual que otros colegas. Sin embargo algunos de los reincorporados fueron degradados en su rango diplomático. Pero otros ni sus sueldos recuperaron, como el caso de Gonzalo Esteva, embajador de México en Italia durante el gobierno de Díaz, quien todavía en 1926 —poco antes de morir, a los 84 años— preguntaba al presidente Elías Calles "si es justo que en mi avanzada edad se me deje sin elementos en los pocos años que me quedan de vida".

En el apartado diplomático y como señalará Rosenzweig, en general, se puede decir que —a diferencia de otras revoluciones en que los servicios exteriores fueron aniquilados después de movimientos revolucionarios—, no hubo ninguna sanción que atentara contra sus vidas.

El caso de los intelectuales en esos años es una gran paradoja. Muchos de ellos no son simpatizantes plenos de Porfirio Díaz. Incluso, hasta donde el contexto lo permitía, no eran sus seguidores ciegos. Sin embargo, gozaron de prebendas. Otros crearon movimientos culturales que se convertirían a lo largo de los años en las bases de los grandes movimientos culturales del siglo xx surgidos de la Revolución. Un ejemplo es El Ateneo de la Juventud, creado en 1909, que integró entre sus miembros a los más destacados artistas y escritores que crearían la vida cultural de este siglo. Entre ellos, cuatro llegaron a ser rectores de la Universidad; Herrán, Rivera y Montenegro eran becarios del porfirismo como sus grandes pintores; Ponce y Carrillo se cuentan entre los músicos del nacionalismo cultural. La presencia de los intelectuales del Porfiriato se mantuvo con Madero y Huerta.

Sin embargo, la parte más valiosa de la cultura mexicana abandona el país a la caída de Huerta, en julio de 1914. Una buena parte de ellos habían sido miembros de su cambiante gabinete (como promedio, daba unos pocos meses al frente de cada una de las Secretarías de Estado). Escritores, historiadores, editorialistas, académicos como Querido Moheno, Vera Estañol, López Portillo y Rojas, Nemesio García Naranjo, Toribio Esquivel Obregón, Federico Gamboa y Aureliano Urrutia, entre otros, habían formado parte, muy brevemente en todos los casos, del gabinete presidencial.

Después de la salida de prácticamente todos al exilio, Carranza busca acercarlos, si no a puestos públicos, sí al libre desempeño de sus actividades. Pero casi nadie se acercó. Excepciones fueron Luis Cabrera, quien nunca se vinculó al huertismo, y otras tres figuras que sí lo hicieron. Una de forma abierta, Juan José Tablada; y, más discretamente, Luis G. Urbina y Andrés Molina Enríquez, autor de *Los grandes problemas nacionales*, publicado en 1909, que tuvo un gran impacto y se ve como referente para comprender la situación nacional que desembocó en la Revolución; y quienes, con Palavicini y el general Francisco Múgica, fueron el sector pensante en la construcción de la Constitución de 1917.

En el exilio, sobre todo los que estaban en territorio americano, se organizan para tener una voz común y robusta. La *Revista Mexicana*, fundada por Nemesio García Naranjo, se convirtió en el medio de expresión de todos ellos. Un caso notable es el del doctor Aureliano Urrutia, quien fue por dos meses secretario de Gobernación, más que por sus capacidades políticas por su preparación médica, puesto que eran competencia de esa institución las campañas sanitarias, sentando las primeras bases de una medicina pública. A Urrutia se le culpa de la muerte de Serapio Rendón, no totalmente probada, igual que de haber cercenado la lengua de Belisario Domínguez. Corrió la voz de que sólo su destreza médica hubiera sido capaz de realizarlo, una acusación que lo persiguió hasta la muerte. Varias veces trató de regresar a México, pero las serias amenazas que recibió en distintos momentos lo inhibieron. Urrutia murió hasta los 103 años en San Antonio, coronado por un gran éxito profesional.

Otros, desde La Habana, ejercieron actividades orientadas a la vida universitaria: como Federico Gamboa, después de ser expulsado de Estados Unidos, y Salvador Díaz Mirón, que daba clases de Historia Universal, Literatura y francés en una academia privada.

El más ardiente defensor del huertismo era Nemesio García Naranjo. Poeta e historiador, se convirtió desde muy joven en una promesa de la política, sobre todo por sus dotes de orador. Fue secretario de Instrucción Pública y Bellas Artes casi todo el huertismo. Manuel Calero y Jesús Flores Magón —antiguos compañeros de fórmula para la presidencia de la República por el partido Liberal Mexicano— después de romper con Huerta, a finales de 1913, afirman que los intelectuales mexicanos no habían servido al régimen golpista. Por otro lado, para destacar que ninguna figura intelectual de peso estaba con Carranza, García Naranjo escribió un artículo contradiciéndolos, titulado "La intelectualidad mexicana después de febrero de 1913". Enumera cerca de setenta figuras, entre las que menciona a representantes de las más diversas disciplinas, que tuvieron cercanía con Huerta: literatos, jurisconsultos, tribunos, historiadores, educadores, médicos, artistas, pintores, músicos, matemáticos, naturalistas y geógrafos. Tiempo después, entre los desterrados, se hizo una encuesta entre los lectores de *Revista Mexicana*: "Los veinte ciudadanos más eminentes de México", en la que los tres mejores calificados fueron Francisco León de la Barra, expresidente interino a la renuncia de Díaz y secretario de Relaciones Exteriores de Madero, el escritor y diplomático Federico Gamboa y el poeta Salvador Díaz Mirón.

Entre los artistas se dio el caso de algunos que, por haber mantenido su actividad como artistas independientes o responsables de asociaciones culturales durante el huertismo, fueron considerados afines a ese gobierno y, por tanto, se vieron obligados a considerar su salida de México. Entre los cercanos a Carranza permaneció Gerardo Murillo, el Doctor Atl, antiguo becario del gobierno porfirista quien en 1910, con motivo de la exposición de pintores españoles en las Fiestas del Centenario, protestó por la ausencia de una muestra equivalente de arte mexicano, para lo cual se le otorgó un apoyo de 1,000 pesos; y quien, además, fue intermediario entre zapatistas y carrancistas en una negociación que culminó con los Tratados de Teoloyucan. El Doctor Atl fue nombrado, en octubre de ese año, director de la Academia de Bellas Artes. Entre los músicos, Julián Carrillo y Manuel M. Ponce salieron del país con poca fortuna, especialmente en el caso de este último, quien se presentó en el Aeolian Hall de Nueva York, el 27 de marzo de 1916.

Ponce venía de La Habana, donde había llegado dos años antes después de la caída de Huerta. El mismo planeó y organizó el recital que, además, corrió a su costa. La renta del auditorio, la publicidad y todos los gastos que implicó la organización fueron cubiertos por el músico que buscaba presentarse frente al gran público americano. El programa lo componían obras de la música popular mexicana y cubana. Un programa original que buscaba despertar el interés del público neoyorquino y mostrar la riqueza de la música nacional, a la que Ponce tanto estudio dedicaba. Pero el evento se realizó el mismo mes de marzo en que Pancho Villa incursionó en Columbus. De hecho, al parecer, el concierto fue el mismo día en que Villa cruzó la frontera. De este modo, lo que pretendió ser un concierto original, que convocara a un gran público y a la crítica exigente, acabó en un teatro prácticamente vacío. Salvo los pocos asistentes y críticos que, por otro lado, terminaron inevitablemente entusiasmados con la interpretación de Ponce, el concierto fue un fracaso. El incidente con Pancho Villa tenía predispuesta a la opinión pública. Ponce fue la víctima de un hecho aislado que deshizo el enorme esfuerzo que había hecho por vender boletos entre la comunidad mexicana residente en Nueva York y otros latinoamericanos, que mostraron total indiferencia frente a este gesto del gran compositor.

Volviendo a México, si bien la vida artística se concentraba en los teatros Arbeu y Lírico y en los de espectáculos de vodeviles, tandas y revistas musicales como el María Guerrero, Apolo y el Principal, la libertad de expresión que se abrió durante el maderismo los había convertido en el centro de la crítica política. Los promotores se dieron cuenta de que la crítica y el escándalo eran altamente rentables y empezaron a introducir en su programación los temas políticos. Apenas ocurrida la toma de la Ciudadela se produjo una obra: *El País de la Metralla* en el Teatro Lírico, donde se tomaba partido por Huerta y se arremetía contra todos los carrancistas, a quienes por supuesto no les gustó el papel que les tocó representar. A su autor, José F. Elizondo, empezaron a llegarle anónimos hasta que un día, encarado por uno de los simpatizantes carrancistas oyó:

> Querido Elizondo: traigo un recadito para usted. Vengo del norte y la cosa está que arde. Allá me encontré al general X a caballo, y golpeando con la mano en la cantina de la silla, sobre dos reatas de Chavindo enrolladas y me recomendó: "Ora que vaya usted pa' México dígales a esos del *País de la Metralla* que estas dos riatas son pa' colgarlos del pórtico del Lírico en cuanto yo llegue a la capital".

En torno a Huerta se hablaba de su alcoholismo y no es muy grande su fama en el terreno de las faldas, aunque había una tiple, la más famosa por su voz y simpatía, que aparecía como china poblana desenfadada y coqueta: Emilia Trujillo, conocida como la *Trujis*, y a quien apodaban *La Pompadour Tepache* del Régimen y la *Dubarry de Petate*. Se afirmaba que después de las funciones del teatro llegaba a un privado del Café Colón donde la esperaba el general. A la caída de Huerta no hubo mayores consecuencias para ella. La tiple murió prematuramente y pobre.

Las cosas, sin embargo, se extremaban frente a quienes habían tenido algún tipo de relación con el dictador Huerta. Fue el caso del más famoso torero de la época: Rodolfo Gaona. Huerta asistía a todas sus corridas y circuló la fama de que existía una gran amistad. Después de una fiesta taurina, con Carranza en el poder, se suspendieran las corridas y Gaona no regresó a México.

Al final, porfiristas, maderistas o huertistas y poco después hasta carrancistas recientemente caídos en desgracia se confundieron en un éxodo difícil. La mayoría de ellos, con excepción de los grandes hacendados, no tenía fortuna personal que les permitiera cierta holgura en sus vidas familiares, y tuvieron que llevar a cabo tareas de todo tipo a pesar de ser, muchos de ellos, personajes con gran preparación y experiencia. A todos se aplicó el mismo rasero, porque era impensable defender caso por caso. La consigna generalizada ponía a todos —sin distinción de posición política o social— en gran riesgo si permanecían en su país.

El exilio porfirista había comprendido a la gran oligarquía. Fue distinto con la élite de Huerta, que tenía que trabajar para sobrevivir a duras penas, incluso a pesar del gran prestigio intelectual de algunos de ellos.

En términos generales se puede decir, como afirmará Javier Garciadiego, que hasta 1915 el exilio mexicano estuvo compuesto por antirrevolucionarios: "el regreso de los expatriados fue inmediato, consecuencia de la política conciliadora e incluyente de Obregón y de De la Huerta, distinta a la actitud sectaria e inflexible de Carranza".

TARDÍA VUELTA AL HOGAR (1915-1939)

El regreso de las élites porfiristas matiza la radicalidad de la revolución. Algunos no lo hicieron, como Olegario Molina e Ignacio Torres Adalid, quienes murieron en La Habana. El primero era uno de los más importantes hacendados yucatecos y el segundo de haciendas de pulque. Había dispuesto que al morir toda su fortuna debería de ir a causas sociales en una fundación a su nombre. A los pocos años ésta había sido saqueada por los administradores, igual que ocurrió con la Fundación Mier y Pesado, a quien le achacaron la cercanía de sus parientes más próximos, los de Teresa, al huertismo, con la consecuencia de que el gobierno carrancista la intervino y sus posteriores dirigentes terminaron por deshacer una de las grandes fortunas mexicanas, que debió haber tenido sólo fines filantrópicos. De nuestros otros exiliados, Limantour murió hasta 1935 y Pablo Macedo en 1918, ambos en París, mientras que León de la Barra en 1939, en Biarritz.

Las cosas cambiaron en 1920 con la rebelión de Agua Prieta, cuando Adolfo de la Huerta subió a la presidencia y surgió algo cercano a la reconciliación nacional. El regreso a México de la mayoría de ellos, por su edad, formación ideológica y necesidades económicas apremiantes, les hacía difícil su reinserción social. Los hacendados regresaron a sus tierras con enormes adeudos fiscales, reclamaciones ejidales y sin flujo de capital para reactivar los procesos productivos. De este modo muchas tierras se abandonaron y sus dueños llegaron a la Ciudad de México a buscar nuevas formas de subsistencia. Era ya cosa de un pasado muy remoto la propuesta de Querido Moheno para nacionalizar el petróleo y hacer de los transportes una medida efectiva para beneficiar a los mexicanos; o la de Vera Estañol, subsecretario porfirista de Justo Sierra, quien rescató durante el maderismo la fundación de las escuelas complementarias con el propósito de enseñar a leer y escribir, y las nociones básicas de aritmética, gramática e historia, a la población en edad adulta; o la de Eduardo Tamariz cuando, en febrero de 1914, se convirtió en el primer secretario de Agricultura de México que buscaba no violentar la propiedad privada y empezar la reforma agraria por la vía fiscal, a fin de terminar con la concentración de tierras y avanzar en el reparto agrario.

Por decenas de años se ha dejado a un lado el análisis y estudio de muchas iniciativas que surgieron desde el porfirismo en materia educativa, agraria, de propiedad nacional y transportes que, sin duda, se profundizaron durante el maderismo. Incluso durante el huertismo se alentaron algunas, como la salud pública. Como se dijo, no llegó a dictarse ninguna ley de amnistía, pero sobre los hechos se fue dando. Al derrocamiento de Carranza, Adolfo de la Huerta abrió la puerta a todos los mexicanos.

Los ex presidentes, Lagos Cházaro, Lascuráin, Carbajal, González Garza y Eulalio Gutiérrez regresaron a México.

Una frase de Gamboa en el tomo sexto de su diario resume la llegada final de todos ellos a México: "sin esperanzas, sin energías físicas ni morales, vencidos, irremediablemente vencidos".

Otros tuvieron mejor suerte, como Federico Gamboa, que regresó a México en 1923 y ocupó la dirección de la Academia Mexicana de la Lengua. Sucedía a José López Portillo y Rojas, quien desde 1916 hasta su muerte en 1923 presidió la Academia. Gamboa fue cesado de una cátedra que dictaba en la Facultad de Filosofía y Letras de la Universidad Nacional e incluso se le llegó a negar la pensión que le correspondía en esos años por su servicio público. Su reconocimiento y fuentes de ingreso fueron por su novela *Santa*, que le valió un Doctorado Honoris Causa en 1935. Salvador Díaz Mirón, dirá Ramírez Rancaño, "quien nunca había hecho gestiones directas porque no se consideraba que hubiera tenido alguna culpa durante el régimen huertista", recibió un mensaje de Carranza en La Habana que decía: "Esta presidencia a mi cargo dispone que se permita el regreso al país al poeta Salvador Díaz Mirón y al mismo tiempo se le restituyan sus derechos". En enero de 1920 llegó a Veracruz. Vasconcelos, titular de Educación Pública, le ofreció algunas cátedras que rechazó, así como la pensión de 300 pesos mensuales del Congreso de La Unión, argumentando que estaba en condiciones de ganarse la vida. En 1928 murió. Al poco tiempo, el presidente Plutarco Elías Calles firmó el decreto de su traslado a la Rotonda de los Hombres Ilustres, hoy llamada de las Personas Ilustres.

Un caso especial fue el de Amado Nervo, quien en mayo de 1919 muere en Montevideo como representante de México. A su velatorio asistieron más de 200,000 personas que lo acompañaron hasta el Panteón de Dolores, donde se le enterró en la misma Rotonda. El discurso fúnebre fue pronunciado por Ezequiel Chávez, unos de los creadores, junto con Justo Sierra, de la Universidad Nacional de México. Muchos de ellos no superan el estigma de reaccionarios o antirrevolucionarios, pero en la mayoría de los casos su obra cultural supo sobreponerse a la circunstancia histórica y son valorados como hombres de pensamiento.

En la Rotonda también fueron sepultados algunos de los antiguos desterrados: Julián Carrillo, Manuel M. Ponce, Antonio Caso, Enrique González Martínez, José Juan Tablada y Luis G.

Urbina. Martín Luis Guzmán regresó en 1920 y dedicó a su protagonista, que morirá asesinado en 1923, las *Memorias de Pancho Villa*. Al final de la década logró su éxito literario con *La sombra del caudillo*. Finalmente, Rodolfo Gaona regresó a torear en México.

CARMELITA Y SU VIDA DESPUÉS DE PORFIRIO (1915-1952)

Tras la muerte de don Porfirio, Carmelita guardó un luto que, primero riguroso y después un poco más sobrio, no dejó nunca. En Europa se sostenía de forma austera; vivía con su hermana María Luisa en un departamento en la avenida Victor Hugo. Ocupaba sus días con las visitas de los nietos y las amistades. Pero la vejez hacía mucho más duro el exilio y cada día lejos de México era un pena tan grande que parecía insoportable. Así, tras haber estado 23 años fuera de México, doña Carmelita decidió volver.

Visitó la tumba de don Porfirio en el cementerio de Montparnasse y tras una sentida despedida abordó el vapor *Mexique* y volvió a su patria en 1934. Fue recibida en Veracruz con espontáneas muestras de cariño y entusiasmo como aplausos, ramos de flores y palabras de afecto. ¡Cuánto se parecía aquel recibimiento a la despedida en mayo de 1911! Y aunque feliz por el regreso, había un dejo de nostalgia: a pesar de su ardiente deseo de volver a estar en México, don Porfirio no pudo hacerlo.

Doña Carmelita vivió en el número 20 de la calle de Tonalá de la Colonia Roma. Como señora de edad, asistía con regularidad a misa y también gustaba de ir al cine. Durante los años de viudez, en algunas ocasiones fue entrevistada por periodistas parisinos sobre el derrumbe del gobierno de su esposo. Ella culpaba a los estudiantes "semieducados" del antiguo México, quienes enrojecidos por escritores franceses como Voltaire y Rousseau, prendieron una llama de malentendido patriotismo y contagiaron a las masas con enardecidos discursos, masas que, infortunadamente, los siguieron. Carmelita decía que los mexicanos, la gente del campo, era buena y amable, tan entregada que no lastimaría a nadie. "¡Pobres, mal guiados campesinos, han sufrido por ello!", repetía doña Carmelita. El *New York Times* cerró una breve columna a propósito de quien fuera la primera dama de México durante varios años diciendo que ella, desde el departamento que ocupaba en París, contemplaba con desdicha las ruinas de mucho de lo que había sido la creación de su esposo.

Cinco años después de la llegada de Carmelita al país, el cineasta Juan Bustillo Oro estrena la que se considera la película que inicia la "nostalgia porfiriana": *En tiempos de don Porfirio*. Cine de enredos y comedia encabezado por Joaquín Pardavé y Fernando Soler, que mostraba los años de una *belle époque* de fantasía y ensoñación. En la cinta, Antonio R. Frausto interpretaba a un Díaz maduro, de pelo tupido y bigote blanco, enfundado en su uniforme lleno de medallas.

Según lo narra Emilio García Riera en su *Historia documental del cine mexicano*, la película de Bustillo Oro tuvo complicaciones para filmarse. El realizador quería rodar la cinta años atrás, pero la negativa del productor Grovas impidió el proyecto. En 1937, en el Teatro Lírico, se presentó una obra titulada, con el permiso de Bustillo Oro, *En tiempos de don Porfirio* y fue ahí que "la aparición de Joaquín Pardavé, caracterizando en serio a Porfirio Díaz, levantó a los espectadores en una gran ovación". ¿Ovación a Pardavé, a don Porfirio, a la ficción teatral? No podremos saberlo. Pero este hecho animó a los productores a emprender la aventura cinematográfica. La crítica al filme, nos comenta García Riera, fue favorable, y en su columna periodística Xavier Villaurrutia señala: "En su conjunto, tiene *En tiempos de don Porfirio* atracción. Se halla montada con liberalidad, y no se ha escatimado esfuerzo ni gasto alguno para lograr la resurrección del ambiente, aproximada pero eficaz".

En 1942 se estrena en el Cine Palacio, bajo la dirección de Gilberto Martínez Solares, *Yo bailé con don Porfirio*. Mapy Cortés, la actriz de esta película, hace el dúo de los paraguas y los cuplés de moda, mientras Emilio Tuero interpreta las canciones de Jordá, Martínez y Elorduy, tan de moda en el porfirismo.

Es en 1944, el mismo año de la muerte de Carmelita, que el Cine Alameda presenta un nuevo episodio de esa nostalgia, *México de mis recuerdos*, también de Juan Bustillo Oro, que refleja la añoranza de una sociedad que —sacudida por el vendaval de la Revolución, de las *flappers* y la velocidad de los vertiginosos años veintes o de los treinta cardenistas— había dejado atrás, hacía mucho, el siglo XIX. El séptimo arte, que en sus inicios en México capturó la imagen de Porfirio Díaz cabalgando, en el tren o en sus acostumbrados paseos por Chapultepec, evocaba ahora la presencia de Díaz como un presidente justo que había puesto toda su vida al servicio de la Nación. ¿Habrá Carmelita visto o tenido noticia de estas películas? Más de dos décadas después de la muerte de su amado Porfirio, Antonio R. Frausto lo interpretaba en una versión que el público comenzaba a mirar con ojos de afecto. Carmelita tenía también una versión de sí misma para la gran pantalla, interpretada por Virginia Zurí. Emilio García Riera apunta:

> En uno de los momentos finales de la cinta, se pasa de las ¡vivas!, que una sociedad de aristócratas, lagartijos, bohemios y demás beneficiados del porfirismo lanza a la Gran Encarnación Paternal, el omnipotente general Díaz, a los ¡mueras!, que el pueblo dedica al Gran Padre visto justamente por los desheredados como dictador. En ese momento se interrumpe para Bustillo Oro el México que jugaba a la *belle époque* en su microcosmos zarzuelero, galante y afrancesado.

La famosa frase de Joaquín Pardavé como el célebre Susanito Peñafiel y Somellera: "Para servir a Dios, a Don Porfirio y a usted", parece sellar también un género de nuestro cine.

En sus últimos días, Carmelita recibía visitas con frecuencia, porque trataba a todos con cariño y ternura; quizá la afluencia de sus visitantes se debiera también a esa nostalgia por un orden al que la modernidad y los sacudimientos sociales habían quebrantado, añoranza por una época apacible de paz y progreso de la que ella comenzaba a ser uno de sus últimos vestigios.

Igual que a don Porfirio, a Carmelita los años llegaron a pesarle y los achaques la alcanzaron. Padecía de una severa afección del corazón que la tuvo en cama alrededor de un año, hasta que finalmente falleció el 25 de junio de 1944, minutos antes de las cinco de la tarde. Fue sepultada en el Panteón Francés de La Piedad en la cripta de la familia Romero Rubio, donde sus restos permanecen hasta hoy.

Cuenta la historia de la Ciudad de México que el antiguo barrio conocido como los Potreros de la Romita fue fraccionado por una compañía perteneciente a Walter Orrín, el mismo que era dueño del famoso Circo Orrín que, según las crónicas periodísticas de finales del siglo XIX, "no es un negocio, es una institución pública. Es una costumbre tan arraigada como la Semana Santa y las posadas. Es la médula de la alegre tradición del pueblo mexicano". Ahí trabajaba el famoso payaso Richard Bell, con el que Porfirio Díaz tuvo particular amistad y que conoció en 1869 en Oaxaca, donde el joven oficial mexicano le salvó la vida.

Para fraccionar el barrio, según la historia, se eligió bautizar las nuevas calles con los nombres de las ciudades y estados en los que el circo había tenido más éxito. Así, nació la calle de Zacatecas, que cruzaba por la Plaza Ajusco, y también la calle de Tonalá. La Plaza Ajusco era un remanso de paz entre la nueva urbanización de la primera década del siglo XX. El tiempo detenido de la calma citadina, de la sombra de los árboles, del azul del cielo. Hoy esa plaza se llama Plaza Luis Cabrera, en honor al político y escritor antirreeleccionista.

En *Las batallas en el desierto*, José Emilio Pacheco escribe en voz de Carlitos, el protagonista de la novela:

La plaza Ajusco adonde me llevaban recién nacido a tomar sol y en donde aprendí a caminar. Sus casas porfirianas, algunas ya demolidas para construir edificios horribles. Su fuente en forma de trébol, llena de insectos que se deslizaban sobre el agua. Y entre el parque y mi casa vivía doña Sara P. de Madero. Me parecía imposible ver de lejos a una persona de quien hablaban los libros de historia, protagonista de cosas ocurridas cuarenta años atrás. La viejita frágil, dignísima, siempre de luto por su marido asesinado.

Sara Pérez de Madero murió en 1952, a casi cuatro décadas del asesinato de Francisco I. Madero.

A unas cuadras de la casa de doña Sara, Carmelita vivió de 1934 a 1944. Las dos viudas, separadas por unas calles, vivían en extremos de la historia, compartiendo el mismo dolor, el de la pérdida. Dos sombras de la vida de México, cuyos esposos protagonizaron una ruptura histórica que modificó el rumbo de México.

Se trata de la historia y de sus paradojas. Debemos de recordar que en el mes de agosto de 1917, en una sesión de la Cámara de Diputados, se presentaron, entre otros, dos proyectos: el primero era para otorgarle pensión consistente en treinta pesos diarios a Sara Pérez, viuda de Madero. El segundo, para darle pensión de veinte pesos al día a María Cámara Vales, viuda de Pino Suárez. Ambas cuotas deberían de ser pagadas por la Tesorería General de la Nación. "En atención a los eminentes servicios prestados a la Patria por el presidente Mártir, ciudadano don Francisco I. Madero"; la pensión para Sara Pérez no tuvo objeción alguna. El debate comenzó con la cuota equiparable y correspondiente para María Cámara, viuda de Pino Suárez quien, por cierto, carecía de "bienes de fortuna", y tenía que enfrentar los gastos de sostenimiento y educación de sus seis hijos.

Tomó entonces la palabra el diputado Luis Cabrera, quien señaló:

> El solo asesinato de Madero no habría dado satisfacción a los hombres del cuartelazo [...]. Los dos fueron sacrificados para impedir el restablecimiento del orden constitucional; el uno porque era el presidente y el otro, no porque era vicepresidente, sino para que no fuese presidente y no hubiese presidente [...] no hagamos ninguna distinción: fueron dos presidentes que murieron en el mismo momento.

Ante la ovación del pleno, se aprobó con 150 votos a favor y tres en contra la ley que concedía a María Cámara Vales, viuda de Pino Suárez, la pensión de treinta pesos diarios mientras conservara su estado civil.

En sus célebres crónicas de la vida diaria de México, en el volumen dedicado al sexenio de Manuel Ávila Camacho, Salvador Novo consigna la muerte de doña Carmen. Escribe: "Y muere doña Carmelita Romero Rubio, la viuda de Don Porfirio (a quien nadie logró quitarle el Don)". Muere, reflexiona Novo, el mismo día del fallecimiento de la cantante Lucha Reyes. Paralelismos y distancias, señala, en esta coincidencia fúnebre: la "representante de la Revolución hecha canción" y "la que pasaba por símbolo de la aristocracia y de la dictadura", la primera a los 35 años, de un suicidio; la segunda, a los 80 años, rodeada por sus familiares. Salvador Novo, acucioso cronista de nuestra realidad, relata su presencia en los funerales:

Aunque hacía más de un año que todos los días estaban seguros de que Carmelita moriría en cualquier momento, ver llegar ese momento fue doloroso. Era una señora realmente admirable. Recordaba todos los nombres de sus infinitos nietos y parientes [se trata, desde luego, de los nietos de don Porfirio], se informaba constantemente de su salud y de su situación [...]. Su entierro fue una verdadera apoteosis. Apenas descendido de la carroza su ataúd, no fue posible contener a la multitud que se disputaba el honor de cargarlo, ni fue posible atenerse al orden prestablecido para hacerlo. La esposa de Manuel [Díaz] trató de entrar a la capilla, y creyó suficiente para poderlo hacer expresar que era "de la familia". Una mujer del pueblo le replicó, contundente: "Nosotros somos del pueblo, señora".

Revolución. Dos hechos sangrientos
(México, 1915-Rusia, 1918)

Cada revolución paga su cuota de sangre y exilio. Permítame el lector hablar de una historia que relata las grandes tragedias humanas, las personales y mínimas, esas que quedan en el ámbito de lo individual pero que forman el gran cuadro de lo colectivo. La Revolución rusa estuvo plagada de numerosas decapitaciones, de las que no estuvo exenta la familia real; la venganza dejó un camino teñido por la aniquilación de la familia del zar y del grupo social más encumbrado.

En noviembre de 1918, pocos días después de la muerte de Nicolás II y su familia, empezó la persecución contra de aquellos ligados al Imperio Ruso. Una de las más familias importantes, los Sheremetev, sufrieron el terrible acoso de los revolucionarios rusos. Los Sheremetev habían poseído siervos y miles de hectáreas de terreno y con la caída de la familia real se convirtieron en un nuevo blanco a exterminar.

El conde Sergei Sheremetev, patriarca de la familia de 73 años, había sido Gobernador de Moscú y era una figura muy importante en aquellos días. La mañana del 23 de noviembre, una enfermera y un médico hacían los preparativos para amputarle ambas piernas: una gangrena fulminante ponía en riesgo su ya de por sí frágil vida. El facultativo y su asistente fueron interrumpidos por un grupo de hombres, quienes embozados en chamarras negras de la recién fundada policía política entraron para aprehender al anciano y se rehusaron a retirarse aun cuando aquél fuera intervenido. Ante la protesta enérgica del médico, el grupo aceptó retirarse, pero su líder permaneció en el cuarto: Yakov Peters. Este hombre era un temido comunista y a su autoría, junto a otros, se atribuye el Terror Rojo que dio muerte tanto a bolcheviques y zaristas y fue fundador de la CHEKA.

De este modo, se crea una paradoja encarnada en ese hombre: salvar su vida amputándole las piernas, sólo para que vaya a morir después a manos de sus captores. Mientras esto ocurre, el grupo de policías arresta a los siete miembros de la familia y a algunos miembros del servicio y toman como botín las joyas que encontraron. Douglas Smith, autor de *Former People. The Final Days of the Russian Aristocracy*, señalará la paradoja en estos términos: "Yakov Peters y Sergei Sheremetev encarnaban la lucha que enfrentaba Rusia en 1918: por un lado Peters, joven, fuerte y armado con la convicción de la causa Bolchevique, y por otro lado Sheremetev, enfermo, débil y moribundo. El pasado y futuro de Rusia unidos en una misma habitación".

Los dos encontraron la muerte pronto. Sheremetev murió a los dos días y Peters fue asesinado durante las purgas estalinistas años después.

Por nuestra parte, a pesar de que la Revolución mexicana, que empezó primero e inspiró en algo a la Revolución rusa, trajo violencia y muerte, ésta ha sido probablemente la revolución menos sangrienta para la población civil. Un gran número de personas prefirieron exiliarse antes de padecer los horrores de una revolución. Algunas fuentes señalan que alrededor de 500,000 personas salieron de México durante los años en que la Revolución golpeaba con más fuerza en pueblos y rancherías como en las ciudades; mientras que otros autores indican que 300,000 migrantes definitivos salieron del país, acompañados de otros 100,000 temporales. El embajador Henry Lane Wilson habló de un millón de personas que abandonaban México por aquella época. El historiador Moisés González Navarro, afirmó que en 1899, sólo el 0.05% de la población representaba la migración total, pero que para 1911 aumentó a 2.14%, y esta cifra fue incrementándose durante los años en que la Revolución parecía un torbellino irrefrenable, de tal manera que en 1918 era del 15.9%. Hacia 1920, con la llegada de Álvaro Obregón a la presidencia y el fin del periodo armado de la Revolución —como lo han llamado los historiadores—, el número de migrantes baja y se establece en el 11.4%

En Estados Unidos era donde se había concentrado el mayor número de exiliados, que se agruparon en diferentes asociaciones que buscaban volver a México. Una de las más destacadas fue la Asamblea Pacificadora Mexicana, creada a principios de

1915, bajo la iniciativa de Querido Moheno y Federico Gamboa. La experiencia diplomática —como representante de México en el extranjero, ministro de Relaciones durante el huertismo y luego candidato a la presidencia por el Partido Católico— de Gamboa lo hizo el candidato idóneo para la presidencia de dicha asamblea, pues le daba el perfil y la confianza a decenas de mexicanos que querían regresar a su patria. La noticia no tardó mucho en llegar a la Ciudad de México y el periódico carrancista *El Demócrata* los calificó de explotadores y destructores de la patria, mismos que no merecían la reconciliación.

Gamboa, indignado, respondió al periódico pero no logró resolver la animadversión. Aquellos dimes y diretes iban y venían cuando Félix Díaz llegó a Galveston, lo que complicó las cosas, pues hizo nacer el rumor de que Gamboa se prepararía para la presidencia y el sobrino del tío quedaría como jefe del ejército.

Cuando se tuvo noticia de que Obregón había retomado la Ciudad de México a la partida de los convencionistas, los mexicanos que formaban la Asamblea Pacificadora enviaron un telegrama a los jefes revolucionarios sin importar la facción, y de ellos sólo Villa, Obregón y Ángeles respondieron, aunque con una negativa. Los tres negaron tener autoridad moral para iniciar un diálogo con los desterrados. Los ataques de la prensa no esperaron y aun Gamboa planteó renunciar como presidente de la Asamblea, pero Toribio Esquivel Obregón, quien fuera secretario de Hacienda de Huerta, trató de convencerlo de lo contrario.

Mario Ramírez Rancaño nos informa, en su espléndido estudio sobre el exilio mexicano, que Esquivel Obregón tomó la iniciativa de enviar una carta al presidente Woodrow Wilson y denunciar los "excesos de las huestes carrancistas y villistas y recordaban que ellos habían sido los primeros en plantear un programa de reforma agraria y la creación de instituciones de crédito para los campesinos". El punto final para la Asamblea llegó cuando el gobierno norteamericano notificó a Gamboa que se le consideraba una persona *non grata* en Estados Unidos.

Así, el autor de *Santa* partió a un nuevo exilio. Permaneció en La Habana hasta 1919.

Cuando Victoriano Huerta pasaba con tedio las tardes en Barcelona, destino elegido para exiliarse con su familia, recibió la visita de Enrique Creel, ministro de Relaciones porfirista, sucesor de Ignacio Mariscal en esa cartera. No le fue difícil convencer a Huerta de que él era el hombre de la situación: la figura que podía encabezar un movimiento anticarrancista. Pascual Orozco buscó al general Huerta unas semanas después con el mismo propósito y preparó el regreso del general a través de El Paso, Texas. Creel había buscado a Huerta, representando a otros mexicanos que, como él, se hallaban muy preocupados por el decreto juarista que Carranza trajo de nuevo a la vida. Tal decreto sentenciaba a la pena máxima a quienes hubiesen apoyado a Huerta y a su gobierno desde su establecimiento en 1913 y hasta su caída en 1914.

Aquello era un problema mayúsculo, pues aunque hubiese sido brevemente, la mayoría de los mexicanos fueron huertistas por aquella época. Fue por ello, que con el establecimiento del gobierno de Carranza, el exilio mexicano se convirtió en una ola masiva. Muchos civiles y aun miembros del gobierno habían buscado la garantía de conservar su vida, aunque fuera en el destierro. Entre los poquísimos que se quedaron estaba Alberto Robles Gil, el arquitecto del Teatro Degollado, gobernador de Jalisco y ministro de Fomento del gabinete huertista; así como Alberto García Granados, el primer secretario de gobernación de Huerta. Ninguno de los dos consideraba que hubiese incurrido en una falta que ameritara la orden de ejecución en su contra.

EL SECRETARIO AL PAREDÓN

García Granados fue gobernador de la Ciudad de México y secretario de Gobernación durante el interinato de Francisco León de la Barra, ocupó el mismo cargo durante dos meses en el huertismo y desde muchos años atrás había sido opositor de Porfirio Díaz, por lo que estuvo preso algunos meses. Debido a su capacidad de diálogo y a su larga carrera política, a García Granados se le ofreció ser presidente interino tras la caída de Madero, ofrecimiento que declinó. El carrancismo lo acusó de haber participado en el primer consejo de ministros, donde se tomó la decisión de eliminar a Madero y a Pino Suárez. García Granados lo negó y también la acusación de que él había pronunciado la frase "una bala a Madero salvará a México", frase que ahora se le reconoce a Querido Moheno. García Granados mantenía una rigurosa discreción en su vida privada y apenas salía de su casa en la colonia Juárez en la Ciudad de México.

Pero parece que relajó sus temores cuando el general Pablo González, a su entrada a la Ciudad de México, en junio de 1915, decretó una amnistía general para todos los opositores, incluidos los huertistas. Se acogieron a ella José López Portillo y Rojas, quien la obtuvo plenamente, y M. de Olaguíbel quien la obtuvo pero después de pasar unos meses en las cárceles. El caso del primero parece que se debió a que al inicio de la rebelión zapatista al primer gobernador al que se acudió para que encabezara el movimiento antihuertista fue al reyista de Jalisco, López Portillo y Rojas, quien recomendó a Venustiano Carranza como el hombre con las cualidades militares y de mando para encabezarlo.

García Granados fue capturado en su casa de la colonia Juárez bajo calificativos muy fuertes y de ahí llevado a la cárcel de Belén, acusado del delito de rebelión y del que no se encontraron mayores pruebas. Fue acusado de participar en el consejo de ministros que condenara a Madero y Pino Suárez, lo cual negó.

La misma noche se le sentenció por el ministerio público a dos años de cárcel. Cuando oyó la noticia cayó desmayado. Mientras recibía los auxilios médicos llegó un consejo de guerra presidido por el general Pablo González, quien retomó el caso. La sentencia que se pronunció en la madrugada lo sometía a la pena de muerte. En este caso le dio un infarto. Pasó su última noche acompañado de su familia y a las 11 de la mañana fue fusilado en el Escuela de Tiro de la Ciudad de México. Su ejecución, más allá del juicio a este ingeniero de 70 años y efímero político, era un mensaje a Huerta, de quien ya se sabía de sus intenciones por tomar el poder y derrocar a Carranza: eran éstas las consecuencias a las que se enfrentaría.

En un calabozo de la prisión de Belén donde pasó la noche, antes de ir al paredón, García Granados escribió un amargo y apocalíptico testamento político dirigido a sus compatriotas:

Participo de las ideas de Bulnes: "los mexicanos estamos condenados a vivir bajo la dictadura o bajo la anarquía". Entre nosotros, los connotados de la democracia, sólo sirven para poner al desnudo nuestro salvajismo ancestral. "Somos hijos de la fatalidad que nos hizo descender de audaces aventureros y de sanguinarios aborígenes".

De la dictadura porfiriana, sabia y prudente, que nos dio paz y progreso en el interior, y crédito y responsabilidad en el exterior, pasamos a la locura demagógica de Madero; de esta pesadilla de caracteres, caímos en la brutal dictadura militar de Huerta, y de este tenebroso sueño despertamos en manos del más desenfrenado bandidaje del carrancismo. [...]

Rápidas transcurren las horas y no puedo entrar en largas consideraciones. Los renglones anteriores, escritos en los faldones de mi camisa, son el compendio de un manifiesto que pensaba lanzar al asumir el Gobierno del Distrito; pero ya que la suerte me fue adversa, deseo que mis últimos pensamientos, traducidos mientras escucho el lento pasear del centinela de mi mazmorra, vayan a mis conciudadanos por si acaso alguna vez les sirve de remedio a tantos males. [...]

¡Malditas sean las revoluciones! La nación mexicana desaparecerá como tal, antes de cinco años, víctima de su propia hidrofobia. Sin el apoyo del Gobierno americano, nunca hubiera triunfado Madero ni vencido Carranza.

Ahora que Carranza sea gobierno, estallará la formidable revolución de las multitudes soliviantadas y hambrientas. Será la última revolución, porque México quedará dividido en tres naciones, aparte de ceder una gran extensión de territorio en el Norte de los Estados Unidos, y en el Sur de Guatemala. [...]

Voy a morir asesinado dentro de pocas horas y me llevo a la tumba el profundo dolor de la próxima ruina total de la que fue mi patria.

La noticia del fusilamiento de García Granados consternó a Huerta y a los exiliados en Estados Unidos los inhibió de tomar cualquiera otra acción similar. Sobre todo que ya no había vuelta atrás, en octubre de ese 1915 el gobierno de Carranza había sido reconocido como legítimo. También se supone, dice el mismo Mario Ramírez, que fue una decisión de Pablo González, jefe del Ejército del Noroeste apostado en los jardines de una casa particular requisada en Tacubaya, por reafirmar su autoridad en un momento definitorio para los Constitucionalistas. Esa noche regresó a la casa que tenía ocupada de tiempo atrás. Era la casa de Fernando de Teresa, otro de los desterrados en Nueva York, y dormiría en ella plácidamente en una de sus decenas de habitaciones después de dar un paseo, que lo ayudaba a relajarse, en la pequeña embarcación *Lusitania*, en el lago de los jardines de la casa. Aunque justo es decirlo, sólo tuvo el disfrute de la casa por varios años, porque cuando la regresó a los legítimos propietarios ninguno de los muebles, obras de arte o automóviles habían desaparecido, según afirmó alguno de los miembros de la familia.

Unas semanas antes de la visita de Creel, el capitán Franz von Rintelen, de la división de inteligencia del Estado Mayor Alemán, también había visitado a Huerta para ofrecerle la ayuda necesaria para encabezar un movimiento para volver al poder, con la premisa de que atraería la atención de los norteamericanos hacia el área fronteriza con México y los mantendría alejados de la Gran Guerra. Y así, dando una respuesta ambigua, aceptando todo pero sin comprometerse a nada, se embarcó junto a Creel en el vapor *Antonio López* con destino a Nueva York. La llegada de Huerta causó gran expectativa y una gran cobertura por parte de los diarios.

Desde que Huerta llegó a Nueva York en abril de 1915, los carrancistas, además de informar al gobierno norteamericano de que una posible conspiración en contra del gobierno del Varón de Cuatrociénegas se podía estar fraguando en su territorio y con ello violando la ley de neutralidad, establecieron una red de espionaje que siguió los pasos de aquellos mexicanos que eran considerados potenciales insurrectos. Los alemanes establecieron un nuevo contacto con Huerta y el mismo capitán Rintelen le reiteró el apoyo económico alemán. Incluso, el agregado militar alemán, Franz von Papen, quien fue posteriormente canciller de Alemania y antecesor de Hitler en 1932, se desplazó a la frontera con México para preparar la entrega de armamento de apoyo a Huerta. En Texas, Pascual Orozco y el yerno de Huerta lo esperaban para ayudarlo a cruzar la frontera y volver a México. Pero fueron aprehendidos.

Poco antes de salir de Nueva York con dirección a El Paso, Huerta había consultado a Nemesio García Naranjo, otro de sus efímeros secretarios de Estado, sobre los fundamentos legales para regresar a México como jefe de Estado. García Naranjo le explicó que había renunciado y el Congreso aceptó su dimisión, así que en el marco legal no había ningún hueco. Pero Huerta, aun con este argumento bien entendido, no cejó en el intento de recuperar el poder. Tomó un tren a El Paso, donde fue arrestado y encerrado en el Fuerte de Bliss. Las autoridades le impusieron una fuerte multa; tras pagarla, pudo optar por el arresto domiciliario. Los alemanes le ofrecieron a Huerta 895,000 dólares en varias cuentas norteamericanas, más de 8 millones de cartuchos y 10,000 rifles que llegarían vía submarino en fecha próxima.

Pero Huerta no logró salirse con la suya y por segunda vez fue arrestado y enviado al Fuerte Bliss. Allí, en diciembre de 1915, enfermó de gravedad y por ello solicitó un permiso para volver a su casa, donde murió el 13 de enero de 1916.

Un imperio longevo pasa por todas las formas. Las circunstancias modelaron sus repuestas políticas: reino, república, imperio, perdedor, ganador. Los calificativos no fueron sino la respuesta que las circunstancias del hado marcaban. Los gracos encarnaron el freno al abuso que llevaría a Roma primero a su grandeza y posteriormente a su decadencia. Y no podía de ser otra forma para el gobierno de Porfirio Díaz, que transitó de ser la bandera de la democracia y del sufragio efectivo al *necesariato*, como lo llamara Daniel Cosío Villegas, y por último a la dictadura. Y quizá no podía ser de otra manera. Díaz fue un actor de este trayecto.

El régimen de Díaz procuró llevar a México a la modernidad tecnológica y económica que las potencias europeas habían señalado como ideal y, al hacerlo, tuvo que dejar de lado la modernidad política y social. Pero éste no fue un caso extraordinario, sino común para la época. La dictadura porfirista está acorde con la época en la que surgió. La mayor paradoja salta a la vista cuando nos percatamos de que el gobierno que preparó a México para transitar a la modernidad ya no tiene lugar en el nuevo orden.

Así como Augusto —dice Suetonio— recibió una Roma de ladrillos y la devolvió de mármol, Díaz, después de Juárez, transformó el territorio mexicano en una nación. Fue la dictadura la que dejó buena parte de la infraestructura, cultura y monumentos que cambiaron el rostro del país y lo dejaron listo para el siglo XX. Por supuesto que a aquellas obras se les quitó la etiqueta porfirista y se les cambió por una revolucionaria. Resulta emblemático el caso del mercado que se construyó en Oaxaca con motivo de las fiestas del Centenario, y que aún hoy en pie y funcionando, lleva por nombre 20 de Noviembre. Porfirio Díaz fue quien inició la modernización de México, pero tal mérito no se le reconoce a su gobierno; sus hazañas heroicas son poco conocidas y, por supuesto, la conmemoración de sus victorias en el campo de batalla está fuera del calendario cívico.

Como gobernante hizo uso de sus habilidades políticas y consiguió tener a raya a sus enemigos durante casi tres décadas. Si bien Díaz es quizá el hombre que más poder ha ostentado en México, pocas veces se reconoce que para mantenerse en la silla presidencial, tuvo que concesionar el poder y conceder su ejercicio a gobernadores, jefes militares y aun a jefes políticos locales. Hay que recordar que las primeras muestras de rebeldía de los revolucionarios no estaban dirigidas contra Díaz, sino contra los gobiernos estatales. Más aún, muchas personas consideraban a Díaz como el mediador entre ellos y las autoridades locales y apelaban a su amistad y compasión para interceder en su favor.

Es innegable que el régimen porfirista poco hizo por mejorar las condiciones de vida de miles de campesinos que despojados de sus tierras, ya fuera por las compañías deslindadoras o por las Leyes de Reforma, iban precipitándose cada vez más rápido a la miseria. Fue un régimen autoritario que no permitió el desarrollo de las libertades políticas que la generación de liberales como Juárez licitó para los ciudadanos. Y es claro también que la desaparición de opositores y críticos era una herramienta muy socorrida del régimen.

Así como Eric Hobsbawm considera que el corto siglo XX empezó con la Primera Guerra Mundial en 1914, para el caso de México, el siglo XIX terminó con la toma de Zacatecas por los Constitucionalistas. De tal manera que mientras el país despierta al siglo XX, Díaz está muriendo. Pero pareciera que no hemos terminado de sepultarlo; que su ciclo no se ha cerrado. Es imperante que la vida de Porfirio Díaz sea vista con la lente del siglo XIX y no con el telescopio que mira hacia atrás desde el siglo XXI.

Es necesario que tanto el gobierno de Díaz como su figura sean objeto de un análisis mucho más complejo e integral para apreciarlo con la justa balanza. Ya don Porfirio lo manifestaba en su carta de renuncia. Deseaba que una vez calmadas las pasiones, un estudio concienzudo hiciera surgir un juicio correcto de su figura. Y tras cien años de su muerte, parece que las pasiones aun no hallan la calma. Si bien la historiografía de los últimos años ha tratado de mirar con una lente objetiva a este periodo, quizá se necesiten otros cien para que el Porfiriato deje de ser un tema sensible para los mexicanos y la figura de Porfirio Díaz pueda ser vista con los claroscuros de la naturaleza humana.

ORIENTACIÓN BIBLIOGRÁFICA Y DOCUMENTAL

El número de obras y artículos que estudian el Porfiriato y la Revolución mexicana es muy vasto. Los estudios historiográficos más completos sobre ambos periodos son los que ha publicado el Fondo de Cultura Económica y el Centro de Investigación y Docencia Económicas, bajo la autoría de Mauricio Tenorio Trillo y Aurora Gómez Galvarriato, el primero, y de Luis Barrón, el segundo. En la realización de este libro tuve que echar mano de libros y artículos publicados, así como de cartas, telegramas, diarios, revistas y publicaciones de la época resguardados en archivos públicos y privados. Tanto las obras como los artículos y los archivos quedan listados en este apartado.

Fueron de gran utilidad algunas páginas de internet y motores de búsqueda especializados en la prensa de antaño y obras de carácter histórico. Para utilizarlos sólo es necesario escribir el título de la publicación, la fecha o la palabra clave del tema de interés. Por ello, sólo enlisto el título de los periódicos, y sugiero al lector entusiasta utilizar dichos motores y elementos para ahondar en la búsqueda documental ayudado de las fechas o años de su interés.

Obras y artículos impresos

"La sombra de don Porfirio" (Especial), *Revista Nexos*, núm. 451 (julio de 2015).

Adame López, Ángel Gilberto, *El séptimo sabio. Vida y derrota de Jesús Moreno Baca*. México, Porrúa, 2014.

Aguirre, Severo I., *El hospital Porfirio Díaz a ligeros rasgos*. México, Alberto Sánchez, 1902.

Amerlinck y Zirión, Teodoro (ed.), *Treinta y nueve cartas inéditas de don Agustín de Iturbide y Arámburu*. México, Editorial Orion, s/a.

Arenas Guzmán, Diego, *Radiografía del cuartelazo 1912-1913*. México, Instituto Nacional de Estudios Históricos de las Revoluciones de México, Secretaría de Educación Pública, 2014.

Bancroft, Hubert, *Vida de Porfirio Díaz*. México, Compañía de Historia de México, 1887.

Baranda, Marta, "José Ives Limantour, juzgado por figuras claves del Porfiriato", *Estudios de Historia Moderna y Contemporánea de México*, Universidad Nacional Autónoma de México, Instituto de Investigaciones Históricas, vol. 9 (1983), pp. 97-136.

Barrón, Luis, *Historias de la Revolución mexicana*. México, Centro de Investigación y Docencia Económicas, Fondo de Cultura Económica, 2004.

Beals, Carleton, *Porfirio Díaz*. México, Domes, 1982.

Benavides Hinojosa, Artemio, *Bernardo Reyes. Un liberal porfirista*. México, Tusquets, 2009.

Berumen, Miguel Ángel, *1911, La batalla de Ciudad Juárez en imágenes*. México, Océano, Cuadro por cuadro imagen y palabra, 2009.

Blumenkron, Fernando, *Porfirio Díaz en el destierro*. México, Talleres tipográficos de El Ahuizote, 1911.

Bulnes, Francisco, *El verdadero Díaz y la Revolución*. México, Editorial del Valle de México, 1979.

Bustamante, Carlos María de, *El nuevo Bernal Díaz del Castillo, o sea, historia de la invasión de los angloamerianos en México*. México, Consejo Nacional para la Cultura y las Artes, 1990.

Calvert, Peter, *The Mexican Revolution, 1910-1914: The diplomacy of anglo-american conflict*. Cambridge, Cambridge University, 1968.

Canseco González, Morelos y Rodrigo Fernández Chedraui (eds.), *De la epopeya un gajo. Vida del ex presidente Manuel González*. Xalapa, Las Ánimas, 2015.

Cárdenas Sánchez, Enrique, *El largo curso de la economía mexicana, de 1780 a nuestros días*. México, El Colegio de México, Fondo de Cultura Económica, 2015.

Carregha Lamadrid, Luz, *¡Ahí viene el tren! Construcción de los ferrocarriles en San Luis Potosí durante el Porfiriato*. México, Consejo Nacional para la Cultura y las Artes, 2014.

Casasola, Gustavo, *Biografía ilustrada del general Porfirio Díaz*. México, Ediciones Gustavo Casasola, 1970.

——, *Efemérides ilustradas del México de Ayer 1900-1904*. México, Ediciones Archivo Casasola, [s/a].

Cipolla, Carlo M., *Pequeñas crónicas*. Barcelona, Ares y Mares, 2011.

Clark, Christopher, *Los sonámbulos. Cómo Europa fue a la guerra en 1914*. Barcelona, Galaxia Gutemberg, 2014.

Cortina y Cortina, Alejandro, *Centenario 1910 México*. México, Consejo Nacional para la Cultura y las Artes, Secretaría de Cultura del Gobierno del Distrito Federal, Fundación de Conmemoraciones 2010, Asociación Nacional del Notariado Mexicano, 2009.

Cosío Villegas, Daniel, *La Constitución de 1857 y sus críticos*, 4ª ed. México, Fondo de Cultura Económica, 1998.

—— *et al.* (comps.), *Historia moderna de México*, 8 vols. México, Hermes, 1955-1974.

Covarrubias Alcocer, Salvador, *Ecos y bronces de la paz porfiriana*. Guanajuato, Ediciones La Rana, 2003.

Crespo, José Antonio, *Contra la historia oficial. Episodios de la vida nacional: desde la Conquista hasta la Revolución*. México, Debate, 2009.

Crónica Ilustrada de la recepción presidencial, formada por Agustín Schiaffino. México, Empresa Editorial "Artes Gráficas", s.a.

Darío, Rubén, *Autobiografía*. México, Porrúa, 1999.

De la caída de Madero al ascenso de Carranza. México, Instituto Nacional de Estudios Históricos de las Revoluciones de México, Secretaría de Educación Pública, 2014.

De María y Campos Castelló, Alfonso, *José Yves Limantour*. México, Fernández Cueto Editores, 1998.

327

Deloya Rodríguez, Urbano, *Reseña de festividades poblanas al presidente Porfirio Díaz, 1896*. México, Gobierno del Estado de Puebla, Secretaría de Cultura, 1994.

Desentis, Alfredo, *Rotonda de los Hombres Ilustres*. México, Departamento del Distrito Federal, 1985.

Díaz y de Ovando, Clementina, "El primer Centenario: 1906", *Revista de la Universidad de México,* Universidad Nacional Autónoma de México, núm. 32 (2006), pp. 62-68.

Díaz, Porfirio, *Memorias*, 2 vols. México, Consejo Nacional para la Cultura y las Artes, 1994.

Entrevista Díaz-Taft. Documentación Oficial. Prólogo de Juan Corona. México, Imprenta Artística y Fotograbado, s.a.

Escudero, Ignacio, *Historia militar del general Porfirio Díaz*. México, Cosmos, 1975.

Eslava Galán, Juan, *La Primera Guerra Mundial contada para escépticos*. Madrid, Planeta, 2014.

Francisco I. Madero, a cien años de su muerte. México, Secretaría de Hacienda y Crédito Público, UAM-Azcapotzalco, 2013.

Galeana, Patricia (coord.), *De la caída de Madero al ascenso de Carranza*. México, Instituto Nacional de Estudios Históricos de las Revoluciones de México, Secretaría de Educación Pública, 2014.

———— (coord.), *La Revolución de las mujeres en México*. México, Instituto Nacional de Estudios Históricos de las Revoluciones de México, Secretaría de Educación Pública, 2014.

———— (coord.), *Historia de los ejércitos mexicanos*. México, Instituto Nacional de Estudios Históricos de las Revoluciones de México, 2013.

Gallo, Max, *1914. El Destino del mundo. La historia del inicio de la Primera Guerra Mundial*. Barcelona, Roca Editorial, 2014.

Gamboa, Federico, *Mi Diario: mucho de mi vida y algo de la de otros,* 7 vols. México, Consejo Nacional para la Cultura y las Artes, 1995-1996.

García, Genaro, *Porfirio Díaz, sus padres, niñez y juventud*. México, Imprenta del Museo Nacional, 1994.

———, *Crónica oficial de las fiestas del Primer Centenario de la Independencia de México publicada bajo la dirección de Genaro García*, ed. facsimilar. México, Centro de Estudios de Historia de México, Condumex, 1991.

García, Gustavo, *El cine mudo mexicano*. México, Secretaría de Educación Pública, Martín Casillas Editores, 1982.

García Riera, Emilio, *Historia documental del cine mexicano*. México, Universidad de Guadalajara, Consejo Nacional para la Cultura y las Artes, Secretaría de Cultura del Gobierno del Estado de Jalisco, Instituto Mexicano de Cinematografía, 1992-1997.

Garciadiego, Javier, *Autores, editoriales, instituciones y libros, Estudios de historia intelectual*. México, El Colegio de México, 2015.

———, *1913-1914 De Guadalupe a Teoloyucan*. México, Clío, Gobierno de Coahuila, Secretaría de Cultura del Estado de Coahuila, 2013.

Garner, Paul, *Leones británicos y águilas mexicanas. Negocios, política e imperio en la carrera de Weetman Pearson en México, 1889-1919*. México, El Colegio de México, El Colegio de San Luis, Instituto José María Luis Mora, Fondo de Cultura Económica, 2013.

———, *Porfirio Díaz, del héroe al dictador: una biografía política*. México, Planeta, 2003.

González Garza, Federico, *La Revolución mexicana. Mi contribución político literaria*. A. del Bosque Impresor, 1936.

González Montesinos, Carlos, *El general Manuel González: el manco de Tecoac*. México, Impresión Comunicación Gráfica, 2000.

González Navarro, Moisés, "El Porfiriato. Vida Social", en *Historia moderna de México*, vols. 5 y 6. México, Hermes, 1957.

Guerra, Françoise-Xavier, *México: del Antiguo Régimen a la Revolución*, 2 vols., 2ª ed. México, Fondo de Cultura Económica, 1991.

Guzmán, Martín Luis, *La querella de México*. Planeta, México, 2002.

———, *Muertes históricas*. México, Secretaría de Educación Pública, 1994.

Hale, Charles A., *Emilio Rabasa y la supervivencia del liberalismo porfiriano*. México, Centro de Investigación y Docencia Económicas, Fondo de Cultura Económica, 2011.

Harris III, Charles H. y Louis R. Sadler, *The border and the Revolution*, New Mexico, High-Lonesome Books, 1988.

Hernández Márquez, Rosario y Martha Angélica López Rangel, *Los banquetes del Centenario*. México, Rosa María Porrúa Ediciones, 2010.

Hernández Silva, Héctor Cuauhtémoc (coord.), *Los mil rostros de Juárez y del liberalismo mexicano*. México, Secretaría de Hacienda y Crédito Público, Universidad Autónoma "Benito Juárez" de Oaxaca, Universidad Autónoma Metropolitana Unidad Azcapotzalco, 2007.

Herrera Buhler, Karla S., "Los pasos de la historia: de Cortés y Moctezuma a Iturbide y Guerrero", *Mexicanísimo*, núm. 23 (enero de 2010).

Historia de México. México, Salvat Mexicana, 1978.

Historia general de México. México, El Colegio de México, 2000.

Hobsbawm, Eric, *Historia del siglo XX, 1914-1991*. México, Crítica, 2014.

José Valenzuela, Georgette, *Últimos meses de Porfirio Díaz en el poder. Antología documental*. México, Comisión Nacional para las Celebraciones del 175 Aniversario de la Independencia Nacional y 75 Aniversario de la Revolución Mexicana, 1985.

Katz, Friedrich, *De Díaz a Madero*. México, Era, 2004.

Kerber Palma, Víctor, "El refugio de los Madero", *Relatos e historias*, México, año VII, núm. 84, pp. 80-85.

Knapp, Frank A. Jr., *Sebastián Lerdo de Tejada*. México, Universidad Veracruzana, Instituto Nacional de Estudios Históricos de las Revoluciones de México, 2011.

Krauze, Enrique, *Porfirio Díaz, místico de la autoridad*. México, Fondo de Cultura Económica, 1987.

—— y Fausto Zerón-Medina, *Porfirio*, 6 vols. México, Clío, 1993.

Lajous, Roberta, *Historia mínima de las relaciones exteriores de México 1821-2000*. México, El Colegio de México, 2012.

Limantour, José Yves, *Apuntes sobre mi vida pública*. México, Porrúa, 1965.

López Portillo y Rojas, José, *Elevación y caída de Porfirio Díaz*. México, Porrúa, 1975.

López Velarde, Ramón, *Obras*. México, Fondo de Cultura Económica, 1990.

López-Alonso, Moramay, *Estar a la altura. Una historia de los niveles de vida en México, 1850-1950*. México, Fondo de Cultura Económica, 2015.

Ludlow, Leonor y Carlos Marichal (eds.), *Banca y poder en México 1800-1925*. México, Grijalbo, 1986.

MacMillan, Margaret, *1914: De la paz a la guerra*. Madrid, Turner, 2013.

Madero, Francisco I., *La sucesión presidencial en 1910*, ed. facsimilar. México, Cámara de Diputados LXI Legislatura, Miguel Ángel Porrúa, 2010.

Márquez Martínez, Teresa, Salvador Rueda Smithers, Laura Espino Rubio y Bernardo Ayala Yáñez, *Tren presidencial olivo*. México, Miguel Ángel Porrúa, 2014.

Márquez Sterling, Manuel, *Los últimos días del presidente Madero. Mi gestión diplomática* en México, 2ª ed. México, Porrúa, 1958.

Márquez, Graciela (coord.), *Claves de la historia económica de México. El desempeño de largo plazo (siglos XVI-XXI)*. México, Consejo Nacional para la Cultura y las Artes, Fondo de Cultura Económica, 2014.

Martínez Núñez, Eugenio, *Los mártires de San Juan de Ulúa*. México, Biblioteca del Instituto Nacional de Estudios Históricos de la Revolución Mexicana, 1968.

Martínez Pérez, Héctor, *Juárez, el impasible*. México, Espasa-Calpe, 1934.

Massie, Robert K. y Barbara Tuchman, *Los cañones de agosto: treinta y un días de 1914 que cambiaron la faz del mundo*. Barcelona, Península, 2004.

Mayo, C. M., *Odisea metafísica, Hacia la Revolución mexicana, Francisco I. Madero y su libro secreto, Manual Espírita*. Traducción de Agustín Cadena. México, Literal Publishing, 2014.

Medina Peña, Luis, *Invención del sistema política mexicano. Forma de gobierno y gobernabilidad en México en el siglo XIX*, 2ª ed. México, Fondo de Cultura Económica, 2007.

Memoria de los trabajos emprendidos y llevados a cabo por la Comisión Nacional del Centenario de la Independencia designada por el presidente de la república el 1° de abril de 1907. México, Imprenta del Gobierno Federal, 1910.

Mendoza Sánchez, Juan Carlos, *Cien años de política exterior mexicana, de Francisco I. Madero a Enrique Peña Nieto*. México, Instituto Nacional de Estudios Históricos de las Revoluciones de México, Grupo Editorial Cenzontle, 2014.

Meyer, Lorenzo y Josefina Zoraida Vázquez, *México frente a Estados Unidos. Un ensayo histórico, 1776-2000*, 4ª ed. México, Fondo de Cultura Económica, 2001.

Meyer, Michael C., *Huerta, un retrato político*. México, Domés, 1983.

Mientras los otros siguen su camino, Bernardo Reyes cuéntame a mí tu historia. México, Museo de Historia Mexicana de Nuevo León, Museo Nacional de Historia Castillo de Chapultepec, 2008.

Mikos, Charles, Teodoro Amerlinck y Zirion y David Williamson, *The Imperial House of Mexico. The House of Iturbide*. Petergate, Quacks the Booklet Printer, 1994.

Molina Enríquez, Andrés, *Los grandes problemas nacionales*. México, Era, 1978.

Monjarás Ruiz, Jesús, *México en 1863. Testimonios germanos sobre la Intervención Francesa*. México, Secretaría de Educación Pública, 1974.

Monsiváis, Carlos, *Los rituales del caos*. México, Era, 1995.

Orozco, Ricardo, *Porfirio Díaz Mori, la ambición y la Patria*, Centro de Estudios Históricos del Porfiriato, México, 2015.

———, "Las últimas seducciones del poder", *La Gaceta CEHIPO*, t. IV, núm. 37 (junio de 2000), pp. 34-40.

Ortiz Monasterio, Pablo (ed.), *Fragmentos. Narración cinematográfica compilada y arreglada por Salvador Toscano (1900-1930)*. Guadalajara, Consejo Nacional para la Cultura y las Artes, Instituto Mexicano de Cinematografía, Universidad de Guadalajara, 2010.

O'Shaughnessy, Edith, *Huerta y la Revolución por la esposa de un diplomático en México*. México, Diógenes, 1971.

Pacheco, José Emilio, *Las batallas en el desierto*. México, Era, 2008.

Pauli, Hertha, *El secreto de Sarajevo*. Barcelona, Juventud, 1970.

Pérez Herrero, Pedro, *Porfirio Díaz*. Madrid, Quorum, 1987.

Pérez Sarmiento, Marisa, "Rafael Chousal y Rivera Melo, secretario particular de Porfirio Díaz", en María Eugenia Ponce Alcocer y Laura Pérez Rosales (coords.), *El oficio de una vida. Raymond Buve, un historiador mexicanista*. México, Universidad Iberoamericana, 2009, pp. 147-162.

Pérez Siller, Javier, *Correspondencia México Francia. Fragmentos de una sensibilidad común*. México, Trilce Ediciones, 2014.

Pierre, Michel, *1910/1920 Un monde en Guerres*. Italia, Découvertes Gallimard, 1999.

Portillo, Andrés, *Oaxaca en el Centenario de la Independencia Nacional*. Oaxaca, Imprenta del Estado, 1910.

Preciado Robles, Luis, *Primera relación biográfica de los Hombres Ilustres Mexicanos que están en la Rotonda del Panteón Civil de Dolores de la Ciudad de México*. s.l., texto mecanuscrito, 1975.

Raat, William D., *El positivismo durante el Porfiriato*. México, Secretaría de Esducación Pública, 1975.

Rabasa, Emilio, *La Constitución y la dictadura. Estudio sobre la organización política de México*, 10ª ed. México, Porrúa, 2006.

Reyes, Alfonso, *Oración del 9 de febrero*, 2ª ed. México, Era, 2013.

———, *Obras completas*. México, Fondo de Cultura Económica, 1990.

Reyes, Bernardo, *El general Porfirio Díaz*. México, Ballescá y Compañía, 1903.

Reyes, Rodolfo, *De mi vida. Memorias políticas I (1899-1913)*. Madrid, Biblioteca Nueva, 1929.

Robledo Martínez, Jaime, *Episodios fotográficos de la toma de Zacatecas, 1913-1914*. México, Consejo Nacional para la Cultura y las Artes, Gobierno del Estado de Zacatecas, Instituto Zacatecano de Cultura Ramón López Velarde, Fototeca de Zacatecas Pedro Valtierra, Fundación Pedro Valtierra A.C., 2014.

Roeder, Ralph, *Hacia el México moderno: Porfirio Díaz*. México, Fondo de Cultura Económica, 1973.

Romero Salinas, Joel, *Rotonda de las Personas Ilustres*. México, Porrúa, 2004.

Rosas, Alejandro, *Porfirio Díaz*. México, Planeta de Agostini, 2002.

Rosenzweig, Gabriel (pról.), *Un liberal español en el México porfiriano. Cartas de Telésforo García a Emilio Castelar, 1888-1899*. México, Consejo Nacional para la Cultura y las Artes, 2003.

Rosenzweig, Gabriel, "Los diplomáticos mexicanos durante la Revolución: entre el desempleo y el exilio", *Historia Mexicana*, vol. LXI, núm. 4 (abril-junio, 2012), pp. 1461-1523.

Saborit, Antonio (ed. y pról.), *Febrero de Caín y de metralla. La Decena Trágica. Una Antología*. México, Ediciones Cal y Arena, 2013.

Salmerón, Pedro, *1915 México en Guerra*. México, Planeta, 2015.

Sánchez Silva, Carlos, *Teatro Macedonio Alcalá*. Oaxaca, 2009.

Schmill Ordóñez, Ulises, *El sistema de la Constitución mexicana*. México, Themis, 2014.

Secretaría de Economía. Dirección General de Estadística, *Estadísticas sociales del porfiriato. 1877-1910*. México, 1956.

Sierra, Justo, *Juárez, su obra y su tiempo* [1906], 8ª ed. México, Porrúa, 2010.

Sierra, Justo, *Obras completas XVII. Correspondencia con José Yves Limantour*. México, Universidad Nacional Autónoma de México, 1996.

——— *et al.*, *Antología del Centenario. Estudio comentado de la literatura mexicana durante el primer siglo de independencia*, 2 vols., ed. facsimilar. México, Secretaría de Educación Pública, 1985.

Smith, Douglas, *Former People The Final Days of the Russian Aristocracy*. Estados Unidos, Picador, 2013.

Suetonio, *Vida de los doce césares*. Barcelona, Juventud, 2001.

Taracena, Alfonso, *La verdadera Revolución mexicana. Primera etapa (1901-1911)*, 2ª ed. México, Jus, 1965.

Tello Díaz, Carlos, *Porfirio Díaz. Su vida y su tiempo. La guerra, 1830-1867*. México, Consejo Nacional para la Cultura y las Artes, Debate, 2015.

——, *El exilio: un relato de familia*, 2ª ed. México, Cal y Arena, 1993.

Tenorio Trillo, Mauricio y Aurora Gómez Galvarriato, *El Porfiriato*. México, Centro de Investigación y Docencia Económicas, Fondo de Cultura Económica, 2006.

Tocqueville, Alexis, *La democracia en América*. Barcelona, Ediciones Orbis, 1985.

Toral, Esperanza y Rodrigo Fernández Chedraui (eds.), *Desde el banquillo de los acusados. General Tomás Mejía*. Xalapa, Academia Nacional de Historia y Geografía, Las Ánimas, 2015.

—— (eds.), *Porfirio Díaz y Teodoro Dehesa 1898-1899*. Xalapa, Las Ánimas, 2013.

Tovar y de Teresa, Rafael, *El último brindis de don Porfirio, 1910. Los festejos del Centenario*. México, Taurus, 2010.

El triunfo del Constitucionalismo. México, LXII Legislatura Cámara de Diputados, Secretaría de Educación Pública, Instituto de Estudios Históricos de las Revoluciones de México, 2015.

Tuchman, Barbara W., *La torre del orgullo: una semblanza del mundo antes de la Primera Guerra Mundial*. Barcelona, Península, 2007.

Vázquez Gómez, Francisco, *Memorias políticas (1909-1913)*. México, Imprenta Mundial, 1933.

Veracruz ilustrado, ed. facsimilar. México, Editora de Gobierno, 1900.

Yanes Rizo, Emma, *De estación a museo. La estación del Ferrocarril Mexicano: puerta de entrada a la ciudad de Puebla*. México, Consejo Nacional para la Cultura y las Artes, 2014.

Zarauz López, Héctor L. y Carlos Silva, *La Revolución en la ciudad de México 1900-1920*. México, 2010.Zweig, Stefan, *El mundo de ayer: memorias de un europeo*, Barcelona, El Acantilado, 2012.

Periódicos (1910-1932)

La Atalaya

La Concepción

El Correo Español

La Correspondencia de España

El Demócrata

El Diario

El Diario del Hogar

La Época

La Esfera

El Excélsior

El Globo

Herald Parisien

El Heraldo

La Iberia

El Imparcial

El Liberal

The Mexican Herald

El Mundo Ilustrado

New York Evening Post

The New York Times

El Norte

Le Nouveau Monde

Nueva Era

El País

La Patria

Periódico Omega

La Protesta

El Renovador

La Revolución

Santander

El Tiempo

La Tribuna

El Universal

Motores de búsqueda y páginas electrónicas

Hemeroteca Nacional Digital de México
http://www.hndm.unam.mx/index.php/es/

Biblioteca Garay
http://biblioteca.tv/

Biblioteca Digital INEHRM
http://bibliotecadigital.inehrm.gob.mx/

The New York Times
http://www.nytimes.com/

Archivos, bibliotecas y repositorios

Archivo General de la Nación de México
Archivo Histórico de la Dirección General de Archivo e Historia de
la Secretaría de la Defensa Nacional

Archivo Histórico Diplomático de la Secretaría de Relaciones Exteriores

Biblioteca Daniel Cosío Villegas, El Colegio de México

Biblioteca Ernesto de la Torre Villar, Instituto Mora

Biblioteca Francisco Xavier Clavijero y Archivo Porfirio Díaz de la Universidad Iberoamericana

Biblioteca México

Biblioteca Nacional de Antropología e Historia "Dr. Eusebio Dávalos Hurtado"

Centro de Estudios de Historia de México Carso (Archivo Limantour y Archivo Carranza)

Fototeca Nacional, Instituto Nacional de Antropología e Historia

Hemeroteca Nacional y Fondo Reservado de la Biblioteca Nacional

Lista de fotografías

1. Porfirio Díaz con los héroes de la carbonera: Luis Pérez Figueroa, Félix Díaz y Manuel González, entre 1872 y 1875. © (423786) CONACULTA.INAH.SINAFO.FN.MÉXICO. Reproducción autorizada por el INAH.

2. Sebastián Lerdo de Tejada entre 1872 y 1875. © (453605) CONACULTA.INAH.SINAFO.FN.MÉXICO. Reproducción autorizada por el INAH.

3. Ferrocarril detenido en el puente Dos Ríos del Ferrocarril Nacional Mexicano, 1890. © (456506) CONACULTA.INAH.SINAFO. FN.MÉXICO. Reproducción autorizada por el INAH.

4. Compuerta del Canal del Desagüe, 1910. © (2289) CONACULTA. INAH.SINAFO.FN.MÉXICO. Reproducción autorizada por el INAH.

5. Porfirio Díaz dirigiéndose a la Cámara de Diputados en 1909. © (34530) CONACULTA.INAH.SINAFO.FN.MÉXICO. Reproducción autorizada por el INAH.

6. Subsecretario de Relaciones Exteriores, Federico Gamboa, 1904. © (647408) CONACULTA.INAH.SINAFO.FN.MÉXICO. Reproducción autorizada por el INAH.

7. Embajadores de diferentes países enviados para las fiestas del Centenario, 1910. © (35588) CONACULTA.INAH.SINAFO.FN.MÉXICO. Reproducción autorizada por el INAH.

8. Porfirio Díaz en la inauguración del Hemiciclo a Juárez, 18 de septiembre de 1910. © (35712) CONACULTA.INAH.SINAFO.FN.MÉXICO. Reproducción autorizada por el INAH.

9. Niños leen *El Imparcial* junto a retrato de Porfirio Díaz, 1910. © (5067) CONACULTA.INAH.SINAFO.FN.MÉXICO. Reproducción autorizada por el INAH.

10. Porfirio Díaz y el vicepresidente Ramón Corral en el Bosque de Chapultepec, en una de las celebraciones del Centenario, 1910. © (35715) CONACULTA.INAH.SINAFO.FN.MÉXICO. Reproducción autorizada por el INAH.

11. Porfirio Díaz y su gabinete, 1910. © (6240) CONACULTA.INAH.SINAFO. FN.MÉXICO. Reproducción autorizada por el INAH.

12. Díaz en un carruaje rumbo a la inauguración de la Columna de la Independencia, 16 de septiembre de 1910. © (35801) CONACULTA. INAH.SINAFO.FN.MÉXICO. Reproducción autorizada por el INAH.

13. Porfirio Díaz y su familia en las fiestas del Centenario, 1910. © (351753) CONACULTA.INAH.SINAFO.FN.MÉXICO. Reproducción autorizada por el INAH.

14. Manifestación de los Partidos Nacional Antirreeleccionista y Nacional Democrático, 5 de mayo de 1910. © (5259) CONACULTA. INAH.SINAFO.FN.MÉXICO. Reproducción autorizada por el INAH.

15. Porfirio Díaz firma un documento en la ceremonia de la primera piedra del Palacio Legislativo, 1910. © (35980) CONACULTA.INAH. SINAFO.FN.MÉXICO. Reproducción autorizada por el INAH.

16. Gobernador del Distrito Federal, Guillermo de Landa y Escandón, 1905. © (19215) CONACULTA.INAH.SINAFO.FN.MÉXICO. Reproducción autorizada por el INAH.

17. General Bernardo Reyes en 1890. © (26280) CONACULTA.INAH. SINAFO.FN.MÉXICO. Reproducción autorizada por el INAH.

18. Díaz y Reyes conversando en 1902. © (33641) CONACULTA.INAH. SINAFO.FN.MÉXICO. Reproducción autorizada por el INAH.

19. Gobernador de Veracruz, Teodoro Dehesa, en 1905. © (13835) CONACULTA.INAH.SINAFO.FN.MÉXICO. Reproducción autorizada por el INAH.

20. Porfirio Díaz acompañado de Ramón Corral y Fernando Pimentel y Fagoaga en un banquete en 1910. © (33521) CONACULTA.INAH. SINAFO.FN.MÉXICO. Reproducción autorizada por el INAH.

21. Militares custodian la casa de Porfirio Díaz en mayo de 1911. © (33645) CONACULTA.INAH.SINAFO.FN.MÉXICO. Reproducción autorizada por el INAH.

22. Francisco Madero Padre y sus hijos Gustavo y Francisco, 1911. © (66149) CONACULTA.INAH.SINAFO.FN.MÉXICO. Reproducción autorizada por el INAH.

23. Ernesto Madero en 1912. © (66249) CONACULTA.INAH.SINAFO. FN.MÉXICO. Reproducción autorizada por el INAH.

24. Despedida de Porfirio Díaz en el tren a Veracruz, 1911. © (197218) CONACULTA.INAH.SINAFO.FN.MÉXICO. Reproducción autorizada por el INAH.

25. Porfirio Díaz es despedido en Veracruz, 31 de mayo de 1911. © (34095) CONACULTA.INAH.SINAFO.FN.MÉXICO. Reproducción autorizada por el INAH.

26. Díaz y su guardia presidencial despidiéndose en Veracruz, 1911. © (34086) CONACULTA.INAH.SINAFO.FN.MÉXICO. Reproducción autorizada por el INAH.

27. Despedida del General Díaz en el puerto de Veracruz, 1911. © (468290) CONACULTA.INAH.SINAFO.FN.MÉXICO. Reproducción autorizada por el INAH.

28. Porfirio Díaz en el Ypiranga, 1911. © (34130) CONACULTA.INAH. SINAFO.FN.MÉXICO. Reproducción autorizada por el INAH.

29. Don Porfirio a bordo del Ypiranga en junio de 1911. © (36044) CONACULTA.INAH.SINAFO.FN.MÉXICO. Reproducción autorizada por el INAH.

30. Amada Díaz en 1901. © (113937) CONACULTA.INAH.SINAFO. FN.MÉXICO. Reproducción autorizada por el INAH.

31. Porfirio Díaz Ortega, 1901. © (66623) CONACULTA.INAH.SINAFO. FN.MÉXICO. Reproducción autorizada por el INAH.

32. María Luisa Raygosa, esposa del coronel Porfirio Díaz Ortega. © (31099) CONACULTA.INAH.SINAFO.FN.MÉXICO. Reproducción autorizada por el INAH.

33. Porfirio Díaz y Carmelita Romero Rubio llegan a Santander en 1911. © (36024) CONACULTA.INAH.SINAFO.FN.MÉXICO. Reproducción autorizada por el INAH.

34. Porfirio Díaz firma el libro de visitas de Los Inválidos en París, 1911. © (36309) CONACULTA.INAH.SINAFO.FN.MÉXICO. Reproducción autorizada por el INAH.

35. Madero, junto a Huerta y otros seguidores en el balcón del estudio fotográfico Daguerre, 9 de febrero de 1913. © (37215) CONACULTA. INAH.SINAFO.FN.MÉXICO. Reproducción autorizada por el INAH.

36. Sara Pérez de Madero, 1912. © (423786) CONACULTA.INAH.SINAFO. FN.MÉXICO. Reproducción autorizada por el INAH.

37. Rodolfo Reyes, 1918. © (26312) CONACULTA.INAH.SINAFO.FN.MÉXICO. Reproducción autorizada por el INAH.

38. Victoriano Huerta, Manuel Mondragón, Félix Díaz y Aureliano Blanquet, 1913. © (37384) CONACULTA.INAH.SINAFO.FN.MÉXICO. Reproducción autorizada por el INAH.

39. Díaz asiste a las maniobras del ejército alemán, 1911. © (36305) CONACULTA.INAH.SINAFO.FN.MÉXICO. Reproducción autorizada por el INAH.

40. Don Porfirio con su nieta caminando en París, 1912. © (66234) CONACULTA.INAH.SINAFO.FN.MÉXICO. Reproducción autorizada por el INAH.

41. Porfirio Díaz con su familia en Europa, 1913. © (34087) CONACULTA.INAH.SINAFO.FN.MÉXICO. Reproducción autorizada por el INAH.

42. Tumba de Porfirio Díaz en París, 2015. Fotografía tomada por Rafael Tovar y de Teresa.

43. Carmen Romero Rubio regresa a México en 1934, después de más de veinte años de exilio. © (68267) CONACULTA.INAH.SINAFO. FN.MÉXICO. Reproducción autorizada por el INAH.

44. Carmen Romero Rubio en una ceremonia religiosa en la Ciudad de México, 1935. © (35473) CONACULTA.INAH.SINAFO.FN.MÉXICO. Reproducción autorizada por el INAH.

45. Porfirio Díaz en el Castillo de Chapultepec, enero de 1900. © (5013) CONACULTA.INAH.SINAFO.FN.MÉXICO. Reproducción autorizada por el INAH.

De la paz al olvido de Rafael Tovar y de Teresa
se terminó de imprimir en junio de 2018
en los talleres de
Impresora Tauro S.A. de C.V.
Av. Plutarco Elías Calles 396, col. Los Reyes,
Ciudad de México